从零开始学做物业经理

任克勇 编著

人民邮电出版社

北 京

图书在版编目（CIP）数据

从零开始学做物业经理/任克勇编著. —北京：
人民邮电出版社，2016.5
ISBN 978-7-115-41963-7

Ⅰ. ①从… Ⅱ. ①任… Ⅲ. ①物业管理 Ⅳ.
① F293.33

中国版本图书馆 CIP 数据核字（2016）第 048025 号

内 容 提 要

物业经理是物业服务管理工作中的重要岗位。如何成为一名优秀的物业经理？如何开展与实施物业管理工作？如何为入伙业主提供更优质的物业服务？这是每一名物业经理都要面对的问题。

本书共14章，分别介绍了物业经理要做什么、物业服务人员管理、业主入伙与装修管理、物业保洁管理、物业绿化管理、物业维护管理、物业安全管理、多渠道经营管理、物业收费管理、客户服务管理、社区文化管理、创优达标管理、服务质量管理、风险防范管理等方面，为物业管理人员开展工作提供了重要的参考。全书着重突出物业管理工作的方法、流程、技巧和细节，具有很强的实用性和可操作性。

本书适合物业经理以及一线物业工作人员阅读，也适合希望从事物工作的人员以及高等院校相关专业的师生阅读。

◆ 编　著　任克勇
　责任编辑　张国才
　执行编辑　唐可人
　责任印制　焦志炜
◆ 人民邮电出版社出版发行　　北京市丰台区成寿寺路11号
　邮编　100164　电子邮件　315@ptpress.com.cn
　网址　http://www.ptpress.com.cn
　北京七彩京通数码快印有限公司印刷
◆ 开本：787×1092 1/16
　印张：17.5　　　　　　　　　　2016年5月第1版
　字数：150千字　　　　　　　　2025年4月北京第39次印刷
　　　　　　　　定　价：49.00元
读者服务热线：（010）81055656　印装质量热线：（010）81055316
反盗版热线：（010）81055315

前　言 |preface

常言道，"入门容易，做好难"。不论从事什么工作，贵在坚持，持续学习。只有这样，才能实现自己的理想。

物业管理是涉及面很广、专业技术性很强的服务工作，物业管理行业经过30多年的探索和发展，已经越来越成熟，现在的物业管理企业如雨后春笋般地不断出现，不管是大城市还是中小城市，都活跃着物业管理企业的身影。物业管理水平固然要靠充足的资金、健全的法制、良好的硬件设施和服务手段、完善的制度和严格的规章，但首先是靠人，靠高素质的物业管理人员，尤其是高素质的物业经理。

人们评价一个物业企业好不好，最直观的就是对物业管理水平的印象。人们常说"某个楼盘的物业管理得真好，房子升值了"，从这个角度来说，业主购买的物业单元能否保值增值，很大程度上取决于物业管理服务的质量。而物业管理服务质量的好坏，主要取决于物业管理现场服务的"第一把手"——物业经理。

既不能降低物业服务水准，又要维持物业企业的运营，仅靠收取有限的物业管理费是不够的。这就要求物业经理一定要加强各类知识的学习，广开思路，适应市场的需要，由管理物业到经营物业兼容并行，大力发展物业的综合经营，实现企业的盈利，走出物业管理停滞不前状态。而且也只有物业企业盈利了，才能做到不断地提高物业管理水平，为给广大业主提供更加优质的服务打下坚实的物质基础。

那么，如何成为一名优秀的物业经理？如何开展与实施物业管理？又如何在至关重要的岗位上尽职尽责，使自己管理的企业盈利呢？这就是本书要解答的问题。

《从零开始学做物业经理》是一本为物业经理打造的工作手册，全书共14章，以物业管理工作的主要内容为主线，力求全面、实用。第1章首先对物业经理要做什么进行了阐述，从第2章起，分别讲述了物业服务人员、业主入伙与装修、物业保洁、物业绿化、物业维护、物业安全、多渠道经营、物业收费、客户服务、社区文化、创优达标服务质量以及风险防范等方面的管理方法、流程、技巧和细节。着重突出可操作性，为刚晋升的物业经理人士提供了思路和管理模板，也为物业管理人员开展工作提供了重要的参考。

本书由任克勇主编，安建伟、齐小娟、陈超、车转、陈宇娇、成晓霞、程思敏、郭鹏丽、蒋昆波、李建伟、李相田、马晓娟、王丹、王雅兰、王振彪、武晓婷、徐亚楠、赵娜、赵仁涛、谭双可、冯永华、李景安、吴少佳、赵静洁、唐晓航、陈海川、马会玲、卢硕果、庞翠玉、闻世渺、唐琼、梁文敏参与了本书的资料收集和编写工作，滕宝红对全书相关内容进行了认真细致的审核。

目　录 contents

第6章　物业维护管理 /89

设备不能正常运行、经常损坏或处于瘫痪状态，表明物业未能充分发挥其作用。因此，物业设施设备的维护管理是物业功能正常发挥的有力保障，也是物业管理工作的重要内容。

第7章　物业安全管理 /111

作为物业企业的主要负责人，物业经理承担着各项安全管理工作的重任，消防管理更是物业经理时刻要注意的重要工作。因为一旦发生消防事件，例如火灾，会给业主带来重大损失，同时也会给物业企业的财产和声誉造成重大影响。

第8章 多渠道经营管理 / 135

目前，不少物业企业难以盈利甚至面临亏损，因此，不得不利用自身优势开展多种经营来谋求改变。伴随着中国经济进入新常态，在政策契机以及移动互联技术的推动下，越来越多的物业管理企业寻求转型，以顺应市场需求，实现企业利润最大化。

第9章 物业收费管理 / 151

物业收费问题是当前物业管理行业中比较突出，业主和物业企业都十分关心的问题。如何规范物业收费行为，推动物业服务向市场化发展，维护物业服务双方的共同利益，是物业经理需要积极解决的问题。

第10章　客户服务管理　/167

作为物业管理企业，应将"诚信为本，热情服务"作为员工共同遵守的企业服务理念，以客户为中心，使客户满意，并不断提高客户满意度，为客户提供最全面、最及时、最周到、最安全、最优秀的客户服务，从而有效地发挥物业的最大价值。

第11章　社区文化管理　/193

社区文化是物业企业根据业主需要，通过组织一系列的社区活动为广大业主营造一种祥和、愉悦的生活氛围，进而提升社区的品位和品质，从而也使物业企业的企业文化得到升华。

第12章　创优达标管理　/213

评选优秀示范小区是政府各级主管部门评定的最具权威的荣誉，也是政府推进物业企业规范管理的最有效的措施。一家企业创优达标情况如何，最能体现该企业的管理服务水平和企业创品牌意识。

第13章　服务质量管理　/227

随着老百姓对物业管理服务品质的关注度不断上升，物业管理企业也在不断寻找自身所提供产品的能力的突破口。其中，加强物业管理企业的质量管理就是其中一个重要手段。

第14章　风险防范管理　/247

随着物业管理的普及和深入，国家对各种物业管理政策法规的完善，业主的消费权利意识也在不断提高和成熟，物业管理的风险也就越来越成为影响物业管理企业发展的一个重要因素。因此，正确识别风险、分析风险、防范风险，就成为物业经理的一项重要工作。

第1章
物业经理要做什么

对于物业经理来说，只有全面、深刻地认识并理解自身的工作内容、岗位职责，达到岗位工作技能、个人能力等的要求，才能在平时的工作中认真履行职责，当好"领头羊"。

学习指引

物业管理的内容 ──

◆ 常规性的公共服务
◆ 针对性的专项服务
◆ 委托性的特约服务
◆ 经营性服务

◆ 要做业主贴心的朋友
◆ 要做员工严慈的家长
◆ 要做勤奋好学的学生
◆ 要做精明的项目管家

物业经理扮演的角色

物业经理的岗位职责 ──

◆ 提供高质量的物业管理服务
◆ 推动信息的流通
◆ 建设企业文化
◆ 系统的协调与服务

物业经理的思想道德素质

◆ 忠于职守，尽职尽责
◆ 兢兢业业，热情服务
◆ 积极主动，讲求时效
◆ 实事求是，办事公道
◆ 遵守纪律，奉公守法
◆ 谦虚谨慎，文明礼貌
◆ 刻苦学习，提高素质
◆ 钻研业务，掌握技能

物业经理的职业道德素质

物业经理的专业素质 ──

◆ 必须具有现代管理知识
◆ 必须具有物业管理的专业技能
◆ 必须掌握现代管理手段

◆ 要有良好的语言表达能力
◆ 要有端庄的仪容仪表，良好的形象
◆ 要有宽阔的胸怀，良好的心理素质
◆ 要有健康的体魄

物业经理的个人素质

1.1 物业管理的内容

物业管理属于第三产业中的服务行业，所包含的内容相当广泛，呈现多层次、全方位、系列化的特征。根据服务性质和提供服务的方式，可将物业管理的内容作如下分类。

1. 常规性的公共服务

常规性的公共服务是指物业管理中面向所有业主、住用人提供的公共性的管理和服务工作，以满足全体业主、住用人共同的服务需求，内容通常在物业服务合同中作具体约定，目的是为了保证物业的完好与正常使用，维持人们的正常生活、工作秩序和良好的物业环境。

以住宅小区的物业管理为例，常规性的公共服务大致包括以下内容，如图1-1所示。

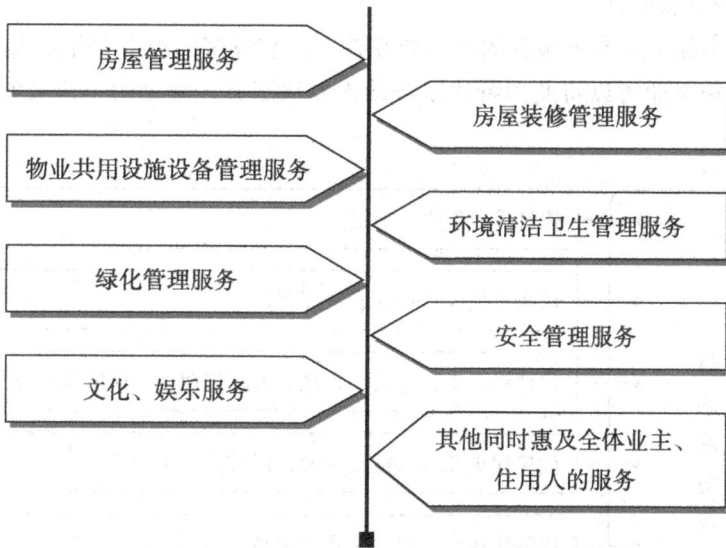

房屋管理服务

房屋装修管理服务

物业共用设施设备管理服务

环境清洁卫生管理服务

绿化管理服务

安全管理服务

文化、娱乐服务

其他同时惠及全体业主、住用人的服务

图1-1 常规性的公共服务内容

2. 针对性的专项服务

针对性的专项服务是指物业管理企业为改善和提高业主、住用人的工作和生活条件，提供满足部分业主、住用人特殊需要的各项服务。通常是物业管理企业事先设立服务项目，并公布服务内容与质量、收费标准，业主、住用人需要某项服务时，可向物业管理企业提出需求，双方按服务内容协商服务质量和收费标准，专项服务的主要内容如图1-2所示。

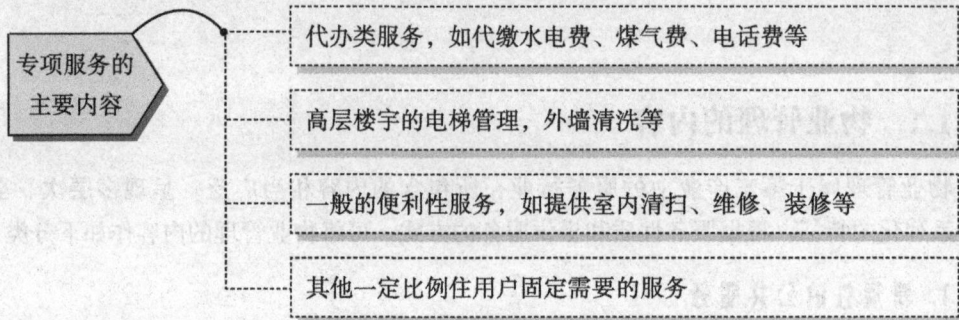

图1-2　专项服务的主要内容

3. 委托性的特约服务

委托性的特约服务是指物业管理企业为了满足业主、住用人的个别需求，受其委托而提供的服务。通常是指在物业服务合同中未约定、在专项服务中未设立，而业主、住用人又有该方面需求的服务。

特约服务实际上是专项服务的补充和完善。当有较多的业主和住用人有某种服务需求时，物业管理企业可以将此项特约服务纳入专项服务。常见的特约服务项目如图1-3所示。

图1-3　特约服务项目内容

委托性的特约服务项目一般是协商定价，也是以微利和轻利标准收费。

4. 经营性服务

除了少量的无偿服务项目，物业管理企业提供的所有服务项目都具有经营性。这里所讲的经营性服务是指物业管理企业为了扩大企业收入来源，推动企业壮大发展而积极开展的物业管理延伸性多种经营服务项目，一般包括以下内容，如图1-4所示。

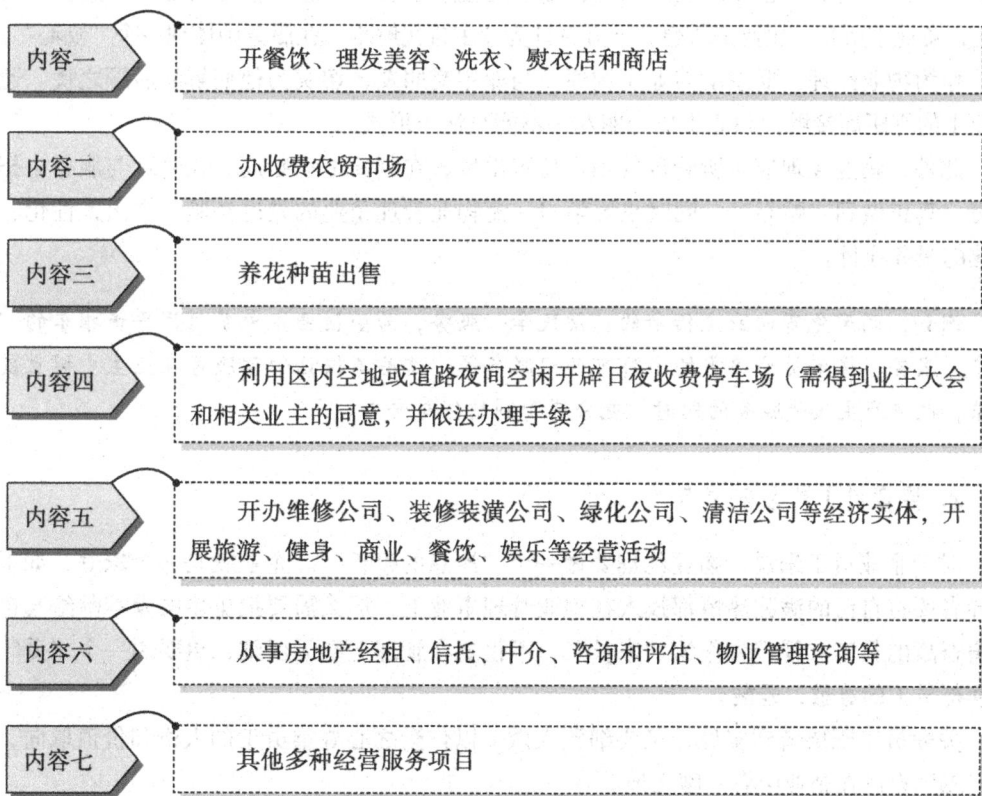

内容一	开餐饮、理发美容、洗衣、熨衣店和商店
内容二	办收费农贸市场
内容三	养花种苗出售
内容四	利用区内空地或道路夜间空闲开辟日夜收费停车场（需得到业主大会和相关业主的同意，并依法办理手续）
内容五	开办维修公司、装修装潢公司、绿化公司、清洁公司等经济实体，开展旅游、健身、商业、餐饮、娱乐等经营活动
内容六	从事房地产经租、信托、中介、咨询和评估、物业管理咨询等
内容七	其他多种经营服务项目

图1-4 经营性服务项目内容

经营性服务项目的服务对象不仅包括物业管理区域的业主、住用人，同时也面向社会。

1.2 物业经理扮演的角色

在物业管理过程中，一直以来都倡导"人性化服务""以人为本"。这里所说的"人"，不仅包括业主（住户），还包括管理的团队、企业的员工以及管理者自己。因此，作为一名物业管理企业的领导者，应该同时扮演好四种角色，并适应角色上的转换，才能胜任这份工作，成为一名优秀的物业经理人。

1. 要做业主贴心的朋友

对于业主（住户）来说，物业经理要做一个贴心的朋友。物业管理是否达到优质管理、精品服务的要求，裁判是被服务的业主（住户），因此，物业经理要明确业主在物业管理企业生存和发展中的重要性，业主满意度是企业服务的宗旨和目标。在遵守《物管合同》《业主公约》和企业制度的同时，物业经理应学会换位思考，把自己放在业主朋友的位置，急业主所急，想业主所想，千方百计为业主排忧解难，在服务中体现一个"贴心"。

作为物业经理，要主动与业主沟通，与业主交朋友，切实为他们解除后顾之忧。通过与业主的零距离接触，和业主成为朋友，不能只流于形式。

此外，物业经理应从所管理的项目特点出发，在创新上动脑筋，在管理与服务中拓展视野，真正做到"贴心"，同时也要学习一流物业管理企业的先进经验，推出人性化、精细化的服务项目。

例如，雨天免费向业主借伞的"便民伞"服务，为小区业主免费借用平板推车的"便民车"服务，保安员为停靠的小轿车开门服务等。这些不仅让管理服务在业主中树立良好形象，也使业主接受服务的同时，充分感受到信任与安全。

2. 要做员工严慈的家长

对于企业员工来说，物业经理要做一个"严慈的家长"。企业就是一个家庭，如果说领导者要将自己的满腔热情都投入在物业管理事业上，那么需要把更多的爱奉献给与自己并肩奋战的员工。管理者作为"家长"，不仅要在管理上事无巨细，更要用一个"爱"字来换得员工的尊敬、爱戴。

关爱员工既要落到实处，又要细致入微。以仁爱之心尊重员工的人格和价值取向，让他们感到自己在企业中有一席之地。

例如，实行人员定岗定位，按劳取酬；关心员工切身利益，依照劳动法的有关规定给员工办理养老、失业、医疗、工伤等保险；解决员工的实际困难，让他们体会领导、集体的温暖。

但是，关爱员工并不意味着溺爱和迁就。对待员工要将严格的管理和贴心的关怀有机结合起来，做到赏罚分明。

例如，某物业管理公司组织保安集中学习，其中一名保安无故缺席。作为管理者的物业经理，毫不留情地严格执行公司管理制度，对这名员工进行了相应的处罚，使该员工深刻认识到了自己的错误，并保证今后用良好的工作表现来弥补这次的过失。之后不久，该员工在工作中结合实际操作，为公司提出了合理化建议，得到公司认可。于是，物业经理根据公司规定，给予该员工一定奖励，充分调动起了员工的工作积极性。

作为"家长"，物业经理更要懂得把握大方向，依靠严格的制度管理和个人影响力，引导员工向健康正确的轨道发展。

例如，某物业管理公司的保安均是企业正式员工，最初上岗时，物业管理服务意识非常薄弱，业务能力差，甚至个别员工得过且过，工作很不敬业。针对这些情况，公司首先制定一系列切实可行的管理制度，如《内部管理规定》《员工服务管理标准作业规程》《保安部员工奖惩细则》等，用制度来保证员工服务意识的树立。同时，利用各种方式培训员工，带领班组长以上的管理人员到优秀物业公司现场学习，安排每月一次的集中学习，每季度进行工作小结，每半年做工作总结，组织学习公司管理制度、物业管理法律法规，以及先进物业管理企业的成功经验；与员工畅谈心得体会，分享人生观、价值观，转变员工思想观念，提高服务意识；并对员工提出"三心""三勤"（热心、诚心、耐心，眼勤、脚勤、嘴勤）的服务工作要求。通过不懈的努力，该物业管理公司保安的服务意识、工作能力、综合素质都得到显著提高。

作为"家长"，物业经理还要重视劳逸结合，把握与员工沟通的每个机会。

例如，到郊外开培训会，寓教于乐；一起聚餐，贴近员工。

管理人员队伍，出现矛盾是不可避免，但要以稳定为重，既严格要求又沟通协调，才能使整个团队富有凝聚力，富有战斗力，最终以"满意的员工"实现"满意的服务"。

3. 要做勤奋好学的学生

对于物业管理工作而言，物业经理要做"勤奋的学生"。物业管理需要丰富的阅历和开阔的视野。

例如，对于不了解装修规定的业主，物业经理要向其详尽解释相关法律法规的要求；某办公室中央空调效果不好，物业经理要向业主分析制冷差的原因，解释整改方案，承诺整改期限，这样才能让业主心服口服。

所以说，物业管理者除了应具有服务意识、专业知识、经营头脑、管理才能外，还必须熟知所管理物业的建筑、施工工程、结构、园林绿化等。另外，房地产管理、经济管理、法学、心理学、财务管理、公共管理、计算机等方面的知识也必不可少，只有掌握更多的相关知识，管理者在服务和管理工作中才能游刃有余。

那么这些知识如何获取呢？作为一个合格的物业经理，除了接受不同的教育和培训之外，要在工作生活中做一个勤奋的学生。俗话说"事事留意皆学问，人情练达即文章"。

把自己摆在一个"学生"的位置，才能看到更多，学到更多。

4. 要做精明的项目管家

对于所管理的项目，物业经理要做"精明的管家"。所谓"管家"，就是要善于开源节流，增收节支。

例如，车库的照明安装得又多又亮，浪费了资源。如果合理整改，分为三组，分时分段轮流开关，可以比原来节约一半以上电费；用电梯前室、电梯轿厢做广告，既调节了业主等候电梯枯燥单调的气氛，美化了环境，又为公司创造了利润。

"管家"还要懂得如何使所管物业实现保值增值。只有采取与时俱进的管理理念，有着创新、求精的发展思路，才能实现这个目标。

例如，改造手机覆盖工程与宽带等，提高所管理小区的档次。

实践证明，物业经理只有扮演好以上所述的种种角色，才能创造良好的物业管理企业品牌。

1.3　物业经理的岗位职责

物业经理是物业管理企业的主要负责人，是确保物业管理服务质量水平的主要执行者。作为一名物业经理，要想做好本职工作，必须先了解自己的工作职责，先来看看下面两则物业经理的招聘启事范本。

范本

××物业管理企业招聘启事（一）

职位月薪：面议　　　工作地点：××　　　发布日期：2016-03-08

工作性质：全职　　　工作经验：3~5年　　　最低学历：大专

招聘人数：1人　　　职位类别：物业经理/主管

岗位职责：

1. 落实执行各项物业管理工作流程、服务规范及规章制度；

2. 负责拟定物业部年度工作计划，督导各项计划的有效执行；

3. 组织、策划物业管理与服务形象，制定各工种岗位职责、工作制度并督导实施；

4. 负责物业的消防、安全管理，策划、编制各类应急预案，并组织演练、演习；

5. 负责拟订物业维保计划，落实设备设施的定期保养，维护其正常运行；

6. 负责与业主间物业问题的处理与协调，跟进物业费收缴情况，异常情况跟进

（续）

处理；

7. 负责管理内外围保安、保洁工作，组织保洁公司招标并提出专业意见；

8. 负责物业部人员的指导、培训，提升人员各项专业技能、服务技能；

9. 上级交办的其他事项。

任职要求：

1. 28～45岁；

2. 大专及以上学历，相关专业，持有物业管理师资格证书；

3. 熟知大型商业购物中心、写字楼的工程、设备、用电、消防、保安保洁等工作流程、相关法律法规及物业风险预控与突发处理程序；

4. 具备三年以上大商业、零售业物业经理（主管）工作经验；

5. 具有良好的职业素养，具备较强的组织计划、成本预测、客户服务、突发应变、办公操作的能力。

范本

××物业管理企业招聘启事（二）

职位月薪：面议　　　工作地点：重庆　　　发布日期：2016-03-08

工作性质：全职　　　工作经验：5年以上　　　最低学历：大专

招聘人数：1人　　　职位类别：物业经理/主管

职位描述：

1. 制定本部门工作流程和服务规程；

2. 完成各项日常管理工作（包括员工管理、客户管理、保洁、安防、煤气、水、电等工作）；

3. 负责协调部门内部、部门之间及有关业务单位的工作关系；

4. 负责物业费用收入和支出的管理，达到公司收支平衡的标准；

5. 协助有关部门完成各项收费工作；

6. 负责起草、核算公司年预算费用，控制成本；建立部门信息咨询库，及时了解客户要求，并能及时提供相应的优质服务；及时处理突发事件及客诉事宜；

7. 协助有关部门进行接管房屋的验收、移交工作；

8. 负责客户二次装修申请，包括审批、监督、检查工作等；

9. 协助审核公司人事政策，包括招聘、晋升或纪律处分等；

10. 负责完成上司临时安排及交办的其他工作。

（续）

> **岗位要求：**
>
> 1. 物业管理或相关专业大专及以上学历，30～45岁；
>
> 2. 具五年以上大型高端物业项目同等职位管理经验，有20万平方米及以上综合物业独立运作经验；
>
> 3. 熟悉国家或地方物业管理相关法规条例；
>
> 4. 熟悉物业管理有关分包管理及招投标管理；
>
> 5. 具有较强的沟通、协调能力，工作细致，有责任心；
>
> 6. 持有物业管理经理上岗证者优先录用。

通过上述两则招聘启事，相信你对物业经理的岗位职责已经有了大概的了解，下面再来看看具体的要求。

1. 提供高质量的物业管理服务

物业管理产品的特性，决定了物业管理企业必须提供高质量、高水平的服务。物业经理在管理过程中应注重服务管理，为业主提供优质服务。

同时，物业经理在管理时要信守承诺，多运用换位思考来开拓各项管理服务工作，倡导"以人为本、业主为上"的服务理念，增进与业主的沟通，提供人性化的服务，通过高质量的服务，为业主营造一个舒适、安全、优美、文明的工作空间和生活环境。

2. 推动信息的流通

物业是一项团队性的工作，很多服务要通过多个业务部门的合作来完成。服务信息能否及时流转，会直接影响服务质量。物业经理应建立一系列制度来促进信息流转，如建立例会制度，主持每日晨会（15分钟），每周例会（50分钟），每月例会（90分钟），年度会议（120分钟），及时协调处理各种事务，督导各部门制订阶段性工作计划，将工作细化到周，并随时补充、完善，在每周工作中不断跟进，形成计划指导工作机制，减少疏漏。

3. 建设企业文化

物业管理是一项服务性的工作，物业服务人员积极的精神面貌也会反映出管理的水平。物业经理应注意引导，建设一种健康向上的团队文化。

（1）用人为贤、赏罚分明，以岗位要求选择招用员工，以是否达到工作标准来评价员工，以行为对应奖罚层次奖惩员工。

（2）开明仁和，不搞管理层特权，以身作则，尊重客观事实，理解员工。倡导管理人员在处罚前先内省（事先是否想到，是否告知员工，在小错时是否及时提醒警示），再按制度对犯错人员量刑处罚。

（3）在条件许可的情况下，尽量多安排一些员工联欢活动，如职工生日祝贺，节日联欢聚餐等，加强各部门沟通及员工对集体的认同。

（4）为员工讲解公司的理念，并身体力行地推行，如以"诚实、仁和、勤奋、严明"体现公司务实的理念。

4. 系统的协调与服务

物业管理社会化、专业化、企业化、经营型的特征，决定了其具有特定的复杂的系统内、外部环境条件，如表1-1所示。

表1-1 系统协调的内容

环境条件	涉及关系
系统内部环境条件	物业管理企业与业主及业主委员会的相互关系的协调
系统外部环境条件	物业管理企业与相关部门相互关系的协调。例如，自来水公司、供电公司、燃气公司、居委会、通信公司、劳动局、工商局、环卫局、园林局、房管局、城管办等有关政府主管部门等

物业经理要想做好物业管理工作，就要为企业建立良好的内、外部环境条件，内部环境条件是基础，外部环境条件是保障。政府也应加强物业管理的法制建设和宏观协调，减少物业管理工作中碰到的困难。

1.4 物业经理的思想道德素质

物业管理涉及千家万户，物业服务中接触的人包括各个层次和方面，遇到的事也是五花八门，所管理物业及其配套设备价值连城，具有社会主义觉悟和高尚道德的人才能从事这项工作。具体如图1-5所示。

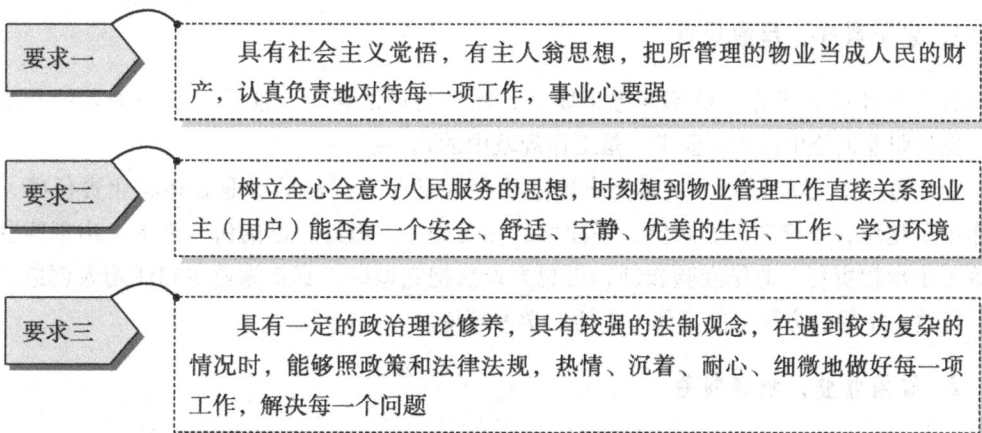

要求一：具有社会主义觉悟，有主人翁思想，把所管理的物业当成人民的财产，认真负责地对待每一项工作，事业心要强

要求二：树立全心全意为人民服务的思想，时刻想到物业管理工作直接关系到业主（用户）能否有一个安全、舒适、宁静、优美的生活、工作、学习环境

要求三：具有一定的政治理论修养，具有较强的法制观念，在遇到较为复杂的情况时，能够照政策和法律法规，热情、沉着、耐心、细微地做好每一项工作，解决每一个问题

要求四　作风正派，忠诚可靠，办事公道，不谋私利，在工作上勤奋主动，实事求是

要求五　思想上要有上进心，敢于改革，勇于创新，具有一定超前思想、超前意识，能够走在时代的前面

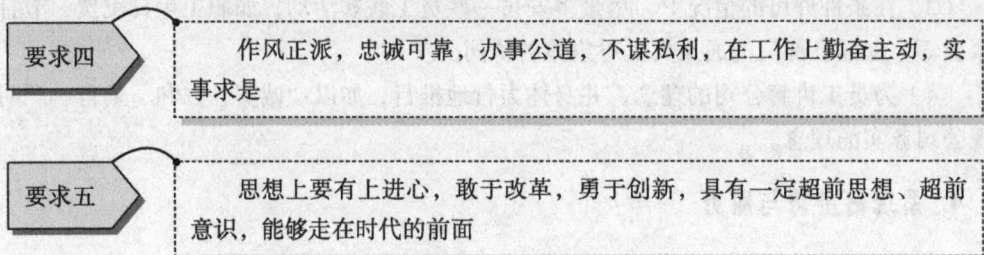

图1-5　物业经理应具备的思想道德修养

1.5　物业经理的职业道德素质

作为一名物业经理必须具备良好的职业道德，这是物业经理最基本的素质要求。主要体现在图1-6所示的几个方面。

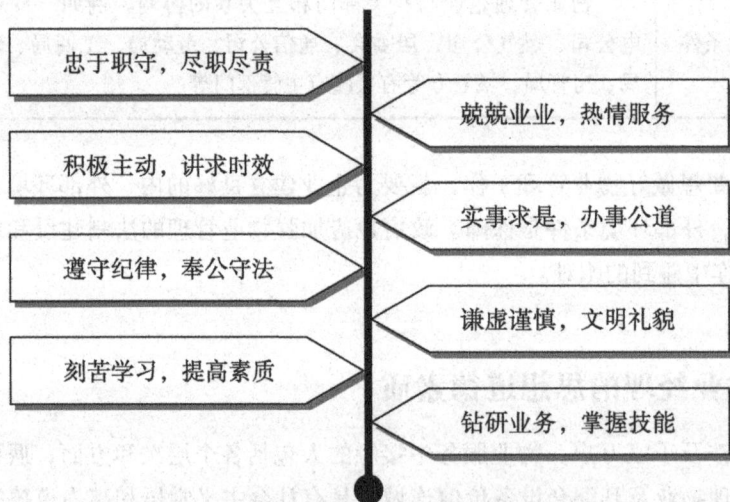

忠于职守，尽职尽责

兢兢业业，热情服务

积极主动，讲求时效

实事求是，办事公道

遵守纪律，奉公守法

谦虚谨慎，文明礼貌

刻苦学习，提高素质

钻研业务，掌握技能

图1-6　物业经理应具备的职业道德

1. 忠于职守，尽职尽责

各行各业所有工作人员都要忠于职守，热爱自己的岗位，这是对每一个人的基本要求，也是职业道德中的首要要求，是工作规范中的第一条。

忠于职守，尽职尽责，就是要求物业管理人员要有强烈的事业心和职业责任感，在工作中不越位，不掺杂私心杂念，不渎职；在工作中，做好自己的份内之事；出现问题，应该勇于承担责任，总结经验教训，再想方设法把它做好，真正为业主和住用人创造"安全、舒适、宁静、方便"的工作、生活、学习环境。

2. 兢兢业业，热情服务

兢兢业业，热情服务，就是要求物业管理人员在做事情时要非常谨慎、勤恳，认真负

责，埋头苦干，任劳任怨。物业管理是为公众服务的，所接触的是各种性格、职业、文化层次、素质修养的人。俗话说："一人干事，难称百人意。"自己做了工作，可能还会受到非议，这时物业管理人员也不应该动摇、泄气，仍然需要踏踏实实，不计个人得失地干下去。

小贴士

　　任何时候，物业经理都不能把个人的情绪带到工作中，只有认真、细致、谨慎、勤恳地工作，才能得到领导和更多业主（用户）的满意。

3. 积极主动，讲求时效

物业管理的内容多、范围广、要求急、情况复杂，这是从事物业管理工作的每一个人都会体会到的事实。要把各个方面的工作做好，单纯依靠领导分配什么就去干什么是不行的，必须依靠物业管理人员的积极性、主动性。

积极主动，就是要进取向上，不依靠外力推动去工作。要做到人找工作，不要让工作找人。干工作时，要讲求时效，凡是用户需要做的事，都是重要的事，都要分秒必争，尽快干好，决不能拖拖拉拉，互相推诿。因为，能否及时为用户排忧解难，不仅是能否让用户满意的问题，同时也关系到自己所在企业的形象。

4. 实事求是，办事公道

物业管理人员必须坚持实事求是的工作作风，一切从实际情况出发，不夸大、不缩小，客观、正确地对待和处理问题。

办事公道，也是物业管理人员必须坚守的信条。处理任何事情不搞暗箱接待，不分生人熟人，都要主持公道，要把一碗水端平，切实做到公平合理。

小贴士

　　办事公道，往往和廉洁奉公有着密切关系，只有做到廉洁奉公，不谋私利，不受任何人的贿赂利诱，随时抑制行业不正之风，一切按规定按制度按规范办事，才能做到办事公道。

5. 遵守纪律，奉公守法

遵守纪律就是要求物业管理人员能够按照企业的规章制度，按时出勤，上班时不做与本职无关的事，坚守岗位，集中精力把本职工作做好。

奉公守法，就是要求物业管理人员，在职业活动中，坚持原则，不利用职务之便牟取私利，不进行权钱交易。

6. 谦虚谨慎，文明礼貌

谦虚谨慎，要求物业管理人员能够虚怀若谷，做到虚心，不自满，取人之长补己之短，特别是在自己取得一定成绩时，要戒骄戒躁。

文明礼貌应该成为物业管理人员待人接物时的行为准则，与人谈话时应耐心、细致，态度热情友善，尊重他人，不把自己的意志强加给别人。

7. 刻苦学习，提高素质

俗话说"活到老，学到老"，我们现在所处的时代日新月异，每时每刻都有新生事物出现，需要学习的内容更加丰富，物业管理中出现的问题日趋复杂，这就要求物业管理人员不断提高自身素质，才能适应工作的需要：学习政治、文化知识，提高自己的觉悟，提高自己的修养；学习现代科学技术知识，开阔视野，不断接受新事物，研究新问题。

8. 钻研业务，掌握技能

随着物业管理的内容增多、范围扩大，要求不断提高，物业管理人员必须钻研业务，不仅要掌握原有的业务知识，还要学习现代化的管理知识、业务技能，必须了解和掌握建筑业和物业管理中的新知识、新工艺、新办法、新成果，结合我国实际情况，运用到物业管理工作中。每个管理人员不仅要会管理，还要掌握物业管理工作的各项技能，掌握一些能大大提高工作效率的技术，如计算机技术、办公设备的使用等。

1.6 物业经理的专业素质

物业管理在我国仍属新兴产业，需要多方面的专业人才，没有一定专业知识和专业技能是无法从事物业管理工作的，具体要求如图1-7所示。

必须具有现代管理知识

物业经理应具备的专业素质

必须具有物业管理的专业技能

必须掌握现代管理手段

图1-7 物业经理应具备的专业素质

1. 必须具有现代管理知识

为了实现物业管理的现代管理与科学管理，降低成本，提高效益，物业管理人员必须具有科学头脑、科学思想，运用科学的手段从事管理工作。科技在创新、管理也在创新，管理人员必须善于学习，勇于实践，把学到的知识用于实践，把实践的经验上升为理论，把物业管理提高到一个新水平。

2. 必须具有物业管理的专业技能

物业管理的涉及面非常广泛，其中包括房屋管理、机电设备管理、上下水管理、环保环卫管理、治安消防管理等，作为一个管理者如果对这些方面的知识一概不知或知之甚少，是无法从事这项管理工作的。为了能够进行科学管理和管理创新，物业管理人员首先必须具有这方面的专业技能，之后才能管理他人、带领他人，才能有新的管理经验、新的管理模式。

3. 必须掌握现代管理手段

所谓掌握现代管理手段，就是一定要会使用计算机。现在是信息时代，我们通过计算机能更好地收集、整理、筛选、储存、提取各种信息，更能节省人力、节省资金，快捷有效地搞好管理工作。

1.7 物业经理的个人素质

物业管理人员，不仅要有较高的社会主义觉悟、高尚的道德品质和较高的业务能力和专业技能，而且还必须具有良好的个人素质，具体要求如图1-8所示。

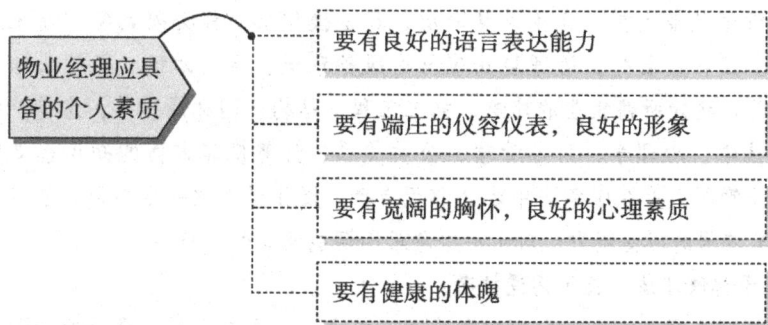

图1-8 物业经理应具备的个人素质

1. 要有良好的语言表达能力

物业管理人员不单单管理物业，而更主要的还是要与人打交道。在物业管理中需要与业主和住用人打交道，需要与内部各类管理人员打交道，需要与各相关部门打交道。在打交道过程中，准确地传递信息、交流思想主要是靠语言表达来完成的，没有良好的语言表达能力是难以完成各项工作任务的。

2. 要有端庄的仪容仪表，良好的形象

物业管理人员端庄的仪容仪表，得体的表情姿态，奋发向上的精神面貌，能够为自己树立良好的形象，给人以信任感，使其愿意同你共同完成一些工作。

3. 要有宽阔的胸怀，良好的心理素质

物业管理人员，在遇到一些比较复杂的情况时，能够表现得自信、自强，不畏惧，在遇到挫折时不动摇，要有很好的承受能力，这样才能一往直前，创造出更好的成绩。

4. 要有健康的体魄

身体是一切工作的保证，物业管理的工作复杂，事情繁多，时间又不确定，要更好地为业主或住用人服务，没有强健的身体支持是不行的。

> **拓展阅读**
>
> #### 世界知名企业精神
>
> 由于物业管理所提供的服务涉及面广，专业性、社会性、政策性、群众性较强，因此对物业管理的素质有着特殊的要求。从业人员的素质直接关系到物业管理服务质量，关系到企业在广大业主心中的形象。物业管理人员应具备的特殊素质如下：
>
> **1. 具备"通才"素质**
>
> 物业管理从业人员，无论是管理层，还是操作层，都必须具备"通才"素质，才能胜任其工作。首先，管理层除应具有服务意识、专业知识、经营头脑、管理才能外，还必须熟知所辖物业的建筑、施工工程、结构、园林绿化等，房地产管理、经济管理、法学、心理学、财务管理、公共关系、计算机等方面的知识也必不可少，这样，物业管理人员在服务当中才会游刃有余；操作层必须一专多能，能胜任多种工作，还要有较强的应变能力，对于一些急难问题能及时处理解决。
>
> **2. 善于化解矛盾，长于沟通技巧**
>
> 物业管理是服务性行业，但它与商业、旅游业、餐饮业等服务性行业又有着明显不同，主要表现在其服务对象比较固定，服务内容涵盖了与业主生活息息相关的方方面面。业主在使用房屋的过程中，对房屋的设计、发展规划、楼宇的质量等一系列售前遗留问题，都习惯找物业管理企业解决。面对客户的抱怨、不满，物业管理企业的员工一方面要耐心向客户解释清楚情况，另一方面需主动地与有关责任部门联系、沟通，使问题得到合理解决。面对不同年龄、层次的业主，物业管理人员要因人而异，

（续）

和他们进行良好的沟通，努力创造融洽的氛围，以保证工作的正常开展。

3. 尽量"一次做对"

物业管理人员的工作目标应建立在"一次做对"的基点上，避免反复整改。物业管理人员每时每刻都在向用户提供服务，这种服务是一种无形的产品，它不同于工厂生产的产品，可以有质检部门把关，将不合格的返工，直到合格再出厂。物业管理人员生产的"产品"，往往会因员工对业主的稍不耐烦或懈怠，一瞬间产生"次品"。为此，物业管理人员必须深知"一次做对"的重要性，每个员工在自己的工作当中，要养成这样一个习惯，做任何事都要有"这次比上次做得好""今天比昨天做得好""明天要比今天做得好"的目标。若老是抱着"错了再改"的态度，即使改了，有些损失也是无法挽回的。

学习笔记

通过学习本章内容，想必您已经掌握了不少学习心得，请仔细记录下来，以便继续巩固学习。如果您在学习中遇到了一些难点，也请如实写下来，以方便今后重复学习，彻底解决这些难点。

我的学习心得

1. _____

2. _____

3. _____

4. _____

5. _____

我的学习难点

1. _____

2. _____

3. _____

4. _____

5. _____

我的运用计划

1. _____

2. _____

3. _____

4. _____

5. _____

第2章
物业服务人员管理

物业管理工作需要物业管理企业全体员工携手完成。为了使所有员工能够出色地完成工作，物业经理就必须要做好员工的管理工作，包括员工配备与招聘，培训与考核，还有必要的激励工作等。

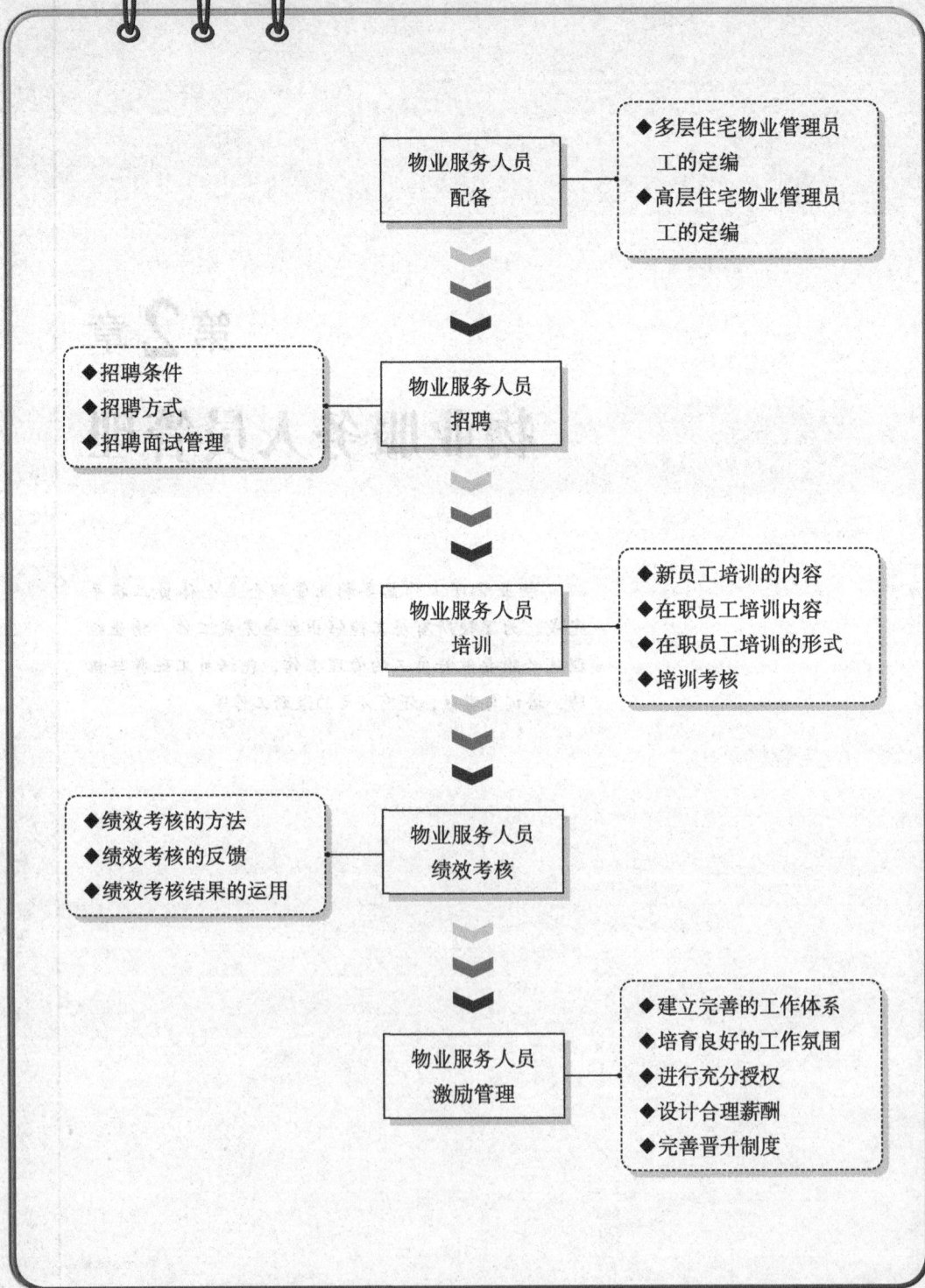

物业服务人员
配备

◆多层住宅物业管理员
工的定编
◆高层住宅物业管理员
工的定编

◆招聘条件
◆招聘方式
◆招聘面试管理

物业服务人员
招聘

物业服务人员
培训

◆新员工培训的内容
◆在职员工培训内容
◆在职员工培训的形式
◆培训考核

◆绩效考核的方法
◆绩效考核的反馈
◆绩效考核结果的运用

物业服务人员
绩效考核

物业服务人员
激励管理

◆建立完善的工作体系
◆培育良好的工作氛围
◆进行充分授权
◆设计合理薪酬
◆完善晋升制度

2.1 物业服务人员配备

员工的配备与招聘是物业经理日常工作的一个重要组成部分，只有做好了这项工作，物业经理才能为企业安排合适的员工，为小区提供最好的服务。

物业经理在配备员工时，一般应根据物业管理企业的现状与发展、所管物业的类型、管理的范围与要求、所管物业的面积大小、业主的需要等因素，结合企业的定员定编合理确定。

1. 多层住宅物业管理员工的定编

多层住宅物业管理员工的定编标准，按建筑面积计算为每1万平方米配置3.6人，各类员工配置及标准，如表2-1所示。

表2-1 多层住宅物业管理员工定编标准

岗位		配备标准
管理层	经理	总建筑面积10万平方米以下设1人，10万~20万平方米，设1正1副，25万平方米以上，设1正2副
	助理	总建筑面积10万平方米以下设1人，10万平方米以上每增加5万平方米增加1人
	社区文化	设1人，活动中心、场所的值班员工另计
	财务	物业企业财务相对独立，一般设出纳、会计各1人，但可以兼职
	其他	其他员工如资料员、接待员、仓管员可根据物业大小和工作需要来设置
作业层	维修员	建筑面积每4万平方米设置1人
	绿化员	绿化面积每4 000平方米左右设1人
	保洁员	每140户设1人
	保安员	每120户设1人
	车管员	根据道口或岗亭设置，车流量大的每班设2人，车流量小的每班设置1人，一日3班

2. 高层住宅物业管理员工的定编

高层住宅物业管理员工定编标准，按建筑面积计算每1万平方米配置7.5~7.8人，各类员工配置及标准，如表2-2所示。

表2-2　高层住宅物业管理员工定编标准

岗位		配备标准
管理层	经理	建筑面积小于5万平方米设经理1名，每增加5万平方米增设副经理1名
	助理	每350户设1人
	社区文化	设1人，活动中心、场所值班员工另计
	财务	会计、出纳各设1人
	其他	可以根据工作需要设置
作业层	机电员工	高层住宅楼宇机电设备设施一般都有电梯、消防、供水、供电设施，要相应配备工程技术员工，建筑面积在3万平方米以上的楼宇每1万平方米配1.5人
	保洁、绿化员工	建筑面积每7 000平方米左右或90～100户配1人；公共场所或商业场所可适当调整员工人数
	保安员工	每40户人数或建筑面积每3 000平方米左右配1人
	车管员	依据岗亭或道口设置，车流量大的每班每岗设2人，车流量小的每班设1人，一日3班

2.2　物业服务人员招聘

企业所拥有员工的质量，在极大程度上决定着企业在市场竞争中的地位。招聘工作就是企业通过甄别、筛选，最后获得高质量人才的最佳途径。有效的招聘工作，不仅有助于企业经营目标的实现，还能加快人才集聚，打造企业核心竞争力。

1. 招聘条件

物业经理在公开招聘员工之前，应成立一个招聘小组，负责招聘前的准备及招聘的实施等一系列工作。招聘前的准备工作主要是制订招聘计划和起草各种招聘文书。招聘计划的实质是拟订人员补充政策，目的是使物业企业能合理地、有目标地在中长期内将物业企业所需数量、质量和结构的人员补充在空缺或可能空缺的职位上。

物业企业通常划分为决策层、管理层和操作层三个层级，为了使各层级人员的招聘条件切合实际，物业经理在招聘时必须根据招聘工作的基本标准，分析各层次人员的知识与能力结构，具体如表2-3所示。

表2-3　各层次人员的知识与能力结构

层次	必备知识	必备能力
决策层	（1）了解房屋结构及设备、设施等修缮的基本知识 （2）了解房地产有关理论，掌握开发、经营、管理、估价等的基本知识 （3）了解有关法律知识 （4）熟悉计算机应用的相关知识 （5）熟悉房屋完损等级标准和安全管理基本知识 （6）熟悉国家和本地区的物业管理法律、法规、政策，掌握物业管理的基本理论与实务 （7）掌握物业企业经营管理的相关知识	（1）具有制定物业企业长期发展规划、建立健全企业管理制度的能力 （2）具有掌握并控制各部门业务及运作状况，熟悉企业财务、税收状况和市场变化情况，有经营决策能力 （3）具有综合组织和协调能力，具有公关、谈判及建立业务关系的能力 （4）具有处理突发事件的能力 （5）具有计算机应用能力
管理层	（1）了解房地产有关理论和开发经营管理等的基本知识 （2）熟悉物业管理的基本理论和有关政策法规，掌握本地区有关物业管理要求、计费规定等 （3）掌握房屋完损标准、质量检测方法和安全管理的基本知识 （4）掌握物业管理的有关技术标准及维修的基本知识 （5）掌握房屋结构、设备、设施等维修管理的基本知识 （6）掌握计算机应用知识	（1）具有建立健全部门规章制度的能力 （2）具有制订工作计划并组织实施的能力 （3）具有及时处理房屋、设备、设施的抢修排险和火警匪警救护等突发事件的能力 （4）具有组织宣传教育等各类活动及处理一般矛盾的能力 （5）具有处理专项业务并能与相关机构协调的能力 （6）具有熟练应用计算机进行管理的能力
操作层	能熟练掌握所从事岗位的专业技能	（1）能执行企业的各项规章制度及操作程序 （2）具有独立处理琐碎事物的能力 （3）具有较强的责任心、控制力，具有团队意识

2. 招聘方式

招聘的方式有很多种，如广告、举荐等，物业经理要根据企业实际情况选择合适的招聘方式，也可同时使用其中几种招聘方式进行招聘。其具体说明如表2-4所示。

表2-4　招聘方式

方式	具体说明
广告	通过张贴海报、登报或其他媒体将人才需求信息传达给公众
举荐	通过举荐的方式发掘人才。这种方式一般应用在少数特定岗位的员工招聘上，而且举荐人应具有一定的资格
内部招聘	从物业企业员工队伍中选拔出工作业绩优秀的人员，通过晋升的方法填补空缺。一般来说，物业经理应优先采用内部招聘，这样可以增加物业企业员工的流动性，提高员工的工作积极性
人才市场招聘	目前，我国各大城市基本上建立了比较成熟的人才市场，通过人才市场招聘已成为各企业获得员工的主要方法之一
通过院校招聘	随着物业管理需求的增长，设置物业管理专业的院校逐渐增多，通过这些专业院校的培养，也将为物业企业输送一大批优秀人才
店外张贴招聘信息	一般物业企业的招聘启事可以放在小区的入口处，这是一种最简单的方法，适合于人数较少的招聘情况

下面是××物业公司保安招聘启事范本，仅供参考。

范本

××物业公司保安招聘启事

薪资范围：1 600~2 400元／月　　　学历要求：不限

招聘人数：30人　　　　　　　　　工作经验：不限

工作区域：××市

职位描述：因本公司业务需要，现面向社会直聘保安人员数名。

条件要求：年龄在18~35岁，热爱警卫工作，从事过小区保安工作者优先。忠厚老实，有责任心，正直可靠，踏实稳定，学历、户口不限，有无经验均可。

工资待遇：试用期一个月，1 600元包吃住加，奖金（100~300元）；转正后根据个人能力表现提升晋级，1 800元包吃住加奖金，工作满三个月根据个人能力及工作表现提升晋级，最高2 000元包吃住加奖金。公司为员工免费发放服装被褥，每天工作6~8小时，每月工资按时足额发放，内部直聘不收取任何费用及押金，本招聘启事如有虚假不实或欺诈，公司成倍返还往返路费，并承担一切法律责任，望有意者直接与本公司×主管联系面试，面试合格可直接上班。欢迎本地及地方正规大型中介劳务输出单位及个人、地方劳动就业部门、学校、武校、家政等劳务输出单位合作，为我公司输送保安人才。

公司名称：××物业管理有限公司

联系方式：

3. 招聘面试管理

面试是整个招聘工作中的核心部分，是供需双方通过正式的交谈，使物业经理能够客观地了解应聘者的语言表达能力、反应能力、个人修养、逻辑思维能力、业务知识水平、工作经验等综合情况，使应聘者能够更全面了解物业企业信息和自己在物业企业的发展前景。那么，如何提高面试的效率，通过面试准确地筛选、吸引适合物业企业的人才，是物业经理必须掌握的。

（1）初试

初试主要是对应聘员工进行初步评估，物业经理可以通过初试了解应聘者的条件是否符合物业企业的价值观等基本信息。这是选择合适员工的第一步，物业经理一定要高度重视。

（2）复试

如果物业经理和人力资源部认为该员工初步符合部门需求，可以安排复试，对该员工的实际工作水平进行详细的测试。因为物业经理面试的主要是各部门经理和主管，所以，物业经理安排的面试问题应适合各部门实际情况。

下面是保安部主管面试问题范本，仅供参考。

范本

保安部主管面试问题

1. 能介绍一下你自己吗？
2. 你为自己设定的发展目标是什么？
3. 你了解我们公司吗？为什么选择我们？
4. 请谈谈你的工作经历。
5. 你应聘的优势是什么？
6. 小区安全管理的种类及预防措施有哪些？
7. 保安部岗位设置的意义及管理策略是什么？
8. 你对小区消防监控系统了解吗？
9. 可以谈谈你的社会关系吗？你是怎样处理这些关系的？
10. 你怎样取得其他部门的配合？
11. 你对发生的纠纷怎样处理？
12. 如果因为纠纷你的下属对业主进行了殴打，你会怎样处理？
13. 在小区车辆管理上你有何办法？
14. 怎样防止保安员的渎职行为？
15. 谈谈你的经验里，对下属实施培训的周期是多久，培训的内容是怎样的？
16. 定期的安全检查巡视你会力求做到哪几点？
17. 怎样保证企业消防设施的良好运行？
18. 怎样应对上级检查？

2.3 物业服务人员培训

被称为朝阳产业的物业管理行业经过多年的发展，已显现出越来越强的生机。为了适应市场经济发展的需要，物业经理要做好员工的培训工作，提高员工的工作技能水平，以为企业提供最高效益，也为业主（住户）提供最佳服务。

1. 新员工培训的内容

新员工职前培训主要包括如下内容。

（1）企业的历史与业务。

（2）组织结构图。

（3）福利组合概览（如健康保险、休假、病假、学费报销、退休等）。

（4）业绩评估或绩效管理系统，即绩效评估的方式，何时、由谁来评估，总体的绩效期望。

（5）薪酬程序（发薪日，如何发放）。

（6）职位或工作说明书和具体工作规范。

（7）员工体检日程安排和体检项目。

（8）职业发展信息（如潜在的晋升机会、职业通道、如何获得职业资源信息）。

（9）基本的人与机械控制和安全培训。

（10）员工手册，公司政策、程序、财务信息。

（11）有关企业识别卡或徽章、钥匙、电子邮箱账户的获取、电脑密码、电话、停车位、办公用品的使用规则等。

（12）技术或具体与工作相关的信息（或如何与相关上级主管或同事协商培训的日程安排）。

（13）着装。

（14）工作外的活动（如运动队、特殊项目等）。

（15）员工职业道德、敬业精神。

（16）消防安全知识。

（17）物业管理基础知识等内容。

小贴士

为了加深新员工对企业的印象，还可以准备一个资料袋，把企业的宗旨、经营思想、目标、企业组织结构图、主要规章制度、有关奖惩条例、《员工手册》及《员工行为语言规范》等，印发给每一位新员工。

2. 在职员工培训内容

在职培训就是以在职员工为培训对象，旨在改进或提高他们的知识、观念、技能、工作能力的一种培训方法。

对在职员工的培训工作必须具有针对性。一般来说，在职员工的培训内容主要如图2-1所示。

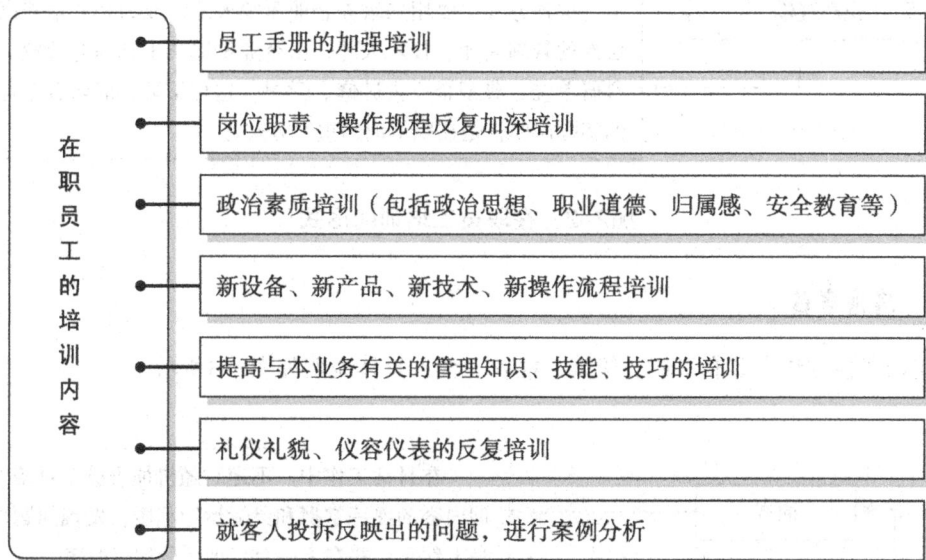

图2-1　在职员工的培训内容

3. 在职员工培训的形式

在职培训的形式多种多样，常见的形式有以下几种，如图2-2所示。

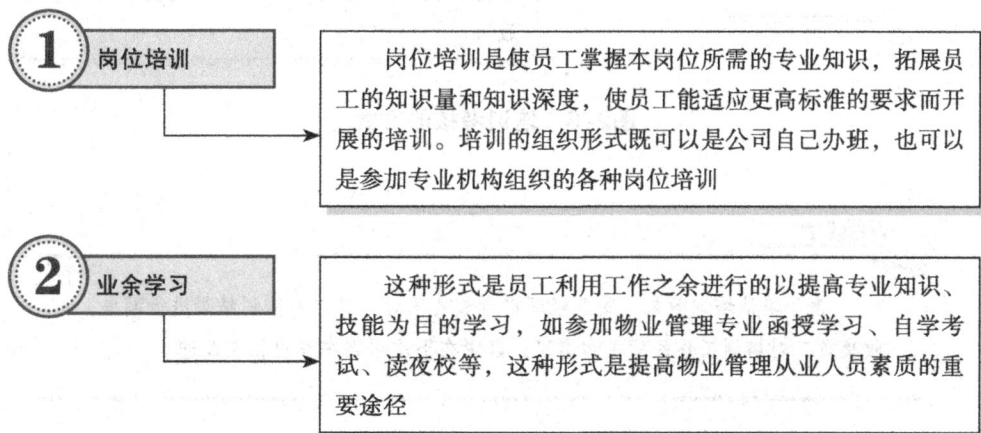

1　岗位培训　　岗位培训是使员工掌握本岗位所需的专业知识，拓展员工的知识量和知识深度，使员工能适应更高标准的要求而开展的培训。培训的组织形式既可以是公司自己办班，也可以是参加专业机构组织的各种岗位培训

2　业余学习　　这种形式是员工利用工作之余进行的以提高专业知识、技能为目的的学习，如参加物业管理专业函授学习、自学考试、读夜校等，这种形式是提高物业管理从业人员素质的重要途径

3 专题培训

这种方式主要是针对物业管理企业在采用新的管理方法或应用了新的设备、技术或制定了新的制度时，为保证新方法、新设备、新技术、新制度的正常使用和运行而开展的培训。专题培训既可以由企业办班，也可以派员外出学习

4 脱产进修

这种方式主要用来培养企业紧缺人才，或为企业培养高层次的管理人才、技术人才，由企业推选员工到高等院校、科研单位、典型企业去进修、学习。这种培训，能切合企业的实际需要，是在职培训的重要方式之一

图2-2 在职员工培训的形式

4. 培训考核

培训考核方法主要有口试、笔试、抽查三种，具体说明如图2-3所示。

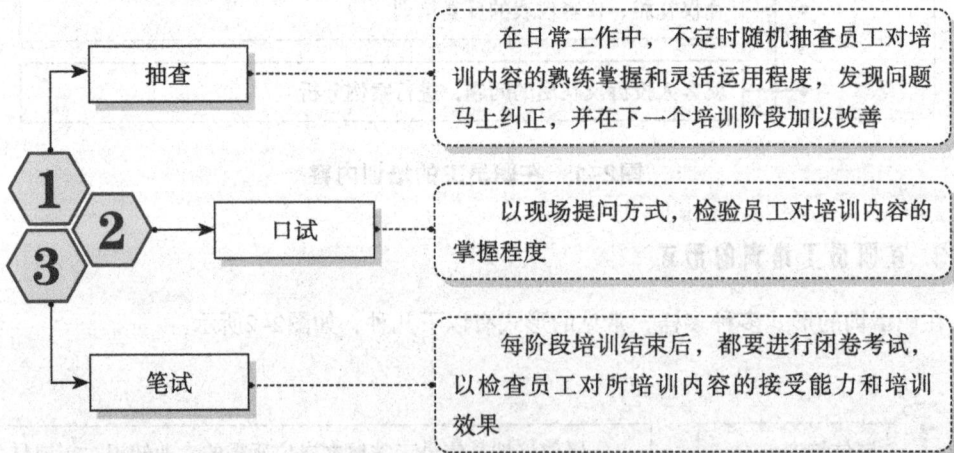

抽查

在日常工作中，不定时随机抽查员工对培训内容的熟练掌握和灵活运用程度，发现问题马上纠正，并在下一个培训阶段加以改善

口试

以现场提问方式，检验员工对培训内容的掌握程度

笔试

每阶段培训结束后，都要进行闭卷考试，以检查员工对所培训内容的接受能力和培训效果

图2-3 培训考核的方式

小贴士

为了确认培训效果，物业经理在考核的同时，可以对培训结果进行调查，收集员工对培训工作的意见和建议，以便在下次培训中作出相应改进。

2.4 物业服务人员绩效考核

绩效考核是对员工工作成绩的考核，是物业经理的重要工作之一。一般来说，物业管理企业每月月底都会进行月度绩效考核，到年底时又要进行年度绩效考核。有些物业管理企业还要进行季度考核。每个物业管理企业情况不同，物业经理要根据企业的实际情况作出适当安排。

1. 绩效考核的方法

绩效考核方法的选择直接影响到考核结果。根据物业管理企业的特点，尝试提出表2-5所示的几种考核方法为主，也可与其他考核方法相结合来设计绩效考核方法。

表2-5 绩效考核的方法

方法	具体说明
强制分布考核法	强制分布考核法根据正态分布规律和二八原则以群体的形式对员工进行归类。这种方法要求管理人员将一定比例的员工放入事先定好的各种不同种类中去，例如卓越、优秀、达标、还需改进、很差等
行为锚定等级考核法	行为锚定等级考核法是一种通过建立与不同绩效水平相联系的行为锚定来对绩效进行考核的方法。它通过收集大量代表工作中的优秀和无效绩效的关键事件来确定每一关键事件所代表的绩效水平的等级，以此作为员工绩效的锚定标准
目标管理法	目标管理法是相对成熟的一种绩效考核方法。它是以目标的设置和分解、目标的实施及完成情况的检查、奖惩为手段，通过员工的自我管理来实现企业经营目的一种管理方法
360度考核法	360度考核法是由与考核者有密切关系的上级领导、下属、同级同事和外部客户分别匿名评价，分管领导再根据评价意见和评分，对比被考核者的自我考核向被考核者提供回馈，以帮助被考核者提高其能力水平和业绩的考核方法
KPI考核法	KPI（Key Performance Indication）即关键业绩指标，主要是对各部门（流程）的工作绩效特征进行分析，提炼出最能代表绩效的若干关键指标体系，并用于考核的方法

物业经理要想准确评估企业员工的实际工作效果，就必须先制定各级人员的KPI考核指标，再依照指标开展考核工作。

下面提供一份××物业管理企业保安部主管KPI考核表范本，仅供参考。

范本

××物业管理企业保安部主管KPI考核表

被考核者姓名		职位		部门	
考核者姓名		职位		部门	

序号	KPI指标	权重	绩效目标值	得分方案
1	重大安全、消防责任事故	10%	0	根据物业项目的情况而定
2	车辆管理费用收缴完成率	5%	100%	根据物业项目的情况而定
3	年度一般火灾（损失价值在500~5 000元）	5%	发生次数不超过2起	根据物业项目的情况而定
4	业主对物业安保服务质量的综合满意率	8%	>98%	根据物业项目的情况而定
5	治安、消防培训、演练计划实施率	5%	100%	根据物业项目的情况而定
6	法律纠纷	3%	无	
7	保安员入职培训达标率	3%	100%	
8	保安员全年培训计划实施率	3%	100%	
9	保安队伍建设，员工流失率	3%	队伍人员齐、素质高，招聘、辞退手续齐全，员工流失率<5%	
10	有效流程和制度的实施率	3%	100%	
11	协调沟通	2%	与各部门、各辖区护卫队及各辖区治安民警的沟通主动、积极	根据物业项目的情况而定
考核得分				
考核说明				

2. 绩效考核的反馈

反馈是绩效考核中的最后一个环节，也是最重要的一个环节。绩效反馈的目的是让被考核者了解自己的绩效状况，并将管理者的期望传递给被考核者。

绩效反馈的途径有很多，但其中最直接、最有效的是主管与员工的面谈，通过面谈，不但可以准确地将绩效考核的结果告知员工，更重要的是，在面谈中，主管与员工可以面对面地交流，双方可以针对考核结果，共同讨论并研究出改进的方案。

（1）绩效面谈的目的

物业经理与员工进行绩效面谈，有以下目的，如图2-4所示。

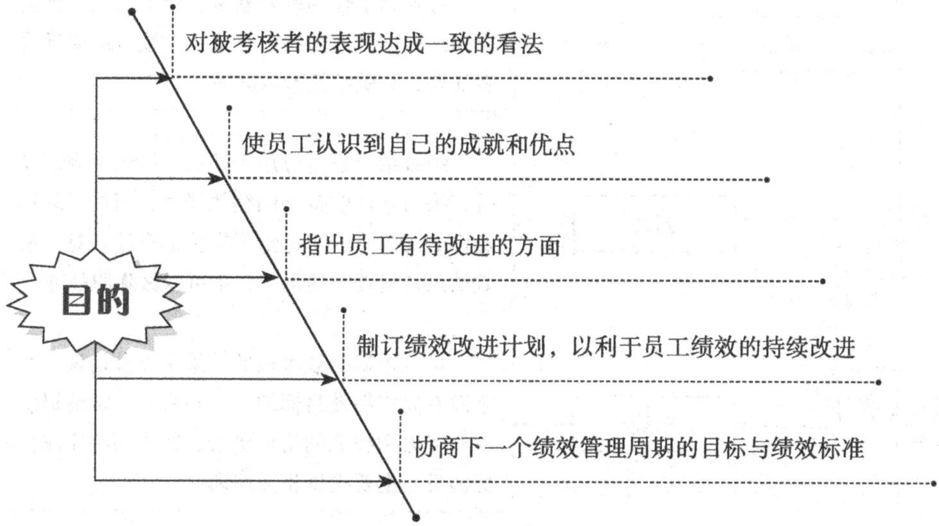

对被考核者的表现达成一致的看法

使员工认识到自己的成就和优点

指出员工有待改进的方面

制订绩效改进计划，以利于员工绩效的持续改进

协商下一个绩效管理周期的目标与绩效标准

图2-4　绩效面谈的目的

（2）绩效面谈的准备

物业经理在与员工进行绩效面谈前，应做好图2-5所示的准备工作。

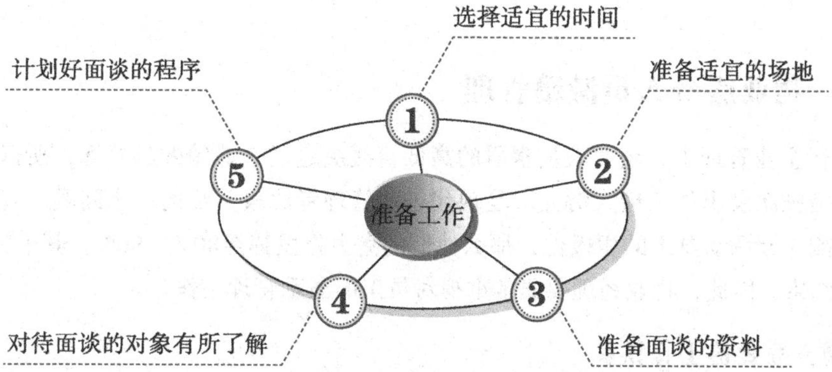

选择适宜的时间

准备适宜的场地

计划好面谈的程序

准备工作

对待面谈的对象有所了解

准备面谈的资料

图2-5　绩效面谈的准备工作

3. 绩效考核结果的运用

绩效考核本身不是目的，而是一种手段，企业应该重视考核结果的运用。绩效考核的结果，可以应用于多个方面，既可为人力资源管理提供决策信息，还可以为员工个人在绩效改进、职业生涯发展方面提供借鉴。绩效考核结果的具体运用表现在以下的方面，如图2-6所示。

调薪	考核结果作为绩效薪资、年终奖金分配的依据。根据绩效考核的结果，对绩效结果优秀者加薪，绩效结果差者减薪
调岗	绩效结果还可应用于调岗。持续优秀的绩效结果通常证明良好的绩效能力，当员工取得这样的结果时应考虑给予岗位的升迁。对于绩效结果持续较差的员工，则可以做降职处理
培训	可以根据绩效考核的结果来安排培训。对于没有完成绩效目标的人，要有针对性地提供提升能力和技能的培训机会；对于那些完成目标的员工也要提供相关培训
人员配置	通过对绩效结果的分析，可以对一个员工的优势和不足做出判断，把他放到合适的岗位上去，而当其不能胜任任何工作时，企业可与其协商解除劳动合同

图2-6　绩效考核结果的运用

2.5　物业服务人员激励管理

在现代企业管理中，企业人员素质的高低直接决定了企业绩效的好坏，所以如何采取各种激励措施激发出员工最大潜力，是现代企业管理者比较关注的一个问题。有关研究表明，如果能充分调动员工的积极性，那么他们的潜力将发挥至80%～90%，其中50%～60%是激励的结果。因此，物业经理要非常重视对员工的激励管理工作。

1. 建立完善的工作体系

完善的工作体系应包括如下内容。

（1）实行工作轮换制度

进行工作轮换是工作设计的常见形式之一，是物业经理必须掌握的基本内容。工作轮换是指在不同的时间阶段，员工会在不同的岗位上工作。

例如，客户服务中心的"社区文化专员"和"客服助理"岗位，从事该岗位工作的员工可以在一定时期内进行一次工作轮换。

（2）丰富工作的内容

①与业主（住户）联系。如果员工能够直接与业主（住户）接触，从业主（住户）那里直接了解到其对服务的满意度，可以使员工增添强烈的成就感，这是丰富工作内容最有效的手段。

②自行安排工作计划。大多数员工都有能力安排自己的工作计划，上级只需给出最后期限或目标。这是提高员工主动性的一个有效方法。

③独立完成。尽可能让员工独立完成一件完整的工作。

④直接反馈。减少反馈的环节和层次。

例如，公共设施维修保养的质量问题报告与其在管理者手中互相传递，不如直接由物业管理员交给负责维修保养问题的当事人。如果这种反馈不夹杂批评，员工便能更好地进行自我批评。

（3）进行工作扩大化安排

工作扩大化是指工作的范围扩大，旨在向员工提供更多的工作，适当增加员工工作量。当员工对某项工作更加熟练时，增加的工作量会让员工感到更加充实。

2. 培育良好的工作氛围

良好的工作氛围比什么都重要，它可以让员工的心情舒畅，可以让员工感受到团队的温馨。员工心情愉快，工作时也会干劲倍增，主动、自觉、积极地完成各项工作任务，发挥出最大的工作热情，为社会、为企业创造更多的财富。因此，物业经理要注重为员工培育良好的工作氛围。

（1）优化沟通环境

良好的沟通是开展工作的前提。创造良好的沟通环境须做好以下两点工作，具体如图2-7所示。

①沟通制度化　在企业内部建成一系列的沟通制度，使沟通渠道顺畅

②沟通定期化　在企业的日常管理中，应该定期进行沟通，了解员工的状态；如果遇到紧急或突发事件，应该及时进行沟通

图2-7　优化沟通环境应做的工作

（2）营造良好的学习环境

学习环境对个人的自我发展极为重要。如果物业管理企业的学习氛围和学习环境很差，将很难吸引人才。因此，要想员工长久地服务于企业，物业经理就必须为他们营造良好的学习环境。

（3）创造良好的员工参与氛围

要使员工对工作尽心尽力，并在此过程中保持有积极性的最好办法之一，就是让员工参与进来，主要方法如图2-8所示。

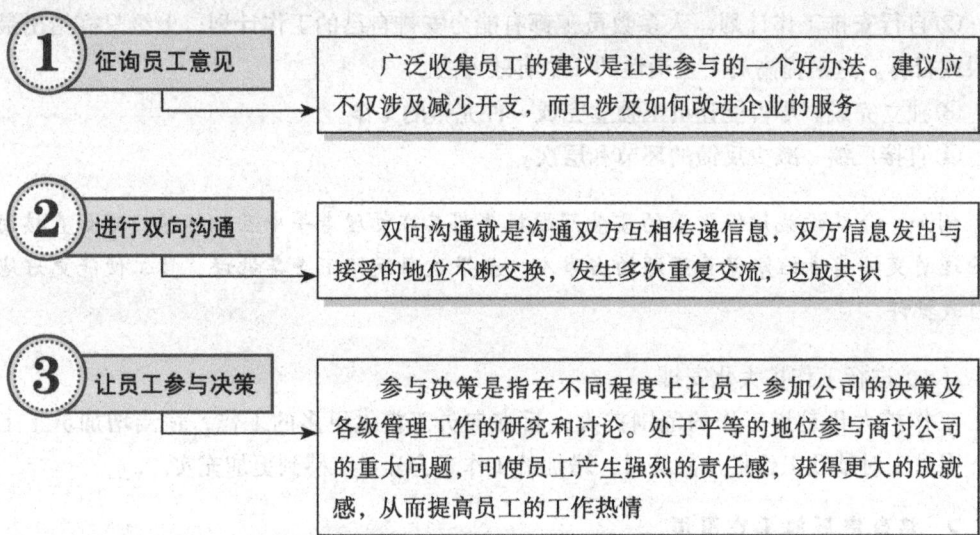

1 征询员工意见 → 广泛收集员工的建议是让其参与的一个好办法。建议应不仅涉及减少开支，而且涉及如何改进企业的服务

2 进行双向沟通 → 双向沟通就是沟通双方互相传递信息，双方信息发出与接受的地位不断交换，发生多次重复交流，达成共识

3 让员工参与决策 → 参与决策是指在不同程度上让员工参加公司的决策及各级管理工作的研究和讨论。处于平等的地位参与商讨公司的重大问题，可使员工产生强烈的责任感，获得更大的成就感，从而提高员工的工作热情

图2-8 创造员工参与氛围的方法

小贴士

在征询员工的意见时，物业经理必须注意征询意见贵在真诚和尊重对方。

3. 进行充分授权

所谓授权，是指将自己的部分权力交托员工履行。授权是一种可以令员工"边做边学"的在职训练，通过这种在职训练，可以提高员工的归属感与满足感。

（1）创造合理授权的环境

为鼓励授权，物业经理必须创造一个环境，使处于其中的每个员工都会觉得他对自己职责范围以内的绩效标准和经营效果有真正的影响。

由于只需很少的人来指导、监督和协调，授权环境降低了管理的成本；又由于授权从根本上激励了员工而产生了高绩效，从而也提高了员工的服务水平。

（2）采取有效的授权措施

物业经理可以采取图2-9所示的措施进行授权。

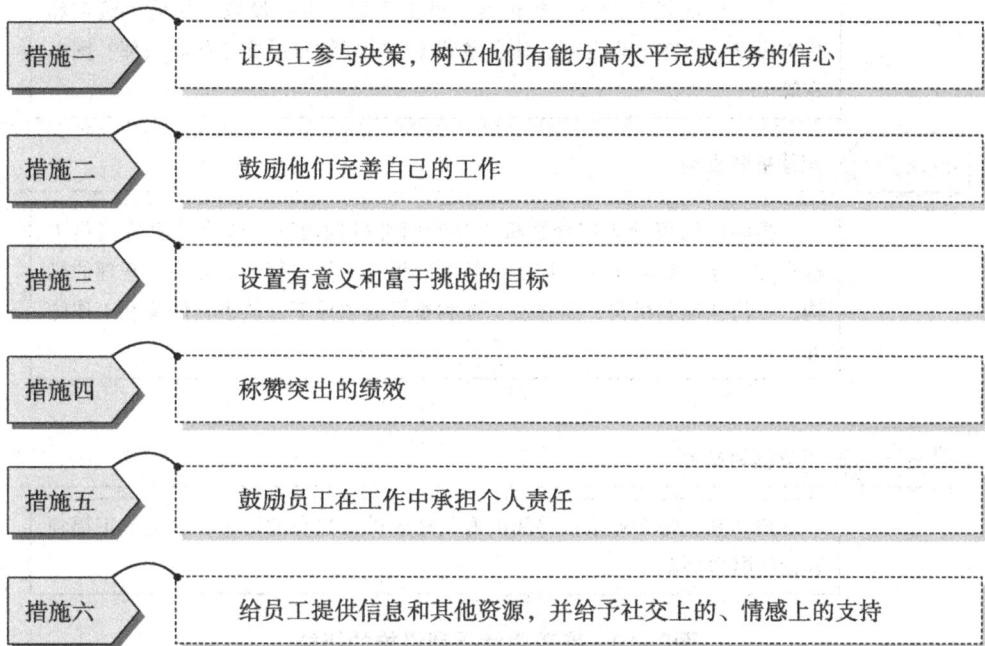

措施一	让员工参与决策，树立他们有能力高水平完成任务的信心
措施二	鼓励他们完善自己的工作
措施三	设置有意义和富于挑战的目标
措施四	称赞突出的绩效
措施五	鼓励员工在工作中承担个人责任
措施六	给员工提供信息和其他资源，并给予社交上的、情感上的支持

图2-9　进行有效授权的措施

4. 设计合理薪酬

完善合理的薪酬福利管理制度可以提高企业的竞争实力，保证企业人力资源管理的可持续建设，是企业未来发展的基础保证。因此企业必须在公平、公正的原则下建立健全薪酬福利管理制度，统一规划，合理布局，最终实现行之有效的激励机制，最大程度地激发员工的工作热情、加强员工忠诚度，让员工在提高自身能力的同时与企业互惠互利，保证企业的健康、稳定、可持续发展。物业经理可通过以下方法来设计合理的薪酬。

（1）改善分配机制

企业的分配制度是对员工实行激励的主要手段之一。几乎所有的人都希望自己的付出和劳动能够得到公平、合理的回报，也只有在预期能够得到合理回报的基础上，员工才会积极、努力地工作，充分发挥自己的才能和潜力。

（2）完善生活福利设施

生活福利设施是企业重要的福利设施。企业要完善生活福利设施，就必须明确图2-10所示的内容。

措施一 ▶ **提供员工生活福利设施**

员工生活福利设施主要包括：员工食堂、卫生设施（如员工医疗和疗养设施、浴室、理发室、休息室等）、文娱体育设施（如俱乐部、图书室等）

措施二 ▶ **组建福利机构**

福利机构可分为综合性机构和专门性机构两种。综合性机构指员工福利委员会，是对企业各层次、各部门福利工作实行全面和统一管理的机构；专门性福利机构，是在员工福利委员会领导下，从事具体福利工作的部门

措施三 ▶ **设立福利基金**

福利基金是企业依法筹集的专门用于员工福利的资金，它是员工福利建设的财力基础

图2-10 完善生活福利设施的措施

（3）完善休假制度

物业经理可结合企业实际情况，从以下的几个方面完善企业的休假制度，如图2-11所示。

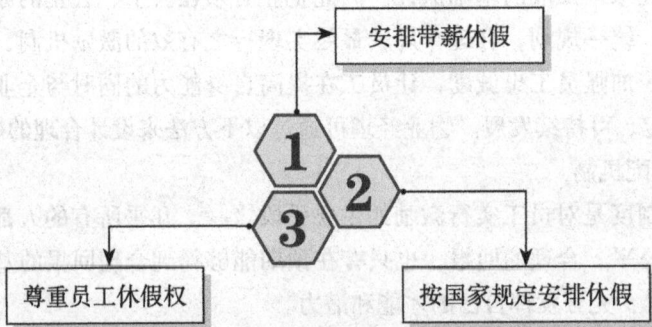

安排带薪休假

尊重员工休假权

按国家规定安排休假

图2-11 完善休假制度的措施

5. 完善晋升制度

晋升激励是企业领导将员工从低一级的职位提升到新的更高的职务，同时赋予与新职务一致的责、权、利的过程。晋升是企业一种重要的激励措施，企业职务晋升制度有两大

功能，一是选拔优秀人才，二是激励现有员工的工作积极性。物业经理可通过以下的措施来完善企业的晋升制度，如图2-12所示。

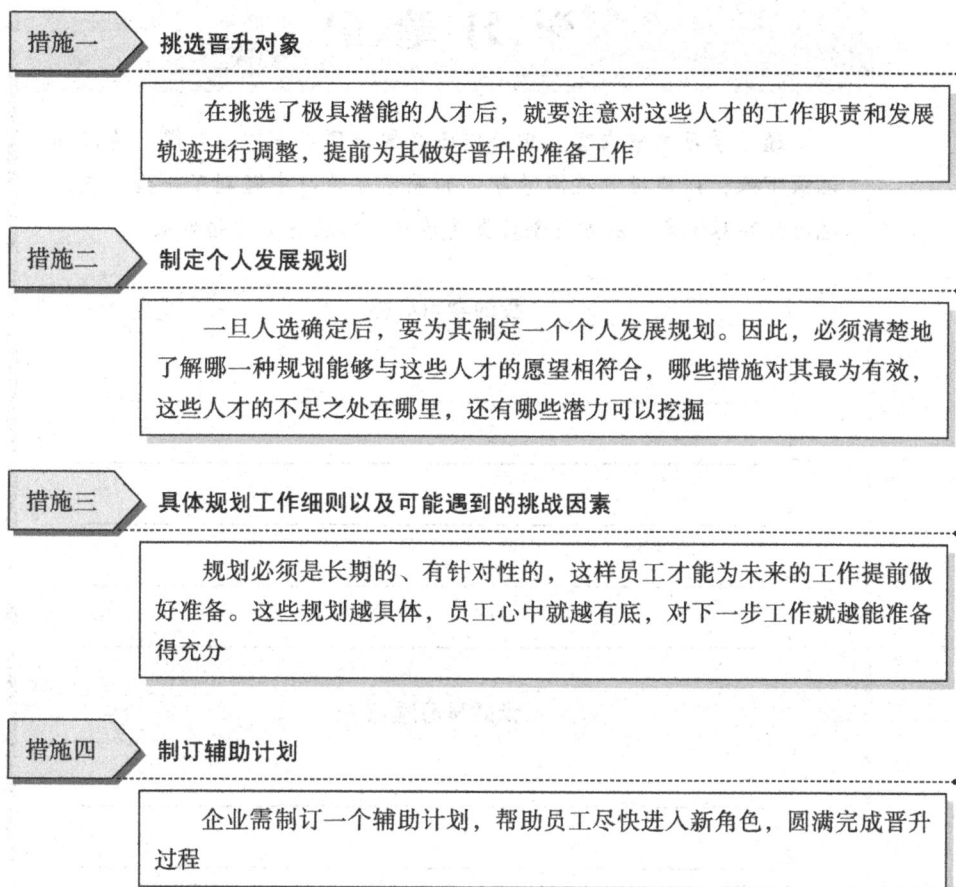

措施一 **挑选晋升对象**

在挑选了极具潜能的人才后，就要注意对这些人才的工作职责和发展轨迹进行调整，提前为其做好晋升的准备工作

措施二 **制定个人发展规划**

一旦人选确定后，要为其制定一个个人发展规划。因此，必须清楚地了解哪一种规划能够与这些人才的愿望相符合，哪些措施对其最为有效，这些人才的不足之处在哪里，还有哪些潜力可以挖掘

措施三 **具体规划工作细则以及可能遇到的挑战因素**

规划必须是长期的、有针对性的，这样员工才能为未来的工作提前做好准备。这些规划越具体，员工心中就越有底，对下一步工作就越能准备得充分

措施四 **制订辅助计划**

企业需制订一个辅助计划，帮助员工尽快进入新角色，圆满完成晋升过程

图2-12 完善晋升制度的措施

学习笔记

通过学习本章内容，想必您已经掌握了不少学习心得，请仔细记录下来，以便继续巩固学习。如果您在学习中遇到了一些难点，也请如实写下来，以方便今后重复学习，彻底解决这些难点。

我的学习心得

1. _____
2. _____
3. _____
4. _____
5. _____

我的学习难点

1. _____
2. _____
3. _____
4. _____
5. _____

我的运用计划

1. _____
2. _____
3. _____
4. _____
5. _____

第**3**章

业主入伙与装修管理

为了规范业主入住办理程序，确保业主能顺利入住，并保证业主对房屋的装修符合要求，物业经理应负责小区业主入伙及装修工作流程的制定，及具体策划、组织、协调等各项工作的落实。

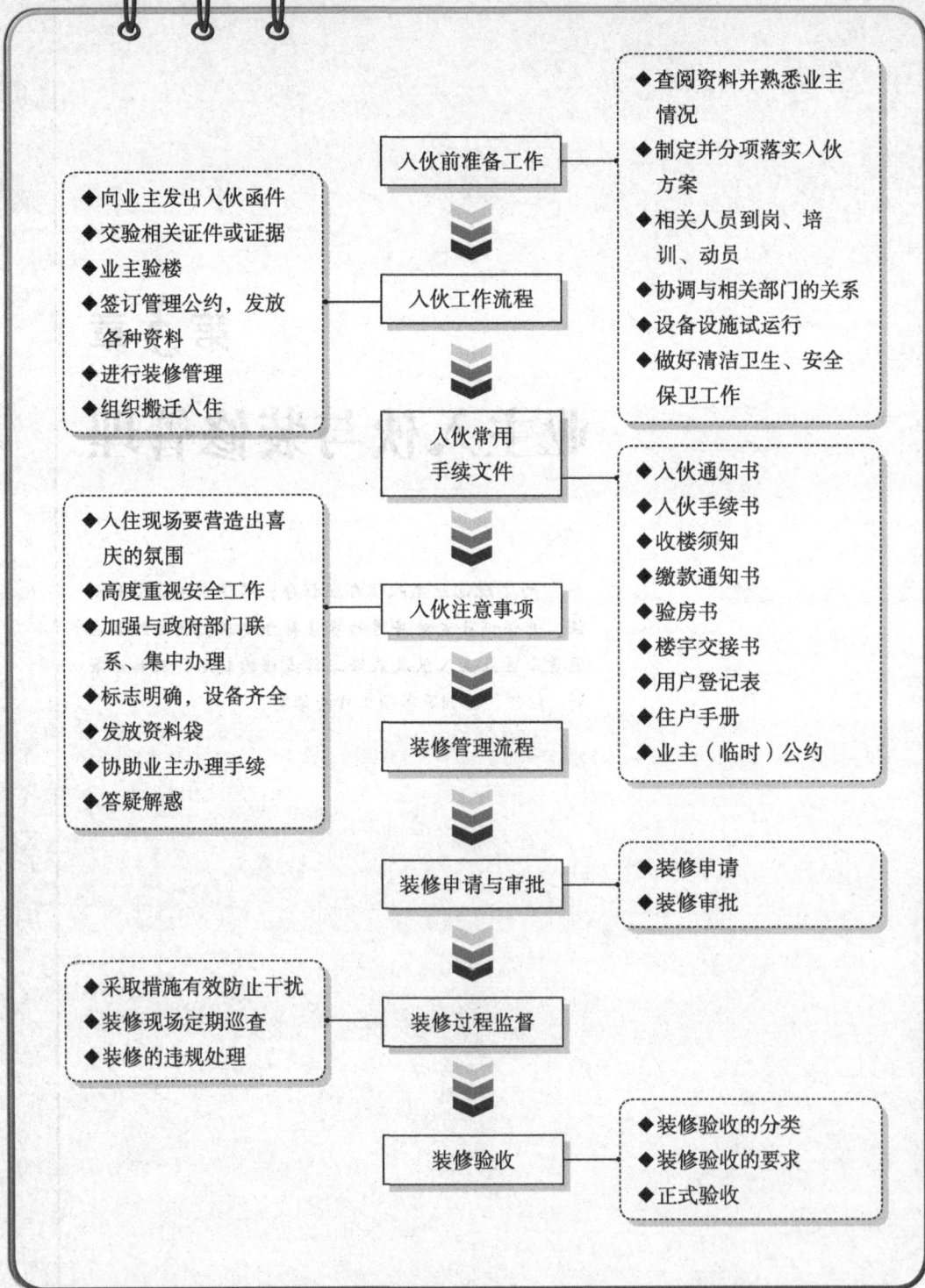

学习指引

入伙前准备工作
- ◆查阅资料并熟悉业主情况
- ◆制定并分项落实入伙方案
- ◆相关人员到岗、培训、动员
- ◆协调与相关部门的关系
- ◆设备设施试运行
- ◆做好清洁卫生、安全保卫工作

入伙工作流程
- ◆向业主发出入伙函件
- ◆交验相关证件或证据
- ◆业主验楼
- ◆签订管理公约，发放各种资料
- ◆进行装修管理
- ◆组织搬迁入住

入伙常用手续文件
- ◆入伙通知书
- ◆入伙手续书
- ◆收楼须知
- ◆缴款通知书
- ◆验房书
- ◆楼宇交接书
- ◆用户登记表
- ◆住户手册
- ◆业主（临时）公约

入伙注意事项
- ◆入住现场要营造出喜庆的氛围
- ◆高度重视安全工作
- ◆加强与政府部门联系、集中办理
- ◆标志明确，设备齐全
- ◆发放资料袋
- ◆协助业主办理手续
- ◆答疑解惑

装修管理流程

装修申请与审批
- ◆装修申请
- ◆装修审批

装修过程监督
- ◆采取措施有效防止干扰
- ◆装修现场定期巡查
- ◆装修的违规处理

装修验收
- ◆装修验收的分类
- ◆装修验收的要求
- ◆正式验收

3.1 入伙前准备工作

业主入伙前，物业经理需做好以下工作，如图3-1所示。

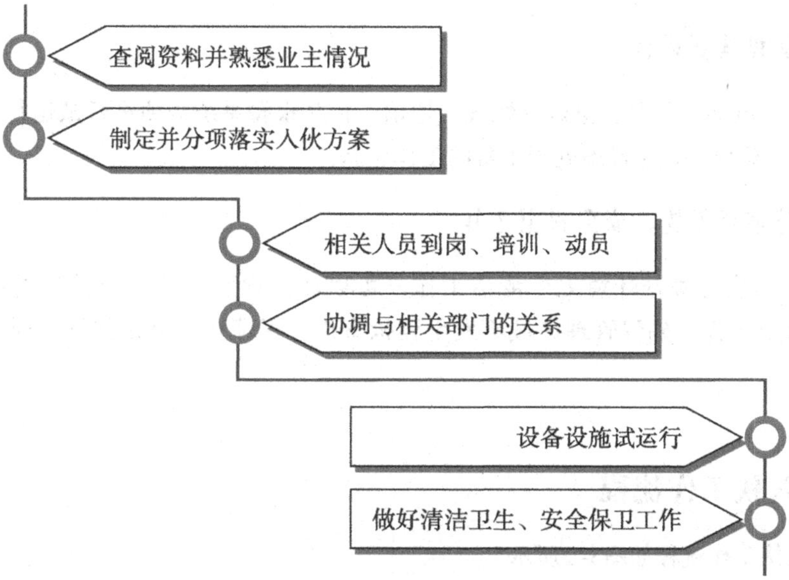

图3-1 业主入伙前需做的准备工作

1. 查阅资料并熟悉业主情况

入伙前，物业经理应组织下属及时从房地产开发商手中取得已售出物业业主的详细资料，仔细对照所接收到的物业资料，进一步熟悉每一位业主及其所购物业单元的相关资料，这样才能做到为每一位业主提供周到的服务。

2. 制定并分项落实入伙方案

（1）拟订入住流程。

（2）根据小区的实际情况和管理协议中对小区管理的要求，拟订入伙后在治安、车辆管理、垃圾清运等方面的配套改进意见或整改措施。

（3）拟订、印刷相关的文件资料，如管理公约、住户手册、入伙通知书、收楼须知、收费通知单、房产交接书、入伙表格等备用。

3. 相关人员到岗、培训、动员

入伙前物业相关人员应全部到位，接受严格培训，并进行充分动员，以提高其工作能力，激发其工作热情，这样才能在今后的工作中减少差错，确保服务质量。

4. 协调与相关部门的关系

物业企业要和房地产开发商一起同水、电、燃气、电信等公用事业部门协调关系，解决遗留问题，避免业主入伙以后因此类问题产生纠纷，影响入伙工作及今后物业管理工作的正常开展。

5. 设备设施试运行

给排水、电梯、照明、空调、燃气、通信、消防报警系统必须进行试运行，如有问题应及时整改，确保各设备设施处于正常的工作状态。

6. 做好清洁卫生、安全保卫工作

在业主入住前做好环境卫生清洁工作，可以让住户感受到一个整洁的居住环境。加强安全保卫工作，确保管理区域不发生盗抢事件，保证住户财物能够及时安全地搬入楼内。

3.2 入伙工作流程

业主入伙工作流程如图3-2所示。

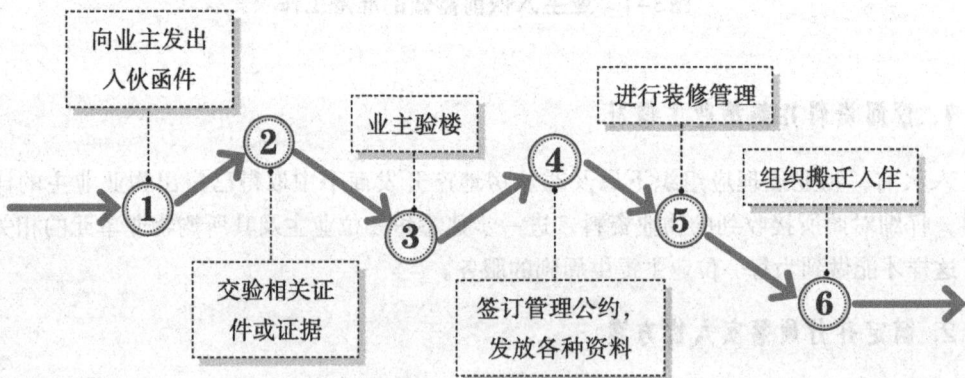

图3-2　入伙工作流程

1. 向业主发出入伙函件

入伙函件包括入伙通知书、入伙手续书、收楼须知、缴费通知单、住户登记表等，物业经理需告知业主在规定时间内备齐相关资料，到指定地点办理入伙手续。并接受业主咨询，确保业主清楚如何办理入伙手续，知晓相关管理规定。

2. 交验相关证件或证据

物业企业应主动向业主出示企业的有关证件、委托合同、政府文件、房地产开发商同意交楼的书面文件等，并请业主出示身份证件或授权委托书、购（租）房合同、房屋缴款证明等资料。

3. 业主验楼

验楼是业主的一项基本权利，也是其入伙程序的必要环节。物业企业应派专人接待并陪同业主验楼。验收的重点项目是：给排水、门窗、供电、墙面、地板、公共设施等。

验收过程中填写收房书，确认质量问题和水表、电表读数并核收归档；如有问题，应报开发商及建设单位进行整改，并让其签收，确定解决时间；在规定时间内不能解决的，要催其解决。

4. 签订管理公约，发放各种资料

签约之前应给业主一定的时间，以便其仔细阅读和认真推敲合同中的各项条款，保证对方经过充分考虑，在不存在异议的情况下签约。然后发放住户手册、装修管理规定、收费项目一览表、装修申请表、业主临时公约等资料。

5. 进行装修管理

办理完楼房交接手续以后，各业主将会对自己的房屋进行装修，物业企业须将对业主的装修进行必要的指导和管理。

6. 组织搬迁入住

业主在办理完各项入伙手续后，就可以搬迁入住了。物业企业可以帮助其联系专门的搬家公司或自行组织人员协助业主搬迁入住。

3.3 入伙常用手续文件

入伙手续文件是指业主办理入伙手续时需了解和签订的相关文件，如入伙通知书、入伙手续书、收楼须知、缴款通知书等。这些文件一般都由物业企业负责拟订，以开发商和物业企业的名义在业主办理入伙手续前发给业主。

1. 入伙通知书

入伙通知书是指物业企业在物业验收合格后通知业主准予入住，可以办理入伙手续的文件。

下面是某物业公司××小区入伙通知书范本，仅供参考。

范本

××小区入伙通知书

××女士／先生：

　　您好！

　　您所认购的××小区×栋×单元×室已于××年×月经有关部门验收合格，准予入住。请您在接到本通知书后，前来办理有关手续。

　　1. 请您在接到本通知书后按规定的时间前来办理入伙手续，地点在×××。在此期间，房地产公司财务部、销售部、物业企业等有关部门将到现场集中办公，为您提供快捷、方便的服务。

　　2. 如果您因公事繁忙，不能亲自前来，可委托他人代办。委托他人代办的，除应带齐相关的文件外，还应带上您的委托书、公（私）章和本人的身份证件。

　　3. 如果您不能在规定的时间前来办理手续，可以在×月×日后到××房地产公司（地点：×××）先办理财务手续及收楼手续，再到××物业企业（地点：×××）缴纳各种费用。在您来办理各项手续前，请仔细阅读入伙手续书、收楼须知和缴款通知书。

　　特此通知

××房地产开发公司

××物业公司

××年×月×日

---

2. 入伙手续书

　　入伙手续书是指物业企业为方便业主，对已具备入住条件的楼宇对办理入伙手续时的具体程序说明而制定的文件。其目的是为了让业主知晓入伙手续办理的顺序，使整个入伙过程井然有序。业主在办理入伙手续时，每办完一项手续，一般都在入伙手续书上留有有关部门确认的证明，有关部门会在上面签字、盖章。

3. 收楼须知

　　收楼须知是指物业企业告知业主收楼时应注意的事项和程序，以及办理入伙手续时应该携带的各种证件、合同及费用等文件资料的通知。

4. 缴款通知书

　　缴款通知书是指物业管理企业通知业主在办理入伙手续时，应该缴纳的款项及具体金额的文件。

5. 验房书

验房书是指物业企业为方便业主对房屋进行验收，督促开发商及时整改问题，避免互相扯皮，使所发现的问题能得到及时解决而制定的文件。

6. 楼宇交接书

楼宇交接书是指业主确认可以接收所购楼宇后，与开发商签订的接收楼宇的书面文件。它证明了开发商及时提供了合同规定的合格的房屋商品，为开发商按合同收缴欠款提供了法律依据，同时，交接书中重申了开发商按合同对房屋应承担的保修义务。

7. 用户登记表

用户登记表是指物业企业为了便于日后及时同用户保持联系，提高管理和服务的效率、质量而制定的文件。

8. 住户手册

住户手册是说明物业的概况，物业管理机构的权利和义务，管理区域内的各项管理规定，及物业企业的机构和各部门的职责分工、违章责任等，在业主办理入伙时发给业主，以使业主更好地了解物业及物业企业和物业管理相关规定，方便今后物业管理工作顺利展开的文件。

9. 业主（临时）公约

业主（临时）公约一般是由物业企业拟订，经过业主和物业企业共同签署并约束双方行为的具有合约、协议性质的文件。

3.4 入伙注意事项

业主的乔迁是一件值得庆贺的事，物业经理要做好业主的入伙工作，避免因为准备不足而使业主遭遇不愉快的情况，具体注意事项如图3-3所示。

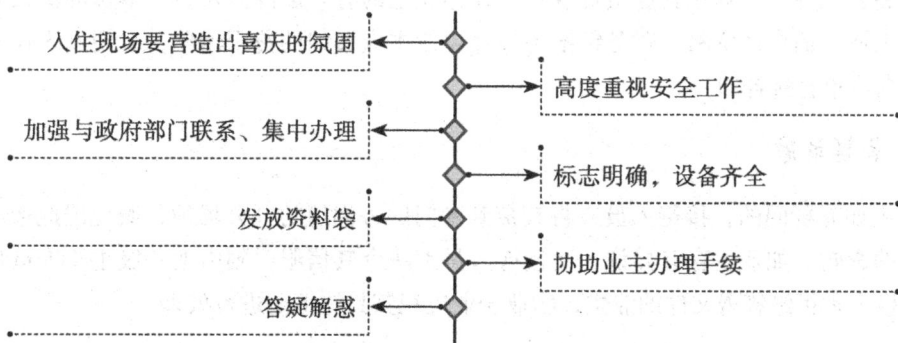

图3-3 业主入伙注意事项

1. 入住现场要营造出喜庆的氛围

所有员工都应着装整齐，举止礼貌大方。沿路上，接待人员要不断地引领介绍；当业主经过保安人员身边时，保安人员应立正敬礼；当业主迎面走来时，接待人员应报以微笑。

2. 高度重视安全工作

小区门口人流汇集，保安人员应及时疏导车辆，接待人员在入口处指引业主前去入住接待处。小区门口严格把关是必要的，门口站岗人员应对进入小区的人员进行必要的盘查管理；其中，进出的车辆管理更是重中之重的任务。

3. 加强与政府部门联系、集中办理

入住是开发商售楼后举行的最后一次大型活动，物业企业可充分配合房地产开发商并与政府相关部门联系，集中时间、统一利用资源，为日后的业主申办减少麻烦。

4. 标志明确，设备齐全

入住现场的各处均应摆放明显的标志牌。业主的位置应设在方便走动的中央地带，并备有桌椅、饮料等物品，方便业主填写资料。另外，在办公地点还应配备复印机等，以方便为业主进行证件的复印等工作，为业主提供便利，从而使入住工作顺利进行。

5. 发放资料袋

业主在进入物业企业入住接待处并由接待人员核对身份后，在业主签到表上进行登记，并领取资料袋和小礼物。资料袋中装有需业主知悉及签署的各种文件和表格。物业企业可事前将需要提供给业主的资料放在资料袋中，这样可以有效地避免因现场忙乱而发生的个别失误，这也体现出物业企业的周到服务。

6. 协助业主办理手续

业主签到后，直接面对接待组，由接待组完成文件签约、收费、咨询、讲解等工作。在业主签署文件时，物业企业负责收集、复印业主的有效证件以及企业单位的法人委托书等。根据业主的房产资料，财务组准备好每位业主应缴纳的费用清单，方便其入住时由接待组根据清单直接告知。

7. 答疑解惑

业主如有疑问的，接待人员应将其带到专门的咨询组的办公场地，避免因此造成对其他业主的影响。如业主存有异议，而接待人员无法令其信服，则由上一级主管人员负责接待。对极个别拒绝签署文件的业主，物业企业应视其具体情况进行处理。

3.5　装修管理流程

为了使业主和装修工作人员对装修的工作程序有一个完整的了解，从而让装修管理工作能顺利、有序地开展，物业经理有必要把这项工作的各个步骤理清，制定一个合适的流程，如图3-4所示。

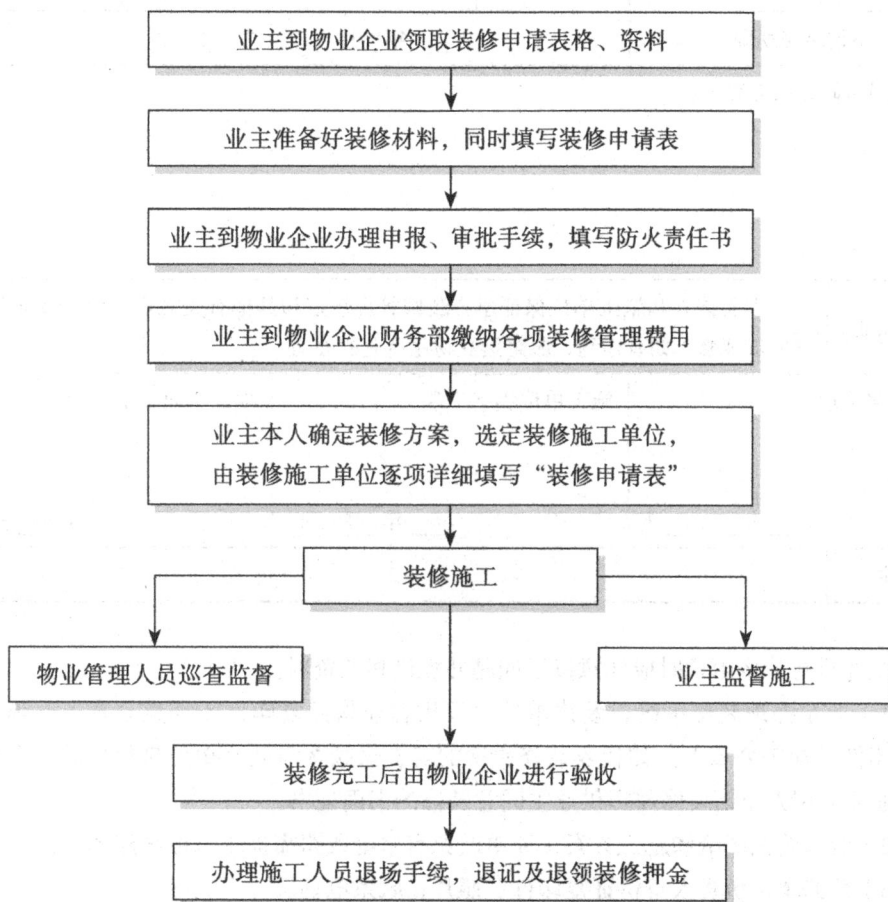

图3-4　装修管理流程

3.6　装修申请与审批

业主凡欲进行室内装修改造的，应准备好相关资料，并及时向物业企业提出申请，填写装修申请表，报物业经理审批。业主及施工单位应在装修申请表上签字盖章。物业经理对业主的申请进行审批，并向业主发放物业辖区房屋装修管理规定及有关资料。

1. 装修申请

业主要开展装修工作，应先准备好相关资料，如装修施工图纸和施工方案等，并完整填写装修申请表，如表3-1所示。

表3-1　小区房屋装修申请表

业主姓名		住　址		联系电话	
施工单位		负责人		联系电话	
申请装修期限		___年__月__日至___年__月__日			
装修项目（附装修方案）： 1. 2. 3. …					
装修保证		本装修人和施工单位保证遵守装修管理规定和其他有关规定，保证按照装修方案完成装修，如有违约，愿意接受物业企业的处罚			
业主签字（章） ___年__月__日		施工单位签字（章） ___年__月__日		物业企业签字（章） ___年__月__日	
备注					

业主在进行装修申请时应注意以下问题并提供相关资料。

（1）业主办理装修手续，装修单位需提供营业执照复印件（加盖公章）、承建资格证书复印件（加盖公章）。如代收装修税费的需提供顾客与装修单位签订的装修合同复印件。非业主使用人申请装修需提供业主同意装修的书面证书。

（2）装修施工图纸和施工方案（如更改原有水电线路需提供水电线路图）。

（3）装修单位负责人身份证复印件、照片、联系电话。

（4）施工人员身份证复印件、照片。

（5）如需改变建筑物主体或承重结构，超过设计标准或规范增加楼面面积的，须提交建筑物原设计单位或具有相应资质的设计单位提出的设计方案，非住宅用途房屋还须提交政府部门的施工许可证。

（6）如搭建建筑物、改变住宅外力面等，须经城市规划行政主管部门批准后，报物业企业备案，并经业主大会/业主委员会同意，方可搭建。

（7）只铺地板、墙壁表面粉刷、贴墙纸等简单装修，装修户可不提供装修单位承建资格证书及施工图纸。

2. 装修审批

物业企业在收到业主的装修申请后一周内予以答复。对于不符合规范或资料不全的，业主按要求进行修改并重新提交审批。

3.7 装修过程监督

业主领取装修许可证后即可办理施工人员出入证、材料运进等手续，装修工程便可开始进行。

为了确保装修的顺利进行，确保住户的生命、财产安全，物业经理须安排人员加强巡视，加强对装修现场的监管，在定期巡查中纠正和阻止违规装修。

1. 采取措施有效防止干扰

装修期间，对左右隔壁、上下楼层住户的工作和休息会产生影响。如果物业经理不采取有效措施，肯定会招致装修单元相邻住户的投诉和不满。为了避免室内装修对邻居的干扰，应采取以下管理措施，如图3-5所示。

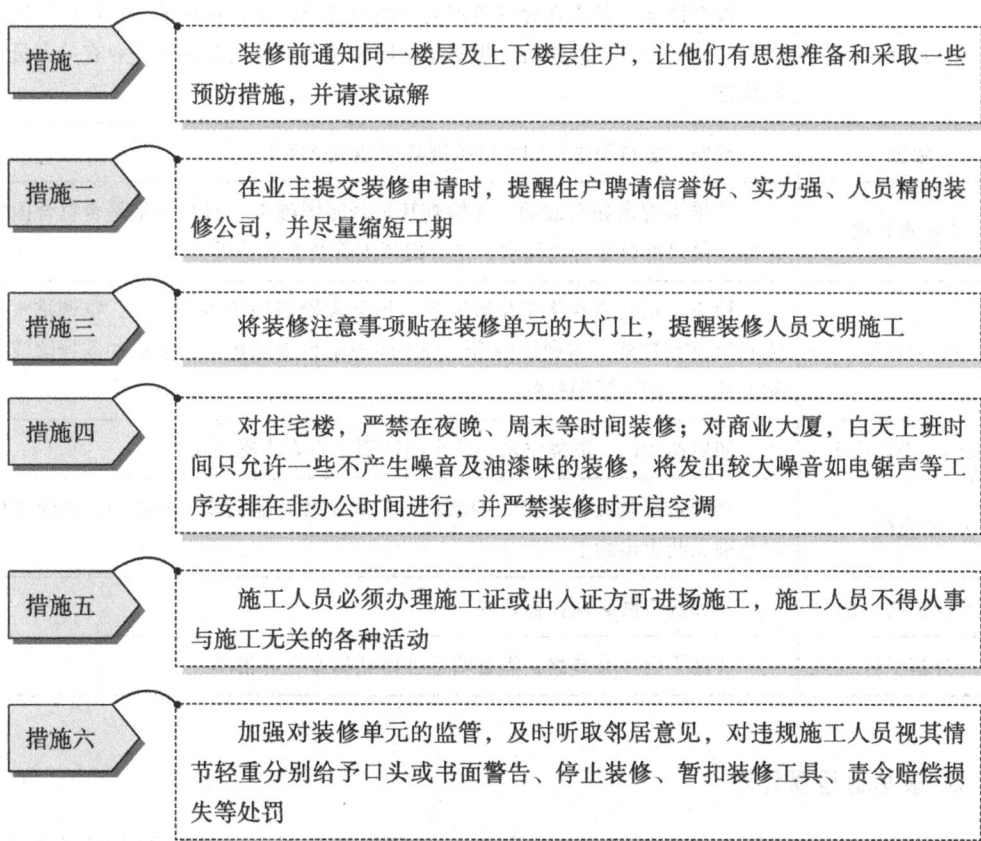

措施一	装修前通知同一楼层及上下楼层住户，让他们有思想准备和采取一些预防措施，并请求谅解
措施二	在业主提交装修申请时，提醒住户聘请信誉好、实力强、人员精的装修公司，并尽量缩短工期
措施三	将装修注意事项贴在装修单元的大门上，提醒装修人员文明施工
措施四	对住宅楼，严禁在夜晚、周末等时间装修；对商业大厦，白天上班时间只允许一些不产生噪音及油漆味的装修，将发出较大噪音如电锯声等工序安排在非办公时间进行，并严禁装修时开启空调
措施五	施工人员必须办理施工证或出入证方可进场施工，施工人员不得从事与施工无关的各种活动
措施六	加强对装修单元的监管，及时听取邻居意见，对违规施工人员视其情节轻重分别给予口头或书面警告、停止装修、暂扣装修工具、责令赔偿损失等处罚

图3-5 装修管理措施

2. 装修现场定期巡查

物业经理应要求业主将业主室内装修批准书和业主室内装修注意事项张贴于门上，便于物业巡查人员检核和提醒装修人员安全施工。同时，物业经理和物业企业其他巡查人员须按规定对装修现场进行巡查，在进入施工现场前仔细查看图纸及审批文件，做到心中有数；进入装修现场后，应按审批内容逐项检查，如表3-2所示。

表3-2　装修现场定期巡查内容

项目	要求
隔墙材料	用防水材料或空心砖、轻体墙等（木器必须按规范涂上市消防局认可的防火漆）
天花板材料	用防水材料并做防火处理
电气线路改动	需套PVC管，要求配电箱内开关型号、位置正确，出线线径合理等
地面	检查该业主是否在允许范围内对地面进行改动，如洗手间、厨房等地面改动，这些改动必须按规范做好地面防水处理，并通知物业企业有关人员进行检查
墙面	墙面以涂料为主，如贴墙纸则必须是阻燃墙纸
给排水管道	给排水管道如有改动，需检查其是否照图施工，材料质量是否符合国家标准，接口部分是否会漏水，是否损坏主管及原有管道
空调安装	检查主机是否在指定位置安装，地脚螺栓需加装防震垫片，空调排水不能直接排至户外，需利用厨房、洗手间或阳台地漏排水，主机如需挂墙或搭架安装，需用不锈钢材料
大门（进户门）	如更换大门，需提供乙级防火门证明，否则不准更换
防盗门	必须选择物业企业指定的款式，不能安装其他款式，防盗门不能超出门框范围而凸出走廊上
窗户防盗网（栏）	新加防盗网必须在窗户内
外露平台	外露平台如有装修，需查明是否得到物业企业批准

3. 装修的违规处理

物业巡查人员在巡查中发现任何违规行为，必须尽快记录下来或拍照存档（如有需要），并上报物业经理。如果物业经理亲自巡查发现违规行为，应立即处理。对于重大的违规，物业经理应向装修公司发出违章通知并通知业主，要求其及时进行整改，并将违规事项及处理情况都记录下来。

3.8 装修验收

装修工程完工后，业主应书面通知物业企业验收。客户服务中心检查装修工程是否符合装修方案的要求、施工中有没有违反装修守则、费用是否缴足等。如无问题，即予以验收通过，并退还装修保证金。

1. 装修验收的分类

装修验收可分为以下类别，如图3-6所示。

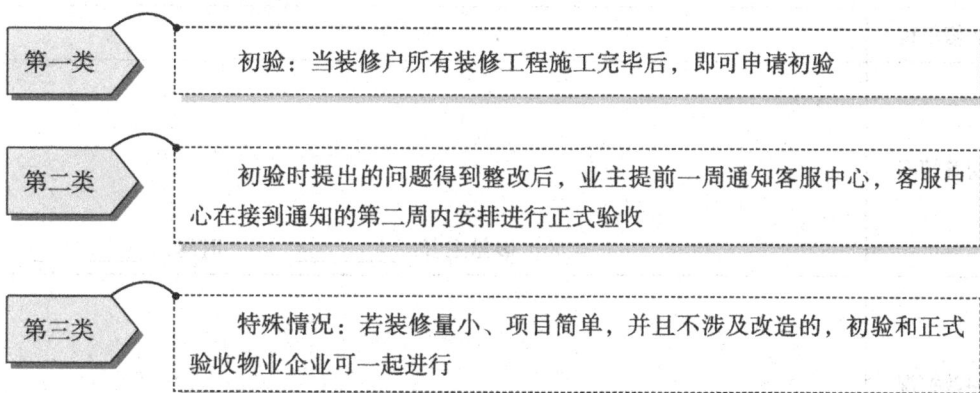

第一类　初验：当装修户所有装修工程施工完毕后，即可申请初验

第二类　初验时提出的问题得到整改后，业主提前一周通知客服中心，客服中心在接到通知的第二周内安排进行正式验收

第三类　特殊情况：若装修量小、项目简单，并且不涉及改造的，初验和正式验收物业企业可一起进行

图3-6　装修验收的分类

2. 装修验收的要求

装修验收的要求如图3-7所示。

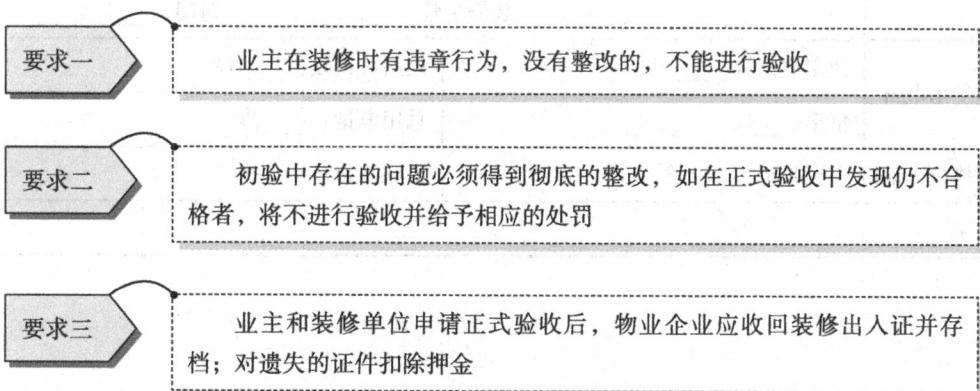

要求一　业主在装修时有违章行为，没有整改的，不能进行验收

要求二　初验中存在的问题必须得到彻底的整改，如在正式验收中发现仍不合格者，将不进行验收并给予相应的处罚

要求三　业主和装修单位申请正式验收后，物业企业应收回装修出入证并存档；对遗失的证件扣除押金

图3-7　装修验收的要求

3. 正式验收

正式验收时，由工程部组织相关人员参加，针对初验中提出的问题进行逐项查验。

对初验合格后，又增加装修项目的，无违章装修的，仍需补办申请；有违章装修的，按管理规定中的装修违章处理条款执行，并立即停止对该装修户的验收，直至整改完毕后再进行正式验收。验收时的装修验收表如表3-3所示。

表3-3　装修验收表

物业名称：

装修地点		建筑面积（平方米）	
装修负责人		联系电话	
装修单位			
初验情况	装修主管：_____　　时间：_____		
整改情况	装修主管：_____　　时间：_____		
正式验收情况	装修主管：_____　　时间：_____		
施工用电量	使用前读数：____度	使用后读数：____度	
	倍率：____	总用电量：____度	
装修出入证	办证数量：____个	退证数量：____个	
备注			

学习笔记

通过学习本章内容，想必您已经掌握了不少学习心得，请仔细记录下来，以便继续巩固学习。如果您在学习中遇到了一些难点，也请如实写下来，以方便今后重复学习，彻底解决这些难点。

我的学习心得

1. _____
2. _____
3. _____
4. _____
5. _____

我的学习难点

1. _____
2. _____
3. _____
4. _____
5. _____

我的运用计划

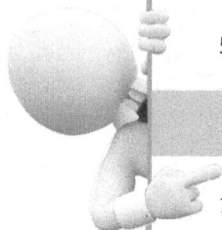

1. _____
2. _____
3. _____
4. _____
5. _____

第4章
物业保洁管理

物业保洁管理是物业管理中一项经常性的管理服务工作，其目的是净化环境，给业主和住用人提供一个卫生、健康、舒适、优美的工作和生活环境，这就要求物业经理必须严格做好日常保洁工作。

学习指引

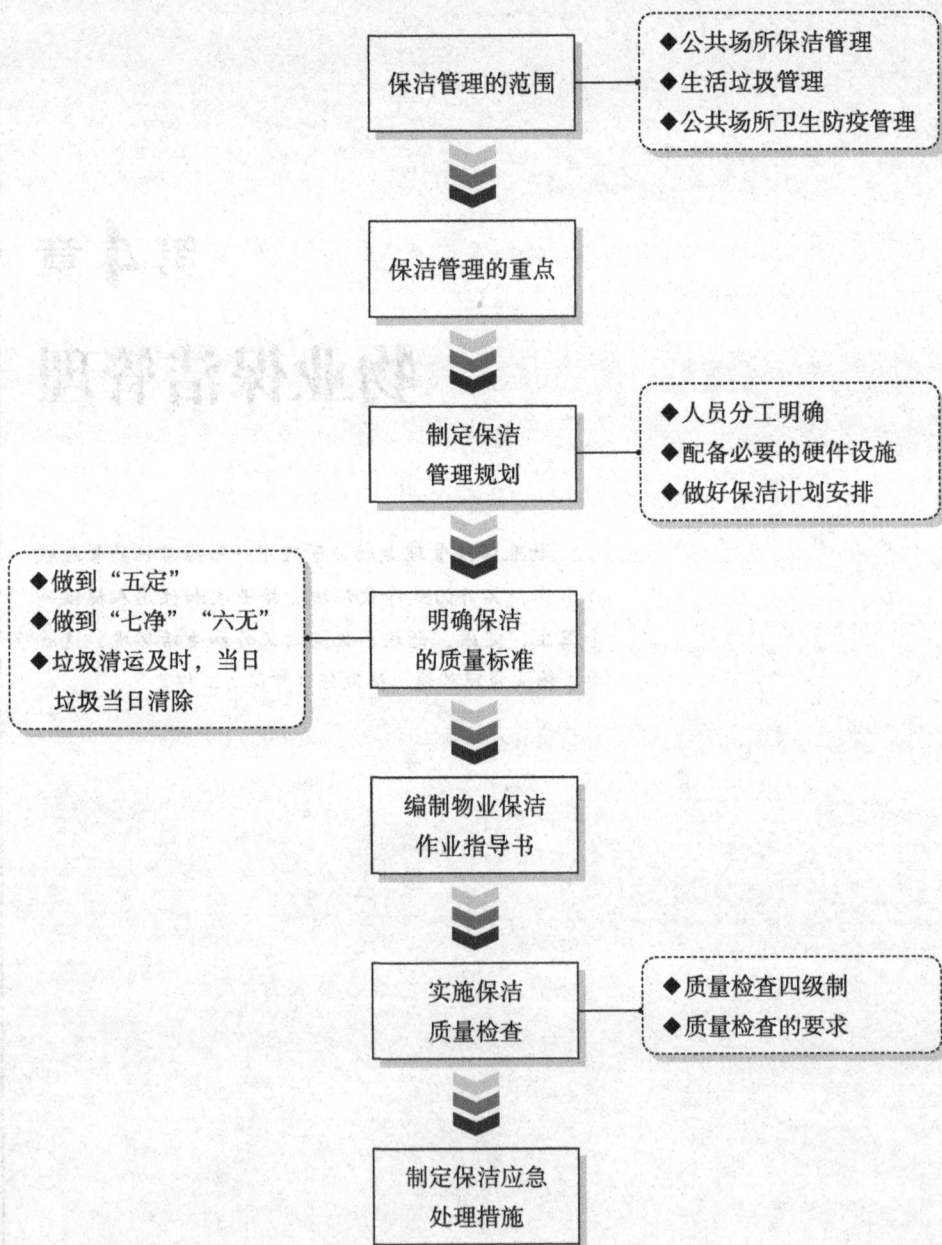

保洁管理的范围 —— ◆公共场所保洁管理
◆生活垃圾管理
◆公共场所卫生防疫管理

保洁管理的重点

制定保洁
管理规划 —— ◆人员分工明确
◆配备必要的硬件设施
◆做好保洁计划安排

◆做到"五定"
◆做到"七净""六无" —— 明确保洁
◆垃圾清运及时，当日 的质量标准
垃圾当日清除

编制物业保洁
作业指导书

实施保洁
质量检查 —— ◆质量检查四级制
◆质量检查的要求

制定保洁应急
处理措施

4.1 保洁管理的范围

物业经理要做好保洁管理工作，首先必须对物业保洁管理的范围有一个全面的了解。不同的物业，保洁的范围可能不一样，但总体而言，包括以下几个方面。

1. 公共场所保洁管理

公共场所保洁管理包括三个方面，如表4-1所示。

表4-1　公共场所保洁管理的范围

范围	主要内容
室内公共场所的清洁和保养	主要是指围绕办公楼、宾馆、商场、居民住宅楼等楼宇内开展的物业保洁，包括楼内大堂、楼道、大厅等地方的卫生清扫、地面清洁、地毯清洗；门、玻璃、墙裙、立柱等物品的擦拭；卫生间的清扫与清洁
室外公共场所的清扫和维护	室外公共场所主要有道路、花坛、绿地、停车场地、建筑小品、公共健身器材等。应重点做好地面清扫、绿地维护、建筑小品维护和清洁等
楼宇外墙的清洁和保养	主要是指楼宇的外墙清洁和墙面的保养，以及雨篷等楼宇的附属设施维护

2. 生活垃圾管理

对生活垃圾的管理，要做好以下三个方面的工作。

（1）生活垃圾的收集和清运

物业企业应熟悉物业管辖范围内居住人员情况和管辖区域物业的用途，并据此来估计垃圾产生量，从而确定收集设施的规模；合理布设垃圾收集设施的位置，包括垃圾桶、垃圾袋、垃圾箱等；合理制订日常的清运计划和时间安排。

（2）装修建筑垃圾的收集和清运

随着城市居住面积大幅度增加，装修带来的建筑垃圾问题日益凸显。因为建筑垃圾产生量大、品种相对稳定、不宜降解，如果混杂在普通生活垃圾中，会降低生活垃圾的热值，从而使生活垃圾难于采用焚烧处置或占用卫生填埋场地，增加了处理的难度。因此，对于装修产生的建筑垃圾，应要求单独收集和清运，并可采取综合利用的办法进行处置。

（3）垃圾收集设施的维护和保养

近年来，垃圾收集设施品种和规格不断增加；垃圾场中转设施更加完善；各种形状、规格的垃圾箱、果皮箱逐渐取代了传统的大型铁皮垃圾箱，因此应根据垃圾收集设施的特点，安排人员经常对其进行维护和保养。

3. 公共场所卫生防疫管理

公共场所卫生防疫管理包括以下两个方面的工作。

（1）公共场所传染病控制

公共场所包括旅店、文化娱乐场所、公共浴池、图书馆、博物馆、医院候诊室、公交汽车、火车等。就目前物业管理范围而言，重点的是宾馆、商场、办公楼等公共场所的消毒问题。

（2）公共场所杀虫、灭鼠

公共场所有许多病媒昆虫、动物，它们容易在人群居住地区传播疾病，尤其是苍蝇、老鼠、蚊子、臭虫等"四害"以及蟑螂、蚂蚁等。

4.2 保洁管理的重点

保洁管理的重点，是防治"脏、乱、差"。"脏、乱、差"具有多发性、传染性和顽固性，所以物业经理对此不能掉以轻心。随手乱扔各种垃圾、楼上抛物、乱堆物品堵塞公共走道、随意排放污水废气、随地吐痰和大小便，以及乱涂、乱画、乱搭、乱建、乱张贴等都容易导致"脏、乱、差"，并且很可能发生在某些业主身上。

小贴士

提高业主整体素质，也是保洁管理工作的一个重要内容，这需要物业经理不间断地宣传教育和监督管理。

4.3 制定保洁管理规划

保洁工作是重复性的工作，需按部就班地按要求执行。物业经理应做好保洁管理的规划，使员工有章可循。

1. 人员分工明确

物业保洁管理是一项细致、量大的工作，每天都有垃圾要清运、场地要清扫，涉及物业管理范围内的每一个地方。因此，必须做到责任分明，对物业范围的任何一个地方均应有专人负责清洁卫生，并明确清扫的具体内容、时间和质量要求。

2. 配备必要的硬件设施

为了增强清扫保洁工作的有效性，物业管理企业还应配备与之有关的必要的硬件设施，如在每家每户门前安置一只相对固定的定制的ABS塑料垃圾桶。

3. 做好保洁计划安排

物业经理应制订清扫保洁工作每日、每周、每月、每季乃至每年的计划。

下面是××物业企业清扫保洁工作计划范本，仅供参考。

范本

××物业企业清扫保洁工作计划	
周期	清洁工作内容
每日	（1）辖区（楼）内道路清扫二次，整天保洁 （2）辖区（楼）内绿化带，如草地、花木灌丛、建筑小品等处清扫一次 （3）楼宇电梯间地板拖洗两次，四周护板清抹一次 （4）楼宇各层楼梯及走廊清扫一次，楼梯扶手清抹一次 （5）收集每户产生的生活垃圾，倾倒垃圾箱内的垃圾，并负责清运至指定地点
每周	（1）楼宇各层公共走廊拖洗一次（主要指高层楼宇，可一天拖数层，一周内保证全部拖洗一遍） （2）业户信箱清抹一次 （3）天台（包括裙房、车棚）、天井和沟渠清扫一次
每月	（1）天花板尘灰和蜘蛛网清除一次 （2）各层走道公用玻璃窗擦拭一次（每天擦数层，一个月内保证全部擦拭一次） （3）公共走廊及路灯的灯罩清拭一次
每季	楼宇的玻璃幕墙擦拭一次
每年	（1）花岗石、磨石子外墙拟每年清洗一次 （2）一般水泥外墙拟每年粉刷一次等

4.4 明确保洁的质量标准

标准就是评价保洁工作的尺度。要对保洁质量进行检查，就必须有标准可供参照。具体标准如下。

1. 做到"五定"

"五定"是指清洁卫生工作要做到定人、定地点、定时间、定任务、定质量。保洁部要在小区内所有应清扫保洁的部位设专人负责清扫保洁工作,明确保洁人员的具体任务、工作时间,以及应达到的质量标准等。

2. 做到"七净""六无"

"七净"是指在物业管理区域内做到路面净、路沿净、人行道净、雨(污)水井口净、树根净、电线杆净、墙根净。

"六无"是指在物业管理区域内做到无垃圾污物、无人畜粪便、无砖瓦石块、无碎纸皮核、无明显粪迹和浮土、无污水脏物等。

3. 垃圾清运及时,当日垃圾当日清除

要在合适的位置设置垃圾桶,以袋装垃圾的方法集中收集垃圾。

当然,不同类型、不同档次的物业对楼宇内的公共部位清洁卫生的质量标准不同,相同的物业管理区域中不同部位要求的标准也可能不同。物业经理应根据实际情况制定相应的卫生清洁标准。

质量是保洁工作的生命,达到质量标准是保洁工作的目的。为使服务质量标准切实可行,标准的制定必须具体、可操作,最好是将检验方法和清洁频率等都确定下来。质量标准应当公布出来,并注明保洁员工的姓名,让业主、用户监督,以增强保洁员工的责任心。

下面是某小区的保洁质量标准范本,仅供参考。

范本

保洁质量标准

分类	序号	项目	标准	检验方法	清洁频率
室外组	1	路面、绿地、散水坡	无瓜果皮壳、纸屑等杂物,无积水,无污渍;每10平方米内烟头及相应大小的杂物不超过一个	沿路线全面检查	每天彻底清扫两次;每半小时循环一次;每月用水冲刷一次
	2	果皮箱	内部垃圾及时清理,外表无污迹、粘附物	全面检查	每天清倒两次;每天刷洗一次;每周用洗洁精刷一次

（续）

（续表）

分类	序号	项目	标准	检验方法	清洁频率
室外组	3	垃圾屋	地面无散落垃圾，无污水、污渍，无明显污迹	全面检查	每天清倒、冲刷两次；每周用清洁剂刷洗一次
	4	垃圾中转站	地面无散落垃圾，无污水、污渍，墙面无粘附物，无明显污迹	全面检查	每天清理刷洗两次
	5	标志牌、雕塑	无乱张贴，目视表面无明显灰尘，无污迹	全面检查	每天清抹一次
	6	沙井	底部无垃圾，无积水、积沙，盖板无污迹	抽查三个井	每天清理一次
	7	雨、污水管、井	检查井内壁无粘附物，井底无沉淀物，水流畅通，井盖上无污迹	抽查五个井	雨、污水井每年清理一次；污水管道每半年疏通一次
	8	化粪池	不外溢污水	全面检查	每半年吸粪一次
地下室	1	车库地面	无垃圾、杂物，无积水，无泥沙	抽查五处	每天清扫两次，每两小时循环一次，每月用水冲刷一次
	2	车库墙面	目视无污迹，无污渍，无明显灰尘	抽查五处	每月清扫、冲洗一次
	3	地下车库的标志牌、消火栓、公用门等设施	目视无污迹，无明显灰尘	抽查五处	每月用洗洁精清抹一次，灯具每两月擦一次
	4	车库和天台管线	目视无积尘、污迹	抽查五处	每两月用扫把清扫一次
室内组	1	雨篷	目视无垃圾，无青苔，无积水	全面检查	每周清理一次
	2	天台、转换层	目视无垃圾，无积水，无污迹，明沟畅通	抽查五处	每天清理一次

（续）

（续表）

分类	序号	项目	标准	检验方法	清洁频率
室内组	3	水磨石、水泥大理石、地毯	无垃圾杂物，无泥沙、无污渍，大理石地面打蜡抛光后有光泽；地毯无明显灰尘，无污渍	抽查五处	每天清扫一次，大理石打蜡每两月一次；每周抛光一次；地毯吸尘每周一次；地毯清洗每季度一次
	4	大理石、瓷片、乳胶漆、喷涂墙面	大理石、瓷片、喷涂墙面用纸巾擦拭50厘米无明显灰尘，乳胶漆墙面无污迹，目视无明显灰尘	抽查七层，每层抽查三处	大理石打蜡每半年一次；抛光每月一次，乳胶漆墙面扫尘、喷涂、瓷片墙面擦洗每月一次
	5	天花板、天棚	距1米处目视无蜘蛛网，无明显灰尘	抽查七层，每层抽查三处	每月扫尘一次
	6	灯罩、烟感、吹风口、指示灯	目视无明显灰尘，无污渍	抽查七层，每层抽查三处	每月清抹一次
	7	玻璃门窗	无污迹，清刮后用纸巾擦拭无明显灰尘	抽查七层，每层抽查三处	玻璃门每周刮一次；玻璃窗每月刮一次
	8	公用卫生间	地面无积水、无污渍，无杂物；墙面瓷片、门、窗，用纸巾擦拭无明显灰尘，便器无污渍；天花、灯具目视无明显灰尘，玻璃、镜面无灰尘，无污迹	全面检查	每天清理两次；每两小时保洁一次
	9	公用门窗、消火栓、标志牌、扶手、栏杆	目视无明显污迹，用纸巾擦拭无明显灰尘	抽查七层，每层抽查三处	每天清抹一次（住宅区），每周清抹一次

4.5　编制物业保洁作业指导书

物业保洁作业指导书就是指导员工作业的方法与方式，以及保洁作业合理过程的文件。制作指导书的目的是通过对保洁人员进行技术性指导，提高其工作效率与品质，又好又快地完成保洁工作。

物业保洁作业指导书一般由以下内容组成，如图4-1所示。

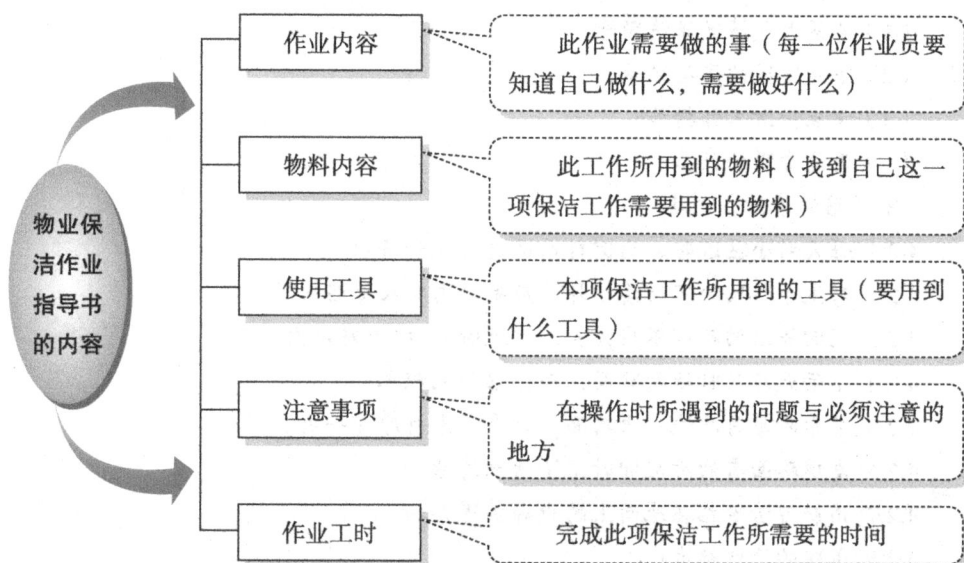

图4-1　物业保洁作业指导书的内容

作业指导书编制完成后，应打印成册，组织保洁人员学习，掌握其中的内容，为今后在工作中顺利执行打下基础。新上岗的保洁员工培训完成后要进行考核，考核合格后方可上岗。

下面是××小区室外公共区域清洁作业规范范本，仅供参考。

范本

××小区室外公共区域清洁作业规范

1. 目的
规范室外公共区域保洁员作业，确保公共场地卫生良好、环境整洁。

2. 适用范围
适用于公司辖区内公共场地的环境清洁管理。

3. 职责
3.1 保洁班长负责室外卫生清洁计划的制定、组织实施和质量监控清洁作业。

3.2 保洁员负责依照本流程执行室外卫生保洁工作。

4. 作业规范

4.1 室外公共区域清洁计划的制订

4.1.1 保洁班长应根据气候变化、小区的卫生状况等制订每月清洁计划。

4.1.2 室外公共区域计划应包含以下内容：

（1）不同天气情况保洁频率；

（2）重点路段的保洁频率；

（3）重点保洁工作措施；

（4）清洁费用的预算。

4.2 道路的清洁、保洁

4.2.1 每天对小区道路、两侧行人道进行定时清扫。

4.2.2 对主干路段除定时清扫外，应安排固定人员巡回保洁。

4.2.3 巡回保洁的路线不应太长，往返时间以1小时以内为宜。

4.2.4 下雨天应及时清扫路面，确保路面无积水。

4.2.5 旱季时每月冲洗一次路面，雨季每半月冲洗一次。

4.2.6 发现路面有油污应即时用清洁剂清洁。

4.2.7 用铲刀清除粘在地面上的口香糖等杂物。

4.2.8 道路的清洁标准：

（1）目视地面无杂物、积水，无明显污渍、泥沙；

（2）道路、人行道无污渍、每200平方米痰迹控制在一个以内；

（3）行人路面干净无浮尘、无杂物、垃圾和痰迹；

（4）路面垃圾滞留时间不得超过1小时。

4.3 街心花园、广场的清洁、保洁。

4.3.1 花园、广场应有专人负责循环清洁、保洁。

4.3.2 清扫广场花园里的浮尘、果皮、树叶及纸屑、烟头等垃圾。

4.3.3 及时清除地面的油污渍、粘附物。

4.3.4 每天擦拭一次花园的花坛及周围的装饰物。

4.3.5 发现水池内有垃圾应马上捞起。

4.3.6 每月冲洗一次街心花园，旱季冲洗时间可缩短至10天一次。

4.3.7 每月用清洁剂对地面污迹做一次全面清洁。

4.3.8 广场、花园的保洁标准：

（1）地面洁净无积尘、无污渍、无垃圾；

（2）花坛外表洁净无污渍；

（3）广场、花园里的垃圾滞留时间不得超过1小时。

（续）

4.4 绿化带的清洁

4.4.1 用扫把仔细清扫草地、绿化带上的果皮、纸屑、石块、树叶等垃圾。

4.4.2 对烟头、棉签等用扫把无法打扫的小杂物，应捡起放在垃圾斗内。

4.4.3 每天清洁绿化带两次，秋冬季节或落叶较多时应增加清洁次数。

4.4.4 每天擦拭一次花池立面、平面，确保外观洁净。

4.4.5 绿化带的清洁标准：

（1）目视绿化带无明显垃圾、落叶；

（2）每100平方米烟头控制在1个以内；

（3）花坛外表洁净无污渍。

4.5 地下窨井的疏通

4.5.1 每季度对地下窨井按以下程序清理一次：

（1）用铁钩打开井盖；

（2）用捞筛捞起井内的悬浮物；

（3）清除井内的沉沙，用铁铲把粘在井内壁的杂物清理干净；

（4）清理完毕，要把地下窨井井盖盖好；

（5）用水冲洗地面。

4.5.2 每年按以下程序彻底疏通地下管道一次：

（1）打开井盖后，用长竹片捅搞管内的粘附物；

（2）用压力水枪冲刷管道内壁；

（3）清理管道的垃圾；

（4）清理完毕必须盖好井盖；

（5）用水冲洗地面。

4.5.3 地下窨井清洁标准：

（1）目视管道内壁无粘附物，井底无沉淀物；

（2）水流畅通，井盖上无污渍、污物。

4.5.4 注意事项：

（1）掀开井盖后，地面要竖警示牌，必要时加围栏，并由专人负责监护以防行人跌入；

（2）作业时，应穿连身衣裤、戴胶手套；

（3）必须有两人以上同时作业。

4.6 喷水池的清洁期

4.6.1 保洁员应每天用捞筛对喷水池水面漂浮物进行打捞保洁。

4.6.2 喷水池每月清洁一次。

4.6.3 清洁喷水池前由保洁班长先将鱼捞出，并通知工程人员做好停电、停水工

（续）

作，然后再对喷水池按以下程序进行清洗：

（1）打开喷水池排水阀门放水，等池水放去2/3时，保洁员入池清洁；

（2）用长柄手刷、清洁剂由上向下刷洗水池的瓷砖；

（3）用毛巾抹洗池内的灯饰、水泵、水管、喷头及电线，大石表层的青苔、污垢；

（4）排尽池内污水并清理干净池底脏物、垃圾；

（5）关闭排水阀门，打开进水阀门，通知工程人员供水供电，并清洗水池周围地面污迹；

（6）清洗完毕并进水后，将鱼放回池里。

4.6.4 池底鹅卵石半年清洗一次。

4.6.5 清洁喷水池时应注意：

（1）清洁时应断开电源，以防触电；

（2）擦洗电线、灯饰不可用力过大以免损坏；

（3）清洁时不要摆动喷头，以免影响喷水观赏效果；

（4）清洗池底后应将鹅卵石块理平；

（5）注意防滑、跌倒。

4.6.6 喷水池清洁标准：应达到目视水池清澈见底，水面无杂物、池底无沉淀物、池边无污迹。

4.7 人工湖的保洁

4.7.1 人工湖的保洁工作应每天进行一次。

4.7.2 作业人员必须会游泳。

4.7.3 一般情况下垃圾会自动飘浮到近岸，保洁员可于岸边持作业工具打捞湖面上的飘浮垃圾。

4.7.4 保持人工湖水面无漂浮物。

4.8 游乐设施的清洁

4.8.1 转椅、滑梯等儿童游乐设施应每天按以下要求保洁一次：

（1）用抹布擦拭娱乐设施表面上的灰尘；

（2）用清洁剂擦拭污渍后用水清洗干净，再用干布抹干；

（3）清扫游乐场内及周围的纸屑、果皮、树叶等垃圾；

（4）擦拭附近的石椅石凳。

4.8.2 保洁时应注意：

（1）擦拭儿童娱乐设施时，如发现设备设施脱焊、断裂、脱漆或有安全隐患时，应及时汇报小区物业部；

（2）发现娱乐人员特别是小孩未按规定使用游乐设施时，应及时予以制止、纠正。

4.8.3 娱乐设施清洁标准：

（续）

（1）娱乐设施表面干净光亮，无灰尘、污渍、锈迹；

（2）目视游乐场周围整洁干净、无果皮、纸屑等垃圾。

4.9 路灯的保洁

4.9.1 路灯应每月保洁一次。

4.9.2 路灯的保洁应在白天灭灯断电时进行，作业前保洁班长应通报小区物业部，由物业部统一安排通知工程人员断开电源。

4.9.3 路灯保洁方法具体依照《玻璃清洁作业规范》《灯具清洁作业规范》操作。

4.9.4 路灯保洁因需踩梯工作，必须两人同时作业（一人扶梯）。

4.9.5 擦拭灯罩时应注意力度，以免用力过猛导致灯罩破裂；发现灯罩有裂纹或其他安全隐患时，应及时汇报保洁班长。

4.10 雕塑装饰物、标识、宣传牌的清洁

4.10.1 雕塑装饰物的清洁要求：

（1）备长柄胶扫把、抹布、清洁剂、梯子等工具；

（2）先用扫把打扫装饰物上的灰尘，再用湿抹布从上往下擦抹一遍；

（3）有污迹时应将清洁剂涂在污迹处，用抹布擦拭，然后用水清洗干净。

4.10.2 宣传标识牌的清洁要求：

（1）有广告纸时，应先撕下纸后再用湿抹布由上往下擦抹，然后用干布抹干净，如有污迹应使用清洁剂进行清洗；

（2）宣传牌、标示牌等应每天擦拭一遍。

4.10.3 清洁时应注意：

（1）梯子放平稳，人不能爬上装饰物，以防摔伤；

（2）避免保洁工具损伤到被清洁物。

4.10.4 清洁后检查应无污渍、无积尘。

4.11 天台和雨篷的清洁

4.11.1 准备好梯子、编织袋、扫把、垃圾铲、铁杆等工具，并按以下程序操作：

（1）将梯子放稳，人沿梯子爬上雨篷，清理雨篷或天台的垃圾并装入编织袋；

（2）将垃圾袋提下并将垃圾倒入垃圾车内，将较大的杂物一并搬运上垃圾车；

（3）用铁杆清理雨篷、天台上排水口（管），疏通积水；

（4）天台、雨篷每季度清扫一次。

4.11.2 清洁时应注意：

（1）保洁员上下梯时应注意安全，必须有两人同时操作，防止摔伤；

（2）杂物、垃圾袋和工具不要往下丢，以免砸伤行人、损坏工具；

（3）清扫时应避开人员出入频繁的时间。

4.11.3 清洁标准：应达到目视天台、雨篷无垃圾、杂物，无积水、青苔的标准。

（续）

4.12 垃圾筒、果皮箱的清洁

4.12.1 垃圾筒、果皮箱应每天清运一次。

4.12.2 垃圾筒、果皮箱每周清洗一次，遇特殊情况应增加清洗次数。

4.12.3 清洗垃圾筒、果皮箱时不能影响业主使用。

4.12.4 清洗前应先倒净垃圾筒、果皮箱内的垃圾，除去垃圾袋，并集中运到指定的地方清洗。

4.12.5 先将垃圾筒、果皮箱的表面冲洗一遍，然后用清洁剂反复擦拭。

4.12.6 将油渍、污渍洗干净后，用清水冲洗干净，用布抹干。

4.12.7 清洗完毕应及时将垃圾筒、果皮箱运回原处，并套好垃圾袋。

4.12.8 清洁标准应达到：

（1）目视垃圾筒、果皮箱无污迹、无油迹；

（2）垃圾筒、果皮箱周围无积水。

4.13 排水沟的清洁

4.13.1 排水沟的清洁应按以下要求每周进行一次：

（1）用胶扫把清扫排水沟里的泥沙、纸屑等垃圾；

（2）拔除沟里生长的杂草，保证排水沟畅通。

（3）用水冲洗排水沟，发现沟边有不干净的地方应用铲刀铲除。

4.13.2 排水沟的清洁标准：应达到目视干净无污迹、无青苔、杂草，排水畅通，无堵塞、无积水、无臭味。

4.14 信报箱的清洁

4.14.1 每周擦拭业主信报箱两次。

4.14.2 擦拭后的信报箱应干净，无灰尘、无污迹。

4.15 监控探头的清洁

4.15.1 监控探头按以下要求每周擦拭一次：

（1）用镜头专用纸擦拭探头镜片；

（2）用微湿的毛巾擦拭探头的外表。

4.15.2 擦拭探头的玻璃镜片时必须使用镜头擦纸，以免有毛尘或刮伤镜面。

4.15.3 清洁后应达到镜头光亮洁净、探头外表干净无灰尘。

4.16 室外清洁、保洁工作检查

4.16.1 保洁班长应按相关流程标准检查保洁员的工作情况并将检查情况记录于每天的工作日记中。

4.16.2 保洁班长应每天检查室外公共区域的卫生并将检查情况记录于保洁工作日记中。

4.16.3 保洁班长每周应根据工作检查记录对员工进行工作质量评估。该质量评估连同相关工作日记将作为员工绩效考评的依据之一。

4.6 实施保洁质量检查

检查是控制保洁质量的一种常用方法，也是一种很有效的方法。目前，大多数物业清洁管理部门都采用这一方法。

1. 质量检查四级制

质量检查四级制如表4-2所示。

表4-2 质量检查四级制

检查级别	说明
员工自查	员工依据本岗位责任制、卫生要求、服务规范，对作业效果进行自查，发现问题要及时解决
班长作业检查	班长在指定管理的岗位和作业点，实施全过程检查，发现问题要及时解决
主管巡查	主管对管辖内的区域、岗位进行巡查或抽查，应结合巡查所发现的问题、抽查纠正后的效果，把检查结果和未能解决的问题上报给部门经理，并记录在交接本上
部门经理抽查	部门经理应对管辖内区域、岗位和作业员进行有计划的区域、岗位、作业点抽查，并及时解决问题

2. 质量检查的要求

质量检查的要求如图4-2所示。

要求一 > 检查与教育、培训相结合

对检查过程中发现的问题，不仅要及时纠正，还要帮助员工分析原因，对员工进行教育、培训，以防类似问题再次发生

要求二 > 检查与奖励相结合

在检查过程中，将检查记录作为对员工工作表现等的考核依据，并依据有关奖惩和人事政策，对员工进行奖惩并做好有关人事问题的处理

| 要求三 | 检查与测定、考核相结合 |

　　通过检查、测定不同岗位的工作量和物料损耗情况，考核员工在不同时间的作业情况，更合理地利用人力、物力，从而达到提高效率、控制成本的目的

| 要求四 | 检查与改进、提高相结合 |

　　通过检查，对发现的问题进行分析，找出原因，提出措施，从而改进服务素质、提高工作质量

图4-2　质量检查的要求

4.7　制定保洁应急处理措施

　　意外情况主要是指：火灾；污雨水井、管道、化粪池严重堵塞；暴风雨；梅雨天；水管爆裂；户外施工、装修等情况。

　　物业经理应制定应对意外情况的清洁工作应急处理措施，以避免其对物业环境卫生产生影响，为业主和用户提供始终如一的清洁服务。清洁处理后要符合《清洁工作检验标准和办法》中的标准。

　　下面是××住宅小区应急预案范本，仅供参考。

范本

××住宅小区保洁应急预案

　　1. 目的

　　对影响住宅区环境卫生的意外情况制定应急处理措施，为业主提供始终如一的清洁服务。

　　2. 适用范围

　　住宅区出现的突发性火灾，污雨水井，管道严重堵塞，下雪天及暴风雨，户外施工，新入住小区业主、住户装修期间等情况。

　　3. 应急措施

　　3.1　发生火灾后的保洁工作应急处理措施

　　（1）救灾结束后，保洁主管组织全体保洁员参加现场清理工作。

　　（2）用垃圾车清运火灾遗留残留杂物，一并清运、打扫。

　　3.2　污（雨）水井、管道堵塞，污水外溢造成不良影响

（续）

（1）该责任区保洁员将垃圾车、扫把等工具拿到故障点，协助维修工处理。

（2）从污（雨）水井、管、池中捞起的污垢应直接装上垃圾车，避免造成第二次污染。

（3）疏通后，保洁员迅速打扫地面被污染处，并接水管或用桶提水清洗地面，直到目视无污物。

3.3 暴风雨影响环境卫生的应急处理措施

（1）暴风雨后，保洁员及时清扫各责任区内所有地面上的垃圾袋、纸屑、树叶等杂物。

（2）发生塌陷或大量泥水沙溃至路面、绿地，保洁员协助物业管理部检修，及时清运、打扫。

（3）保洁员查看各个责任区内污水排水是否畅通。如发生外溢，应及时清运、打扫。

3.4 下雪天和雪后清扫的应急处理措施

（1）将备好的防滑地毯放到每个单元门口并竖立"小心地滑"警示牌。

（2）主管安排所有人员突击清扫每个单元门口及主要道路。

（3）主管带领机动人员及外围保洁人员清扫其他道路及人行道、广场等。

（4）如持续下雪，应在清扫完积雪后及时使用化雪盐。

3.5 施工影响环境卫生的应急处理措施

（1）小区设施维修以及供水、供电、煤气管道、通讯设施等项目施工中，保洁员应配合做好场地周围的清洁工作。

（2）及时清理业主搬家时遗弃的杂物，并清扫场地。

3.6 新入住装修期应急处理措施

各个责任区保洁员加强保洁，对装修垃圾清运后的场地及时清扫，必要时协助业主或物业管理部将装修垃圾及时上车清运。

四、应急预案

4.1 梅雨天气应急预案

梅雨季节，大理石、瓷砖地面和墙面很容易出现返潮现象，造成地面积水、墙皮剥落、电器感应开关自动导通等现象。

（1）在大堂等人员出入频繁的地方放置警示牌，提醒客人"小心滑倒"。

（2）加快工作速度，主管要加强现场检查指导，合理调配人员，及时清干地面、墙面水迹。

（3）如发潮现象比较严重，应在大堂铺设一条防滑地毯，并用大块的海绵吸干地面、墙面、电梯门上的积水。

（4）仓库内配备干拖把、海绵、地毯、毛巾和警示牌。

（续）

（5）安全注意事项：梅雨天气作业要穿胶鞋，不要穿塑料硬底，以防滑倒。

4.2 暴风暴雨天气应急预案

（1）保洁主管勤巡查，督导各个岗位清洁的工作，加强与其他部门的协调联系工作。

（2）天台、裙楼平台的沟渠应有专人检查，特别是在风雨来临前要巡查，如有堵塞要及时疏通。

（3）检查污（雨）水井，增加清理次数，确保畅通无阻。

（4）各个岗位保洁员配合物业管理员关好各个楼层的门窗，防止风雨刮进楼内，淋湿墙面或打碎玻璃。

（5）仓库内备好雨衣服、鞋、铁勾、竹片、手电筒，做到有备无患。

（6）安全注意事项：暴风暴雨天气注意高空坠物。

4.3 下雪天及雪后应急预案

（1）在每个小区门厅放置防滑地毯并竖立"小心地滑"警示牌。

（2）加快工作速度，先动员所有人员清扫主要道路及单元门口。

（3）及时备好扫雪工具、雨衣、化雪盐等器具。

4.4 楼层内发生水管爆裂事故应急预案

当楼层空调水管、给水管的接头发生爆裂，造成楼层浸水时，应按如下步骤处理：

（1）迅速关闭水管阀门并迅速通知物业管理员和维修人员前来救助。

（2）迅速用扫把扫走流动电梯厅附近的水，控制不了时可将电梯开往上一楼层，并通知维修人员关掉电梯。

（3）电工关掉电源开关后，抢救房间、楼层内的物品，如资料、电脑等。

（4）用垃圾斗将水盛到水桶内倒掉，再将余水扫进地漏，接好电源后再用吸水器吸干地面水分。

（5）打开门窗，用风扇吹干地面。

（6）安全注意事项：处理水管爆裂事故时，应注意防止触电。

4.5 突发火灾事故应急预案

（1）要掌握火情，有计划、有组织地做好人员、贵重物品、仓库物质、文件等的疏散转移工作，并协助做好业主的疏导工作。

（2）加强易燃清洁用品的管理。

（3）保洁部应常配各种应急工具，如手电、水桶、干毛巾、指示牌、灭火器材等。

（4）及时清理干净火灾遗留的杂物。组织员工对火灾现场进行清理，恢复整洁，对因逃生或救火损坏的花木进行抢救或补种。

（5）安全注意事项：清理火灾现场要等现场调查结束后，经有关部门批准后方可进行。

（续）

4.6 突发公共卫生事件应急预案

4.6.1 目的

确保在发生突发公共卫生事件（传染疾病、食物、水或有害气体中毒，不明原因疾病等）时能迅速果断地采取相应措施，在最大程度上避免和减少事件对社区业主的危害，并能在事件过后或趋于缓和的最短时间内消除影响，恢复社区各方面的正常秩序，使业主能安定、安心工作和生活。

4.6.2 适用情况

社区内突发公共卫生事件；地区内突发公共卫生事件。

4.6.3 应急工作中应坚持的原则

（1）及时联络有关部门和机构，寻求多方协助。

（2）密切注意事件发展，向物业不间断通告相关情况。

（3）严格预防，避免恐慌。

（4）高度注意管理公司员工的防护工作。

学习笔记

通过学习本章内容，想必您已经掌握了不少学习心得，请仔细记录下来，以便继续巩固学习。如果您在学习中遇到了一些难点，也请如实写下来，以方便今后重复学习，彻底解决这些难点。

我的学习心得

1. _____
2. _____
3. _____
4. _____
5. _____

我的学习难点

1. _____
2. _____
3. _____
4. _____
5. _____

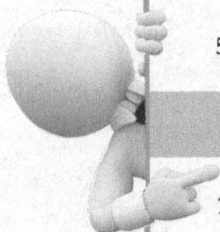

我的运用计划

1. _____
2. _____
3. _____
4. _____
5. _____

第5章
物业绿化管理

物业环境绿化的目的就是按照自然美的规律去协调社会环境、人工环境与自然环境之间和谐统一的关系，创造出适合于小区业主生活的一种安静、舒适而且优美的绿色环境。物业经理要做好物业绿化管理工作，为小区业主创造一个干净而充满活力的生活环境。

学习指引

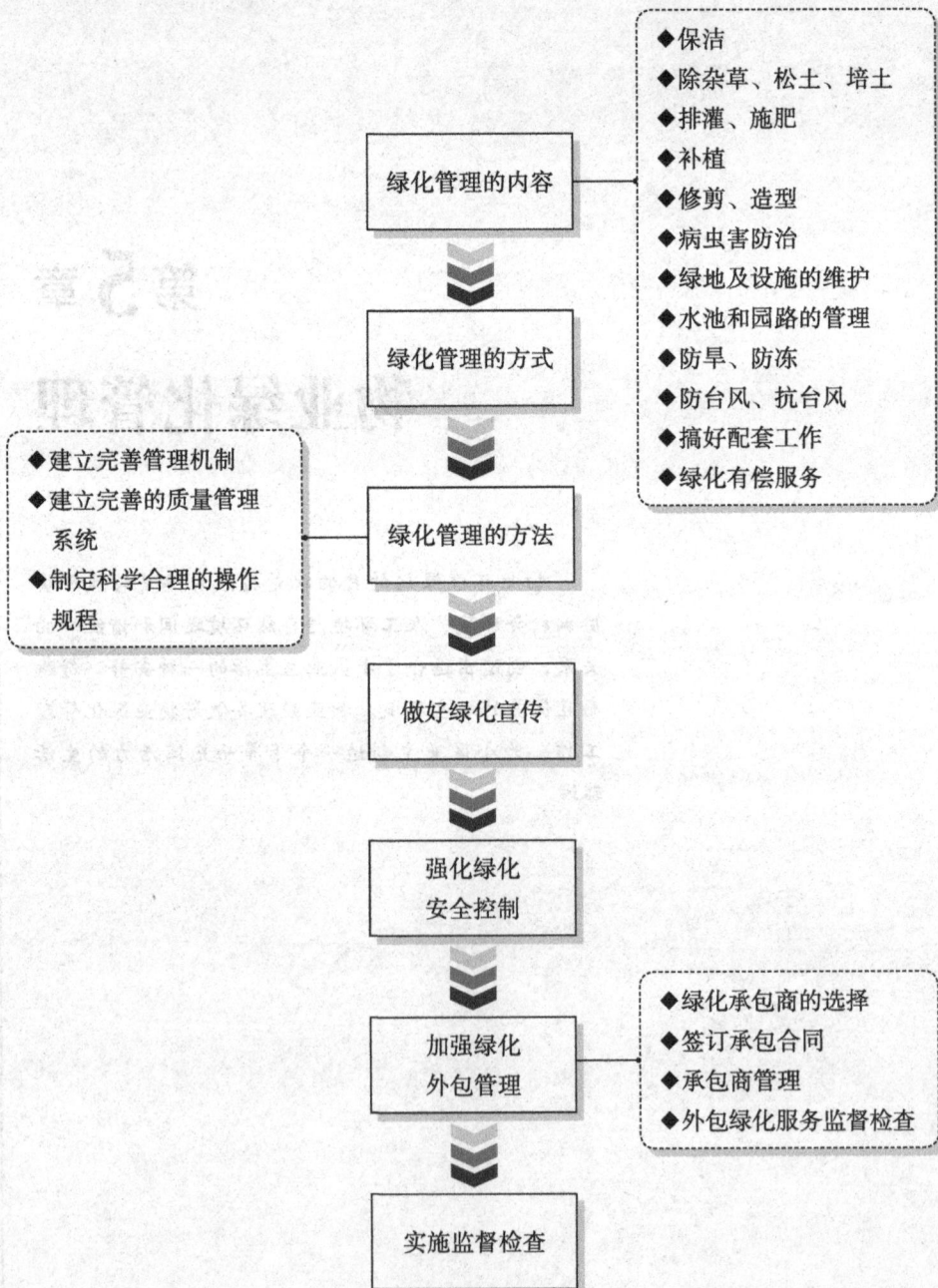

绿化管理的内容 →
- ◆保洁
- ◆除杂草、松土、培土
- ◆排灌、施肥
- ◆补植
- ◆修剪、造型
- ◆病虫害防治
- ◆绿地及设施的维护
- ◆水池和园路的管理
- ◆防旱、防冻
- ◆防台风、抗台风
- ◆搞好配套工作
- ◆绿化有偿服务

绿化管理的方式

- ◆建立完善管理机制
- ◆建立完善的质量管理系统
- ◆制定科学合理的操作规程
→ 绿化管理的方法

做好绿化宣传

强化绿化安全控制

加强绿化外包管理 →
- ◆绿化承包商的选择
- ◆签订承包合同
- ◆承包商管理
- ◆外包绿化服务监督检查

实施监督检查

5.1 绿化管理的内容

物业绿化管理的对象是在物业管理区域内进行的各种环境绿化活动。物业绿化管理是物业经理日常工作的重要内容，其主要内容如下。

1. 保洁

按照养护管理分工及岗位责任制清除绿地垃圾和杂物，包括生活垃圾、砖块、砾石、落地树叶、干枯树枝、板块、烟蒂、纸屑等。对水池、雕塑和园林小品及绿化配套设施应按要求进行保洁，绿地应全天候进行打扫。

2. 除杂草、松土、培土

除杂草、松土、培土是养护工作的重要组成部分。经常除杂草，可防止杂草在草坪生长过程中争水、争肥、争空间，进而影响草坪正常生长。

对于草坪土壤板结和人为践踏严重地带，要注意打孔透气，必要时可用沙壤土混合有机肥料铺施，以保障草坪生长整齐、划一、青绿度高、弹性好、整齐美观。对绿地的花坛、绿篱、垂直绿化、单植灌木和乔木应按要求进行松土和培土。

3. 排灌、施肥

对草坪、乔木、灌木进行排灌、施肥时，应视植物种类、生产期、生产季节、天气情况进行，保证水、肥充足适宜。

4. 补植

对于被破坏的草地和乔木、灌木要及时进行补植，及时清除灌木和花卉的死苗。发现死树时，要及时进行清理，做到乔木、灌木无缺株、死株，绿篱无断层。

5. 修剪、造型

根据植物的生长特性和长势，应适时对其进行修剪和造型，以增强其绿化、美化的效果。

6. 病虫害防治

病虫害对花、草、树木的危害很大，轻者影响景观，重者导致花、草、树木死亡，因此做好病虫害的防治工作是很重要的。病虫害的防治工作应以防为主，精心管养，使植物增强抗病虫的能力。同时要经常检查，早发现、早处理。在防治时可采取综合防治、化学防治、物理人工防治和生物防治等方法。

7. 绿地及设施的维护

绿地维护应做到绿地完好无损，花、草、树木不受破坏，绿地不被侵占，绿地版图完整，无乱摆乱卖、乱停乱放现象。绿地各种设施如有损坏，应及时修补或更换，以保证设施完整美观。

保护好绿地围栏等绿化设施。保护绿化供水设施，防止绿化用水被盗用。对护树的竹竿、绑带要及时加固，使其发挥护树作用。随着树木生长，及时松掉绑在树干上的带子，以防其嵌入树体，影响树木生长；同时要注意不能把铁丝直接绑在树干上，中间要垫上胶皮。

8. 水池和园路的管理

对于水池，物业企业要做到保持水面及水池内外清洁，水质良好、水量适度，节约用水；池体美观，不漏水，设施完好无损。同时要及时清除杂物，定时杀灭蚊子幼虫，定时清洗水池；控制好水的深度，管好水闸开关，不浪费水；及时修复受损的水池及设施。

绿地路面应保持清洁、美观、完好无损，要及时清除路面垃圾杂物，修补破损并保持完好。绿地环境卫生要做到绿地清洁，无垃圾杂物、无石砾石块、无干枯树枝、无粪便暴露、无鼠洞和蚊蝇滋生地等。

9. 防旱、防冻

在旱季，根据天气预报和绿地实际情况，检查花、草、树木的生长情况，做好防旱、抗旱的组织和实施工作，预测出花、草、树木的缺水时限并进行有效抗旱。

进行防冻工作时，物业企业必须按植物生长规律采取有效措施，保证花、草、树木能良好生长。

10. 防台风、抗台风

在物业绿化的日常管理中，要时刻树立和加强防台风、抗台风的意识，及时做好准备工作。在台风来袭前要加强管理、合理修剪，做好护树和其他设施的加固工作，派专人进行检查，并成立抗风抢险小组。在接到8级以上台风通知时，主要管理人员要轮流值班，通信设备要24小时开通，人力、机械设备及材料等应随时待命。台风吹袭期间，发现树木等设施危及人身安全和影响交通的，要立即予以清理，疏通道路，及时排涝。台风后要及时进行扶树工作，补好残缺，清除断枝落叶和垃圾，保证在两天内恢复原状。

11. 搞好配套工作

如遇节假日，应按要求配合做好节日的摆花工作，同时增加人手搞好节日的保洁和管理工作。草坪、花灌木等各种苗木应按其生长习性提前修剪，保证节日期间的美化效果。

12. 绿化有偿服务

绿化有偿服务是利用物业企业所拥有的园林绿化专业人才开展针对业主、物业使用人甚至是物业管理区域外其他单位的绿化有偿服务。此服务既可方便客户，充分利用资源，又可以增加收入。绿化有偿服务包括园林设计施工，绿化代管，花木出租出售，花艺装饰服务，插花及开办盆景培训班、花卉知识培训班等。

5.2 绿化管理的方式

物业绿化工作一般由物业企业管理，可以按完全自主或半自主模式进行管理，也可用子公司或外包模式进行管理。

高档住宅小区除了公共部分由物业企业管理外，业主（住户）的私家花园一般由业主（住户）自行管理，或由管理处提供有偿代管服务。

5.3 绿化管理的方法

物业经理要做好绿化管理工作，可以从以下几个方面入手。

1. 建立完善管理机制

为了将物业绿化管理工作做好，必须要建立一个完善的管理机制，包括完善的员工培训机制，如员工入职培训、技能培训、管理意识培训以及完善的工作制度、奖惩制度及标准等。

另外，物业绿化并不只是物业管理企业的事，业主（住户）的维护与保养也是很重要的。所以，物业企业应在业主（住户）入住之初，与之签订《小区环保公约》，以此作为约束。

2. 建立完善的质量管理系统

为了保证管理质量，应建立完善科学的质量管理系统，包括操作过程的质量控制方法、检查及监控机制、工作记录等。

绿化管理可在园林绿化管理上导入ISO 9000体系，建立完善的日检、周检、月检、季检及年检制度，对检查结果记录存档，以便能对管理中出现的问题进行系统分析并采取有效整改措施，并将检查结果与员工或承包商的绩效考评挂钩，从而实现对员工及承包商的有效控制；将绿化管理的质量管理科学化，保证物业绿化管理的质量。

下面是一份绿化养护质量标准范本，仅供参考。

范本

绿化养护质量标准

类别	标准
草坪	（1）草坪长势良好，枝叶健壮、叶色绿，夏季无枯黄叶 （2）无裸露地，覆盖率达98% （3）杂草率与发病（虫）率均低于3% （4）台湾草、马尼拉草等细叶草类的草坪高度保持2~8厘米 （5）修剪平整、边缘切齐
乔木、灌木	（1）乔木长势良好，枝条粗壮，叶色浓绿，无枯枝残叶、无萌蘖、无死株 （2）灌木长势良好，枝繁叶茂，枝条分布均匀，衰老枝及时摘除，枝梢不超过上缘线的20厘米；单株灌木具有一定造型，枝梢不超过整形面20厘米 （3）病（虫）株率低于3%，单株（根、茎、叶、花果）发病（虫）率低于（根茎、叶、花果）3% （4）乔木树冠美观；主、侧枝分布均匀；内膛不乱；枝梢不超过树冠上缘线50厘米 （5）无粉尘污染现象
绿篱	（1）长势良好，无断层，无缺株、少株现象 （2）修剪整齐，上平下直，有造型 （3）无粉尘污染，发病（虫）率低于3%，无枯枝、死株 （4）枝梢不超出整形面的20厘米
露地花卉与盆花	（1）幼苗与成株生育良好，成株枝繁叶茂，株型美观 （2）发病（虫）率低于3% （3）花坛内干净，杂草率低于3% （4）盆花修剪成良好的形状
藤本	（1）枝蔓生长良好，叶色绿，无黄叶 （2）蔓、叶片分布均匀，覆盖率达70%以上 （3）发病（虫）率低于3%

3. 制定科学合理的操作规程

操作规程是操作者在做某一件事时必须遵守的操作方法与步骤。由于绿化管理受环境及天气影响很大，在不同的天气条件下做同一件事的方法步骤也有所不同。所以，物业经理在组织人员制定操作规程时必须充分考虑各种因素，把各项操作步骤充分量化、标准化，使员工易于理解。

下面是一份绿化养护作业标准范本，仅供参考。

范本

绿化养护作业标准

作业	标准
浇水、施肥	（1）植物叶片不萎蔫（不缺水） （2）土壤表层不干旱，根系分布层土壤湿润 （3）浇水时间、方法正确，不浪费水 （4）植物生育正常（不缺肥） （5）施肥时期、方法正确，施肥量适中
病虫害防治	（1）使用农药种类、倍数、方法适当，喷药均匀、周到 （2）喷药后发病（虫）率低于3%或发病（虫）情指数低于20%
修剪	（1）乔木要修剪成一定的冠形，主侧枝分布均匀，内膛不乱，枝梢不超过树冠外缘线50厘米 （2）灌木枝条分布均匀，衰老枝及时摘除，新梢不超过外缘线20厘米 （3）绿篱修剪应达到横平竖直，枝梢不超过整形面20厘米
花木整形	（1）按要求将花木修剪成一定的形状，枝梢不超过整形面20厘米 （2）花木枝条分布均匀，不缺枝、不少枝、不空膛、不偏体 （3）蔓生植物枝蔓要及时牵引上架、绑缚，剪除过密枝蔓，使枝蔓分布均匀
防台风	（1）台风来临前加固植株，使其牢固直立于土壤中 （2）台风来临前修剪过密的树冠，使树冠保持良好的通透性 （3）台风过后一日内清除被台风损坏的植物 （4）台风过后三日内恢复（补植）被台风损坏的绿地植物
肥料使用	（1）施肥时期，施用肥料种类合适，施肥方法正确，施肥量适中 （2）肥料保存方法得当

5.4 做好绿化宣传

绿化工作不仅仅是绿化部门的职责，也是每一位业主（住户）的职责。因而物业企业应致力于让业主（住户）树立环境的意识和绿化意识，具体措施如下。

（1）制定规章并宣传。

（2）提高业主（住户）素质。在绿化工作中，创建社区环境文化，加强绿化保护宣传是很重要的。其中一个重点就是要提高业主（住户）的素质，使业主（住户）形成爱护绿化的良好习惯。为了创建良好的社区环境文化，物业企业可采取以下措施：

①完善绿化保护系统，在人为破坏较多的地方增设绿化保护宣传牌；

②加强绿化知识宣传，可在每期报刊栏内开辟出一部分进行绿化知识宣传，也可在主要苗木上挂讲解牌，注明树名、学名、科属、习性等。

（3）在绿化专业人员的主持下，为业主（住户）举行插花艺术、盆景养护、花卉栽培等绿化活动。

（4）举行小区内植物认养活动，由业主（住户）将小区内的主要植物认养，加强业主（住户）对植物的认同感。

（5）由管理处出面，在小区内举办绿化知识竞赛或举办美化阳台等比赛活动。

（6）在植树节或国际环保日举办植树活动或绿化知识咨询活动等。

小贴士

物业企业应当主动向业主（用户）宣传绿化知识，强化其绿化意识，让双方共同维护小区的绿化成果。

5.5 强化绿化安全控制

绿化工作必须高度重视安全管理，确保操作人员、绿化设备、树木、花卉等全面安全。同时，绿化操作人员应当按照安全操作规程进行操作，避免因违反规程发生事故。

5.6 加强绿化外包管理

由于绿化工作的专业性较强，许多物业企业都选择将这项工作进行外包，因此，物业经理可将绿化管理的重点放在承包商的选择和监控上。

1. 绿化承包商的选择

物业经理在选择专业承包商时，应考查其是否具备承担该项业务（清洁、垃圾清运、绿化、消杀等）的资质；有没有能力履行承包合同的义务与责任；有没有能力承担违约责任；社会信誉是否良好；服务价格是否合理。

物业经理要多查几家承包商，将他们的评审表进行比较，尤其是要仔细比较承包费用，选出合适的承包商。

下面是一份承包商评审表范本，仅供参考。

范本

<table>
<tr><td colspan="4" align="center">合格清洁（绿化）承包商评审表</td></tr>
<tr><td rowspan="5">清洁
（绿化）
承包商
资料</td><td colspan="2" align="center">公司名称</td><td></td></tr>
<tr><td colspan="2" align="center">公司地址</td><td></td></tr>
<tr><td colspan="2" align="center">经营范围</td><td></td></tr>
<tr><td colspan="2" align="center">联系人</td><td></td></tr>
<tr><td colspan="2" align="center">联系电话</td><td></td></tr>
<tr><td rowspan="11">评审
标准</td><td align="center">评审内容</td><td align="center">具备画"√"，
不具备画"×"</td><td align="center">具体说明</td></tr>
<tr><td>合法营业执照</td><td></td><td></td></tr>
<tr><td>有3年以上经验的大型专业公司</td><td></td><td></td></tr>
<tr><td>公司资质证明</td><td></td><td></td></tr>
<tr><td>承包项目人力资源计划合理</td><td></td><td></td></tr>
<tr><td>机械装备和清洁工具先进</td><td></td><td></td></tr>
<tr><td>员工统一着装，素质良好</td><td></td><td></td></tr>
<tr><td>配料科学，操作规范</td><td></td><td></td></tr>
<tr><td>清洁服务计划详尽</td><td></td><td></td></tr>
<tr><td>该公司其他客户满意度高</td><td></td><td></td></tr>
<tr><td>服从我公司的管理和监督</td><td></td><td></td></tr>
<tr><td>物业企业
意见</td><td colspan="3">

物业经理签名：</td></tr>
<tr><td>总经理
批示</td><td colspan="3">

总经理签名：</td></tr>
</table>

2. 签订承包合同

通过评审与比较，物业经理在选定绿化服务承包商后，双方协商一致后可以签订承包合同。

合同内容应包括甲方（发包方）单位名、乙方（承包方）单位名、管理面积、单位面积管理费用、总费用、付款方式与时间、双方责任与义务、管理质量标准、违约或管理不达标处理办法等。

3. 承包商管理

对于选定的承包商，物业经理应设置专门的物管员加以管理，使绿化服务达到质量标准，具体的管理措施如图5-1所示。

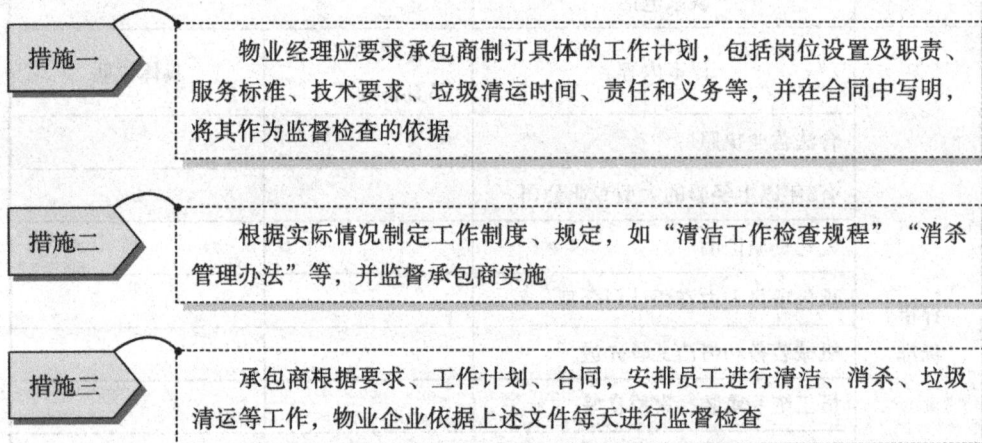

措施一 ▷ 物业经理应要求承包商制订具体的工作计划，包括岗位设置及职责、服务标准、技术要求、垃圾清运时间、责任和义务等，并在合同中写明，将其作为监督检查的依据

措施二 ▷ 根据实际情况制定工作制度、规定，如"清洁工作检查规程""消杀管理办法"等，并监督承包商实施

措施三 ▷ 承包商根据要求、工作计划、合同，安排员工进行清洁、消杀、垃圾清运等工作，物业企业依据上述文件每天进行监督检查

图5-1　承包商管理措施

小贴士

日常工作中，物业企业要规定清洁工（绿化工）的工作准则，要求他们遵守物业企业的管理规定；应以合约形式约定双方的行为规范，并附带经济责任。

4. 外包绿化服务监督检查

物业企业最好指定专人负责外包绿化的监督检查工作，并要求其定期地参与检查、分析。监督检查工作应按以下步骤去做，如图5-2所示。

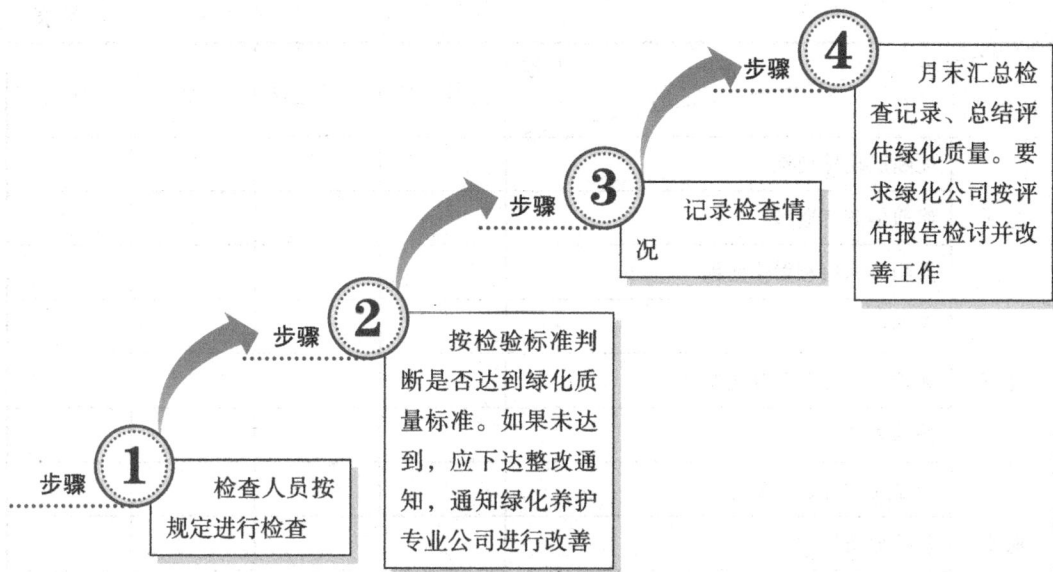

图5-2　外包绿化服务监督检查步骤

5.7　实施监督检查

监督的一个重要手段是员工自查及主管巡查。为使监督工作有记录可循，物业经理可预先设计标准的记录表格（见表5-1），供绿化人员工作完毕后进行记录；同时，在巡查结束后也需将评价记录于表中。

表5-1　绿化现场工作周记录表

管理处：＿＿＿＿＿＿　　　岗位责任人：＿＿＿＿＿＿　　　岗位范围：＿＿＿＿＿＿

检查项目	日期	＿月＿日	＿月＿日	…	＿月＿日
绿化工工作（由绿化班长填写，无绿化班长的由绿化工填写）					
绿化工着装整洁，符合要求					
草坪	修剪平整（2～8厘米）				
	无黄土裸露				
	无杂草、病虫和枯黄				
乔灌木	无枯枝残叶和死株				
	修剪整齐，有造型				
	无明显病虫和粉尘污染				

（续表）

检查项目 \\ 日期		__月__日	__月__日	…	__月__日
绿篱	无断层缺株现象				
	修前整齐有造型				
	无明显病虫和粉尘污染				
花卉	无病虫				
	无杂草，花期花开正常				
	修前整齐				
藤本	枝蔓无黄叶长势良好				
	蔓叶分布均匀				
	无明显病虫和粉尘污染				
浇水施肥	是否及时				
	方法是否正确				
	有无浪费现象				
	是否按时查病虫				
园艺设施	护栏、护树架、水管、水龙头是否良好				
	供水设施、喷灌等是否完好				
	园艺设施维修是否及时				
绿化药剂是否符合标准					
作业过程是否佩戴全安防护用具					
是否通知业主（用户）并作相应标识					
管理处环境组					
管理处经理					
其他各级督导					

备注：1. 此表使用完后由管理处环境组负责更换、保存，并填写管理处名称、岗位责任人、岗位范围及日期。

2. 各级督导发现无不合格在格内打"√"，发现不合格在格内打"×"，并在相应位置签名。

绿化监督的工作不只是绿化部门的事情。物业经理应将涉及的人员及工作程序、处理方式以制度的形式确定下来，主要有以下几点。

（1）由管理处保安队长、保洁班长经常对小区的各区域进行巡查，发现有植物死亡或损坏时，一定要及时通知绿化主管，并填写"绿化监督检查记录表"，保证小区绿化完好率达99%。

（2）监督绿化工是否按规定对小区的绿化进行施肥、浇灌、杀虫、修剪等作业，保证小区的绿化不生虫、不缺肥、不缺水、不乱长。

（3）如发现小区绿化出现以上不良现象，要立即通知绿化主管进行养护、培植等工作。

（4）每月由保洁班长定期对小区各区域的绿化进行巡查，并填写"绿化每月检查记录表"。

（5）如发现有人乱踏花草或破坏植物，一定要及时阻止，从而保证小区的绿化得到有效的保护，给花草一个良好的生长环境，也给业主（住户）一个悠美的环境。

（6）每月由主任助理进行检查，保证各项工作正常进行。

学习笔记

通过学习本章内容，想必您已经掌握了不少学习心得，请仔细记录下来，以便继续巩固学习。如果您在学习中遇到了一些难点，也请如实写下来，以方便今后重复学习，彻底解决这些难点。

我的学习心得

1. _____
2. _____
3. _____
4. _____
5. _____

我的学习难点

1. _____
2. _____
3. _____
4. _____
5. _____

我的运用计划

1. _____
2. _____
3. _____
4. _____
5. _____

第6章

物业维护管理

设备不能正常运行、经常损坏或处于瘫痪状态，表明物业未能充分发挥其作用。因此，物业设施设备的维护管理是物业功能正常发挥的有力保障，也是物业管理工作的重要内容。

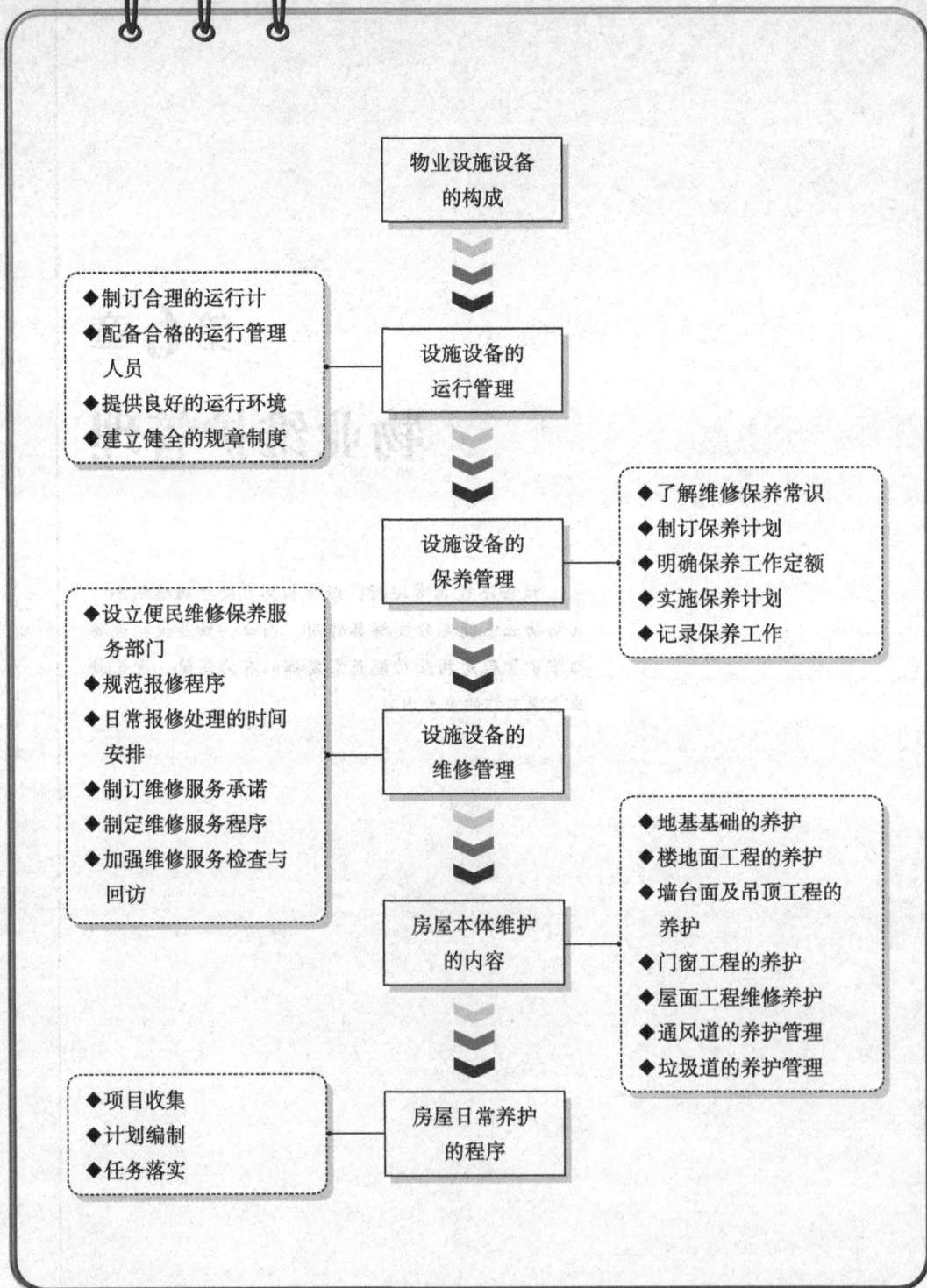

学习指引

物业设施设备
的构成

◆制订合理的运行计
◆配备合格的运行管理
　人员
◆提供良好的运行环境
◆建立健全的规章制度

设施设备的
运行管理

设施设备的
保养管理

◆了解维修保养常识
◆制订保养计划
◆明确保养工作定额
◆实施保养计划
◆记录保养工作

◆设立便民维修保养服
　务部门
◆规范报修程序
◆日常报修处理的时间
　安排
◆制订维修服务承诺
◆制定维修服务程序
◆加强维修服务检查与
　回访

设施设备的
维修管理

◆地基基础的养护
◆楼地面工程的养护
◆墙台面及吊顶工程的
　养护
◆门窗工程的养护
◆屋面工程维修养护
◆通风道的养护管理
◆垃圾道的养护管理

房屋本体维护
的内容

◆项目收集
◆计划编制
◆任务落实

房屋日常养护
的程序

6.1 物业设施设备的构成

物业设施设备主要由以下几大系统构成，如图6-1所示。

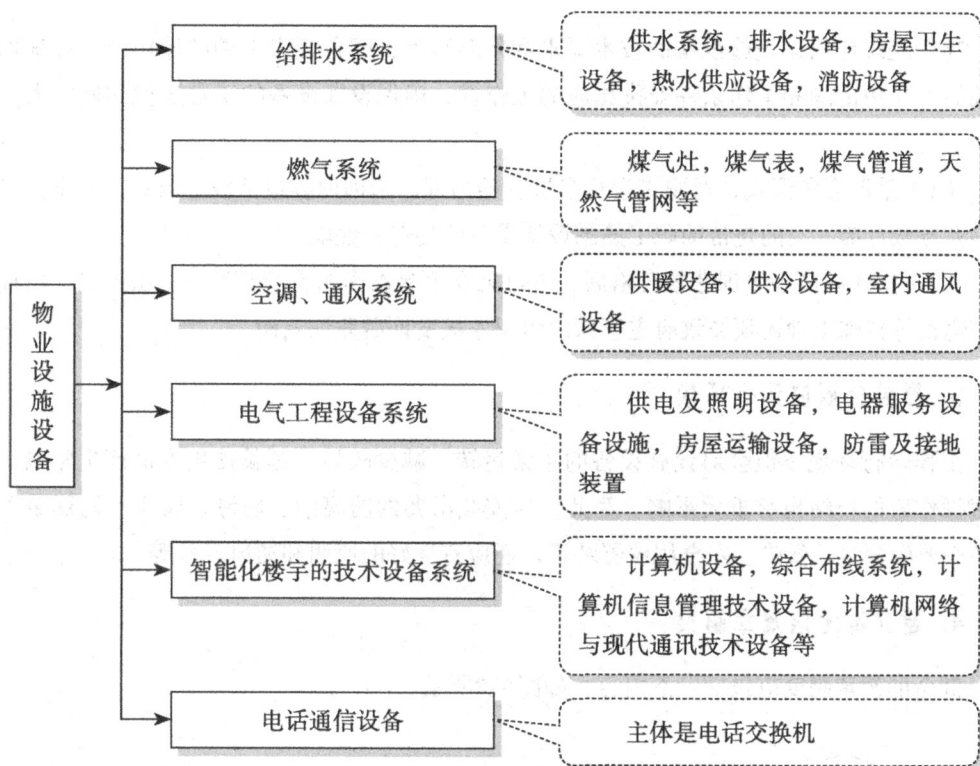

图6-1 物业设施设备的构成

6.2 设施设备的运行管理

在物业管理中，设施设备运行管理是重要的一环，它体现了物业的使用价值，是支撑物业管理活动的基础。设备运行不好，不但会直接影响业主的生活质量和生活秩序，还会严重影响物业管理企业的社会声誉。因此，物业经理必须做好设施设备的运行管理。

1. 制订合理的运行计划

根据设施设备和物业的实际情况制订合理的使用计划，包括开关机时间、维护保养时间、使用的条件和要求等。

例如，电梯的运行时间、台数和停靠楼层，中央空调机组的开关机时间和制冷量、供应范围和温度，路灯或喷泉的开关时间等。

这些内容应根据物业的实际情况和季节、环境等因素的变化而有所区别，以满足安全、使用、维护和经济运行方面的需要。

2. 配备合格的运行管理人员

物业经理应根据设施设备的技术要求和复杂程度，配备相应工种的操作者，并根据设备性能、使用范围和工作条件安排相应的工作量，确保设施设备的正常运行和操作人员的安全。

（1）采取多种形式，对职工进行多层次的培训。培训内容包括技术教育、安全教育和管理业务教育等，目的是帮助职工熟悉设施设备的构造和性能。

（2）操作人员经培训考核合格后，方可独立上岗操作相关专业设备。供配电、电梯、锅炉运行等特殊工种还须经政府主管部门组织考核发证后凭证上岗。

3. 提供良好的运行环境

工作运行环境不但会对设施设备的正常运转、减少故障、延长使用寿命产生影响，而且对操作者的情绪也有重大影响。为此，应安装必要的防腐蚀、防潮、防尘、防震装置，配备必要的测量、保险、安全用仪器装置，还应有良好的照明和通风设备等。

4. 建立健全的规章制度

健全的规章制度应包括以下内容，如图6-2所示。

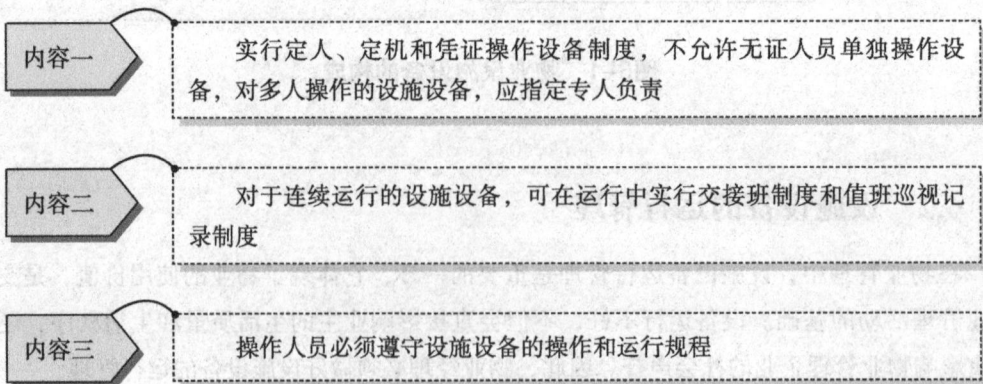

内容一   实行定人、定机和凭证操作设备制度，不允许无证人员单独操作设备，对多人操作的设施设备，应指定专人负责

内容二   对于连续运行的设施设备，可在运行中实行交接班制度和值班巡视记录制度

内容三   操作人员必须遵守设施设备的操作和运行规程

图6-2　健全的规章制度应包括的内容

下面是某物业企业给排水设施设备运行管理标准作业规程范本，仅供参考。

范本

给排水设施设备运行管理标准作业规程

1. 目的

规范给排水设施设备运行管理工作，确保给排水设施运行良好。

2. 适用范围

适用于公司辖区内给排水设施设备的运行管理。

3. 职责

3.1 运行班长负责检查给排水设施设备运行管理工作实施情况。

3.2 水电工具体负责给排水设施设备的运行管理及实施。

4. 程序要点

4.1 巡视监控

4.1.1 水电工应每两个小时巡视一次小区内水泵房（包括机房、水池、水箱），每周巡视一次小区内主供水管上闸阀以及道路上沙井、雨水井。

4.1.2 巡视监控内容如下：

（1）水泵房有无异常声响或大的振动。

（2）机柜、控制柜有无异常气味。

（3）电机温升是否正常（应不烫手），变频器散热通道是否顺畅。

（4）电压表、电流表指示是否正常，控制柜上信号灯显示是否正确，控制柜内各元器件是否工作正常。

（5）压力表与PC上显示的压力是否大致相符，是否满足供水压力要求（正常值为4.5kgf/cm²）。

（6）水池、水箱水位是否正常。

（7）闸阀、法兰连接处是否漏水，水泵是否漏水成线。

（8）主供水管上闸阀的井盖、井裙是否完好，闸阀是否漏水，标志是否清晰。

（9）止回阀、浮球阀、液位控制器是否动作可靠。

（10）临时用水情况。

（11）雨水井、沉沙井、排水井、给水井、污水井是否有堵塞现象。

4.1.3 水电工在巡视监控过程中发现给排水设施设备不正常时，应及时采取措施加以解决；处理不了的问题，应及时详细地汇报给运行班长，请求协助解决。整改时，应严格遵守《给排水设施设备操作标准作业规程》。

4.2 给排水设施设备异常情况的处理

4.2.1 主供水管爆裂的处理

（1）立即关闭相关连的主供水管上的闸阀。

（2）如果关闭了主供水管上相关连的闸阀后仍不能控制住大量泄水，则应关停相应的水泵。

（3）立即通知管理处及运行班长。运行班长联络供水公司进行抢修；管理处负责通知相关用水单位和用户关于停水的情况。

（4）在运行班长的组织下，尽快开挖出爆裂水管。

（5）供水公司修好爆裂水管后应由运行班长组织开水试压（用正常供水压力试压），看有无漏水或松动现象。

（6）一切正常后，回填土方，恢复水管爆裂前的原貌。

4.2.2 水泵房发生火灾时按《火警、火灾应急处理标准作业规程》处置。

4.2.3 水泵房发生水浸时的处置

（1）视进水情况关掉机房内运行的设施设备并拉下电源开关。

（2）堵住漏水源。

（3）如果漏水较大，应立即通知运行班长，同时尽力阻滞进水。

（4）漏水源堵住后，应立即排水。

（5）排干水后，应立即对湿水设施设备进行除湿处理，如用干的干净抹布擦拭、热风吹干、自然通风、更换相关管线等。

（6）确认湿水已消除、各绝缘电阻符合要求后，开机试运行，确定无异常情况方可投入正常运行。

4.3 水泵房管理

（1）非值班人员不准进入水泵房，如需要进入，须经运行班长同意并在水电工的陪同下方可进入水泵房。

（2）水泵房内严禁存放有毒、有害物品。

（3）水泵房内应备齐消防器材并应放置在方便、显眼处。水泵房内严禁吸烟。

（4）每班打扫一次水泵房的卫生，每周清洁一次水泵房内的设施设备，做到地面、墙壁、天花、门窗、设施设备表面无积尘、无油渍、无锈蚀、无污物，油漆完好、整洁光亮。

（5）水泵房内应当通风良好，光线足够，门窗开启灵活。

（6）水泵房应当随时上锁，钥匙由水电工保管，水电工不得私自配钥匙。

4.4 交接班要求

4.4.1 接班人员应准时接班。

4.4.2 接班人员应认真听取交班人交代，并查看工具、物品是否齐全，确认无误后签字。

4.4.3 有下列情况之一者不准交班：

（1）上一班运行情况未交代清楚；

（2）记录不规范、不完整、不清晰；

（3）水泵房不干净；

（续）

　　（4）接班人未到岗；

　　（5）事故正在处理中或交班时发生故障，应由交班人负责继续处理，接班人协助进行。

　　5. 记录

　　给排水设施设备运行记录表。

6.3　设施设备的保养管理

　　设备在长期的、不同环境的使用过程中，机械的部件磨损、间隙增大、配合改变，会直接影响到设备原有的平衡性、稳定性、可靠性，效率也会有相当程度的降低，有些设备甚至会丧失基本性能，无法正常运行。如果设备需要进行大修或更换，就增加了成本，影响了企业资源的合理配置。为此，必须建立科学的、有效的设备管理机制，加大设备日常管理力度，科学合理地制订设备的维护、保养计划。

1. 了解维修保养常识

　　为保证设施设备经常处于良好的技术状态，随时可以投入运行，减少故障，确保安全，必须做好维护保养工作。作为物业经理，有必要了解有关维护保养的常识。

　　（1）维护保养的方式

　　维护保养的方式主要是清洁、紧固、润滑、调整、防腐、防冻及外观表面检查。对长期运行的设备要巡视检查、定期切换、轮流使用，并进行强制保养。

　　（2）维护保养的类别

　　维护保养主要包括日常保养和定期保养两种，具体要求如表6-1所示。

表6-1　维护保养工作的实施要求

类别	管理要求	保养实施要求
日常维护保养工作	应该长期坚持，并且要做到制度化	设备操作人员在班前对设备进行外观检查；在班中按操作规程操作设备，定时巡视，记录各设备的运行参数，随时注意运行中有无震动、异声、异味、超载等现象；在班后做好设备清洁工作
定期维护保养工作	根据设备的用途、结构复杂程度、维护工作量及维护人员的技术水平等，决	需要对设备进行部分解体，为此应做好以下工作： （1）对设备进行内、外清扫和擦洗 （2）检查运动部件转动是否灵活；磨损情况是否严重，并调整其配合间隙

（续表）

类别	管理要求	保养实施要求
定期维护保养工作	定维护的间隔周期和维护停机的时间	（3）检查安全装置 （4）检查润滑系统油路和过滤器有无堵塞 （5）检查油位指示器，清洗油箱，换油 （6）检查电气线路和自动控制元器件的动作是否正常等

2. 制订保养计划

实施设备的维护保养首先要制订维护保养计划，这对提高设备维护保养工作的效率非常重要。制订设施设备维护保养计划有以下两个步骤。

（1）制订维护保养计划的准备工作

准备工作的内容如6-3图所示。

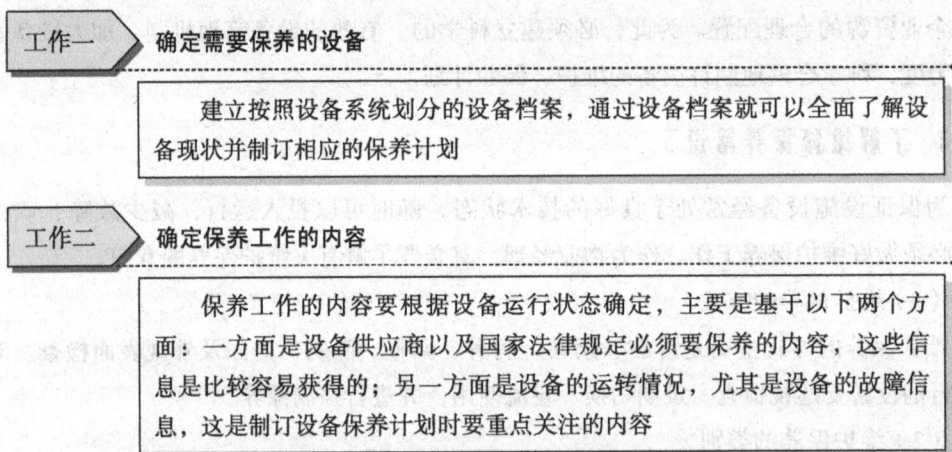

工作一　**确定需要保养的设备**

建立按照设备系统划分的设备档案，通过设备档案就可以全面了解设备现状并制订相应的保养计划

工作二　**确定保养工作的内容**

保养工作的内容要根据设备运行状态确定，主要是基于以下两个方面：一方面是设备供应商以及国家法律规定必须要保养的内容，这些信息是比较容易获得的；另一方面是设备的运转情况，尤其是设备的故障信息，这是制订设备保养计划时要重点关注的内容

图6-3　制订维护保养计划的准备工作

（2）制订设备维护保养计划

设备维护保养计划可以根据管理要求制订，形式是多样的，但必须包含以下内容，如图6-4所示。

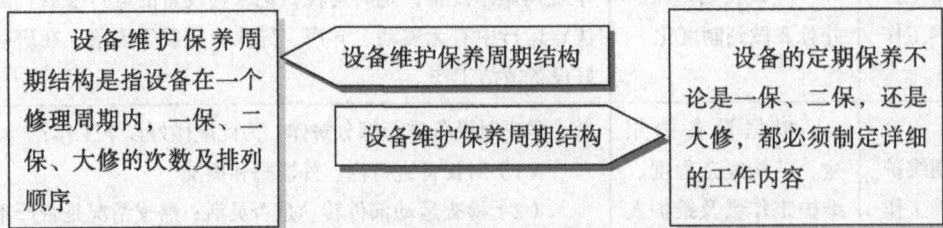

设备维护保养周期结构是指设备在一个修理周期内，一保、二保、大修的次数及排列顺序

设备维护保养周期结构

设备维护保养周期结构

设备的定期保养不论是一保、二保，还是大修，都必须制定详细的工作内容

图6-4　设备保养计划应包括的内容

下面是某物业企业给排水系统保养计划的范本，仅供参考。

范本

给排水系统保养计划

计划周期	维护保养内容
月度	（1）卫生间和茶水间的公共设施：检修天花板、洗手盆、小便器、蹲厕、坐厕、水龙头、洗手液盒、纸卷盒、干手器、开水器 （2）给排水泵：检查手动/自动运行状况、工作指示灯、水泵密封、减速箱油位、泵房照明 （3）记录减压阀压力：上端压力、下端压力、调校偏差的下端压力 （4）调整水龙头、手动冲洗阀的出水量
季度	（1）给排水泵：清洁管道、泵房；控制电箱；测试水泵故障自动转换；检查泵房和设备是否完好 （2）减压阀：清洁管道、检查泵房和设备是否完好
半年	（1）给排水泵：检查水泵轴承运行有无异响；测试电源故障、水泵故障、水位溢流中控室报警显示 （2）设备层：给排水闸阀螺杆打黄油 （3）粪池：粪池、管道和阀门除锈油漆 （4）设备层：给排水闸阀螺杆加润滑油
年度	（1）给排水泵：控制箱接线口紧线、电机紧线、检测运行电流 （2）减压阀：清洗减压阀、隔滤网 （3）给排水泵：水泵轴承打黄油 （4）水泵、减压阀和管道除锈油漆 （5）给排水设备：水泵、管道、阀门除锈刷油漆

3. 明确保养工作定额

设备保养工作定额包括工时定额、材料定额、费用定额和停歇天数定额等。设备保养工作定额是制订设备保养计划、考核各项消耗及分析保养活动经济效益的依据。

4. 实施保养计划

如果没有特殊情况发生，设备保养则应该按照计划进行。在开始具体工作前，要对工作进行分解，准备好相关材料；实施保养后，要进行验收和记录。

如果当天的保养工作受到干扰，或者因为其他原因没有完成工作，则需要重新安排维护工作，既要完成尚未实施的工作，又要考虑到不影响其他工作。比较简单的办法是让员工加班完成工作计划，但加班毕竟会影响到员工的正常休息，而且也增加了企业的支出，因此应在采用加班之前慎重考虑。

5. 记录保养工作

每次保养都应当作好记录工作（见表6-2），以便企业能够及时了解所有物业设施设备的运行状况。

表6-2　物业设施设备保养记录表

编号：_____　　　　　　　　　　　　　　　日期：____年__月__日

项目		地点		保养周期	
费用		保养量		完成日期	
保养内容				维修、保养人： ____年__月__日	
保养结果				班组长或房管员： ____年__月__日	
备注					

6.4　设施设备的维修管理

维修是为了恢复或改善提高设备性能而实施的技术活动。维修是设备正常运行的重要保障，可以说，维修技术的提高和进步可以确保设备无故障运行，保证设备经常处于良好的工作状态。

就维修的性质来说，维修也是一种投资。维修不只是排除故障，更是保证企业生存和发展、取得经济效益的一种长期连续的投资。做好这项工作，对于改善企业技术力量、降低成本都有重要的意义。

1. 设立便民维修保养服务部门

物业企业应考虑设立便民维修服务部门，为业主提供服务。虽然工程部门也可以提供相应的服务，但还是应该设立一个专门的部门为业主提供专业的服务并宣传部门形象。

良好的服务是成功的前提。当维修保养服务部门满足并超过业主对服务的期望时，就能更好地取得业主的信任。为了实现这个目的，工程部门必须有计划地提供良好服务，再向业主宣传服务成绩。

2. 规范报修程序

为了规范管理便民维修保养服务，使之有序进行，物业企业须对业主报修及物业企业处理的程序作出规定。

一般而言，日常报修的程序如图6-5所示。

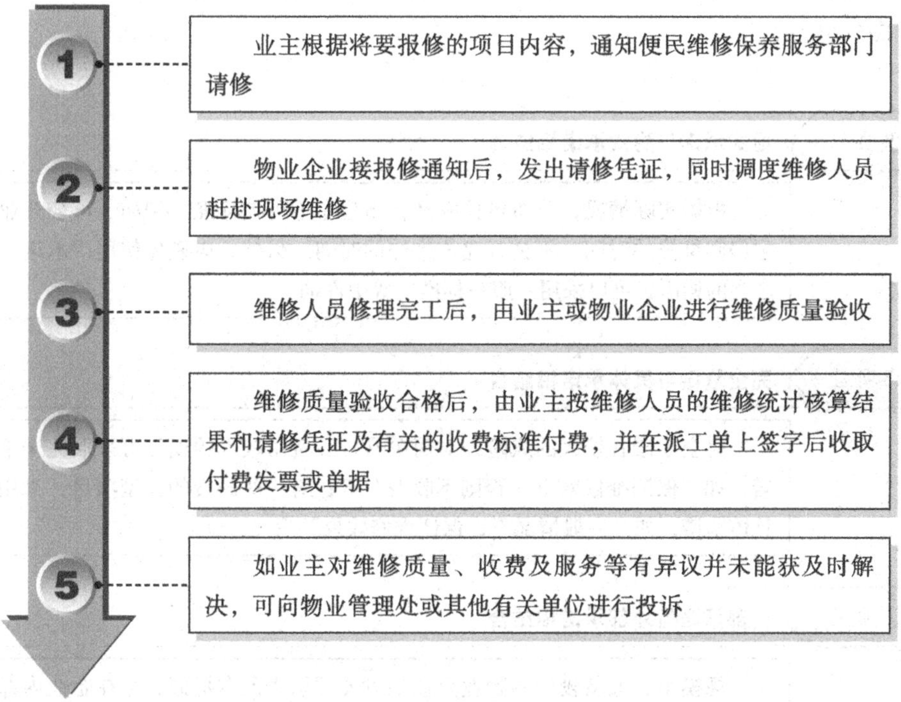

图6-5 业户日常报修程序

① 业主根据将要报修的项目内容，通知便民维修保养服务部门请修

② 物业企业接报修通知后，发出请修凭证，同时调度维修人员赶赴现场维修

③ 维修人员修理完工后，由业主或物业企业进行维修质量验收

④ 维修质量验收合格后，由业主按维修人员的维修统计核算结果和请修凭证及有关的收费标准付费，并在派工单上签字后收取付费发票或单据

⑤ 如业主对维修质量、收费及服务等有异议并未能获及时解决，可向物业管理处或其他有关单位进行投诉

3. 日常报修处理的时间安排

对于业主日常报修处理的时间也要事先进行安排，一方面让维修部门的人员有据可循，另一方面将之公示出来，也能获得业主的认可，减少将来业主的投诉。一般来说，时间可以参考以下几点来安排：

（1）急修项目可日夜（24小时）报修，并在接到报修后1天内上门修理（市内在1小时内即可上门修理）。

（2）一般项目应安排在上午8：00—12：00和下午14：00—20：00进行，并在接到报修后3天内上门修理（市内在1天内即可上门修理）。

（3）对疑难的修理项目应在一周内安排计划查勘，约定修理日期，如期完成报修项目（市内物业小区处理报修单一般都能及时到位，无拖拉推诿现象）。

（4）在双休日、节假日时维修应安排在上午10：00—12：00和下午14：00—20：00进行。

4. 制订维修服务承诺

为了加强管理，提高服务质量，物业企业应组织员工制订维修服务承诺，并向全体业主公布维修时间。

为了避免服务承诺难以兑现，引起业主投诉，物业企业在制定承诺时应注意以下事项，如图6-6所示。

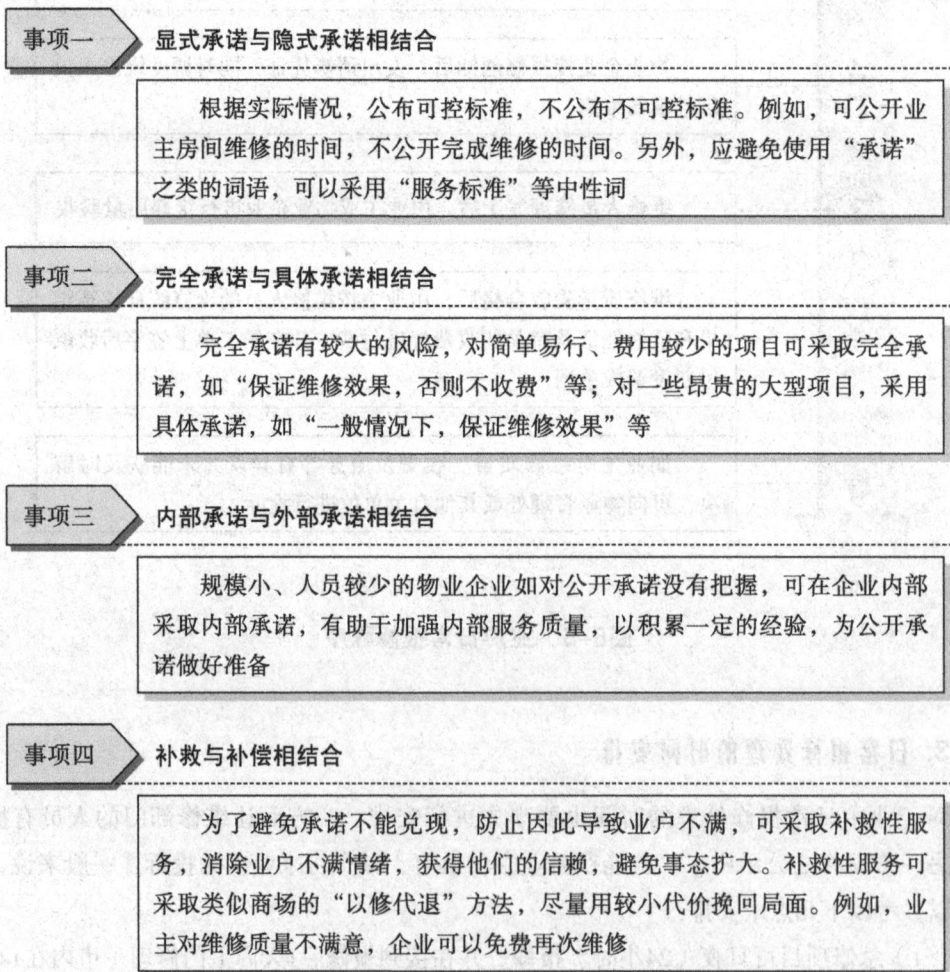

事项一 显式承诺与隐式承诺相结合

> 根据实际情况，公布可控标准，不公布不可控标准。例如，可公开业主房间维修的时间，不公开完成维修的时间。另外，应避免使用"承诺"之类的词语，可以采用"服务标准"等中性词

事项二 完全承诺与具体承诺相结合

> 完全承诺有较大的风险，对简单易行、费用较少的项目可采取完全承诺，如"保证维修效果，否则不收费"等；对一些昂贵的大型项目，采用具体承诺，如"一般情况下，保证维修效果"等

事项三 内部承诺与外部承诺相结合

> 规模小、人员较少的物业企业如对公开承诺没有把握，可在企业内部采取内部承诺，有助于加强内部服务质量，以积累一定的经验，为公开承诺做好准备

事项四 补救与补偿相结合

> 为了避免承诺不能兑现，防止因此导致业户不满，可采取补救性服务，消除业户不满情绪，获得他们的信赖，避免事态扩大。补救性服务可采取类似商场的"以修代退"方法，尽量用较小代价挽回局面。例如，业主对维修质量不满意，企业可以免费再次维修

图6-6 制定承诺时的注意事项

下面是某物业企业的小区上门维修服务标准范本，仅供参考。

范本

小区上门维修服务标准

内容		服务标准（时限）	备注
服务质量满意率		100%	第一次达90%；对不满意的10%尽量组织二次维修，使业主满意
服务态度		热情、礼貌，举止、言谈得体	——
提供材料		100%合格	——
预约维修时间		接到维修申请后，在30分钟内到达业主家，特殊情况除外	按业主预定时间到达，如暂没有维修人员，应向业主解释，并另约时间
维修时间	厨房、卫生间、阳台等设施出现堵、漏、渗或无水等问题	原则上小故障30分钟内，一般故障2个小时内（不超过8小时），较难故障不超过3天	特殊情况要向业主解释清楚，并组织突击，尽快维修好
	水管、闸、阀、水表渗漏	一般在2小时内，最长不超过8小时	——
	厨房、卫生间等楼板渗水到楼下	一般在4小时内，如面积大或难以处理，最长不超过3天	如需改管，视实际情况由班长或房管员确定；维修后两周内，每周不少于一次回访
	房间没水	1小时内供上水	除市政停水或供水系统进行较大维修、水池定期清洗外，定期保养要提前1天通知，临时停水要出停水告示
	房间无电	1小时内供上电，如需重新购买开关等材料，则在4个小时内	市网停电、对供电系统进行维修养护除外，定期保养要提前1天通知，临时停电要出停电通知

（续）

（续表）

内容		服务标准（时限）	备注
维修时间	电器维修	小修不超过2小时，较难的不超过8小时；灯不亮，门铃、插座损坏等小故障30分钟内维修好；需重新更换门窗的，3天之内完成	——
	门、窗修理	无特殊要求的门、窗1天之内更换	——

5. 制定维修服务程序

为了对维修人员开展的维修服务进行监控，物业经理有必要制定相应程序，以此规范物业维修人员开展服务，基本要求如表6-3所示。

表6-3 维修服务的基本要求

步骤	具体要求
接单派工	填写"维修（服务）任务单"后，应及时落实维修服务人员和上门维修服务时间
工具箱配置	工具箱由企业统一配置、应完好无损、外观整洁、司标、编号字迹清晰；箱内工具应齐全、完好、无损，每件工具应保持表面清洁，箱内供维修使用的布垫、鞋套等应完好无损
交通工具配置	维修服务人员使用的自行车由公司统一配备
安全操作	（1）维修电工应持有效的电工安全操作证上岗 （2）维修电工作业前，应穿着绝缘鞋，应确保测电笔和万用电表性能良好 （3）维修电工所使用的扶梯梯脚应用橡皮包扎，具有良好绝缘性能。登高作业使用的扶梯应无断档、开裂，扶梯的保险绳应牢固，登高作业时应有专人挡梯、监护 （4）注意作业安全，如遇电气线路故障，应停电作业；如遇水管修理，应采取防止水泄漏的措施；如一人难以操作，应由两人共同作业
维修服务质量检查	维修服务主管每天应检查任务单完成状况及维修服务质量，并做好记录；管理处经理（或物业主任）应及时完成维修服务回访，并做好回访记录

6. 加强维修服务检查与回访

为了确保服务承诺得到兑现，有必要对维修服务进行检查和回访。回访对维修服务非常重要，也是许多物业企业的通行做法，物业经理必须重视这项工作。

（1）维修回访的内容

维修回访一般包括以下内容，如图6-7所示。

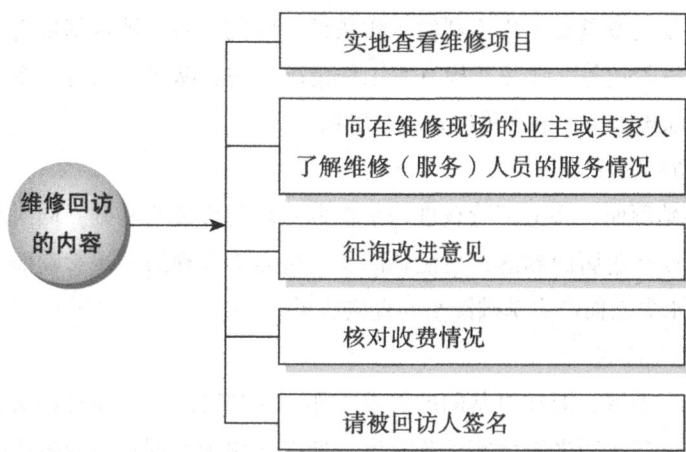

维修回访的内容 →
- 实地查看维修项目
- 向在维修现场的业主或其家人了解维修（服务）人员的服务情况
- 征询改进意见
- 核对收费情况
- 请被回访人签名

图6-7　维修回访的内容

（2）回访时间要求

对于回访时间，物业经理最好在回访制度中加以规定。回访时间一般应在维修后一星期之内进行。例如，安全设施维修在两天内回访；漏水项目维修在三天内回访。

6.5　房屋本体维护的内容

房屋日常养护是物业企业房屋修缮管理工作的重要环节。对房屋进行日常养护，可以维护房屋和设备的功能，使已经发生的损坏及时得到修复；对一些因天气突变或隐蔽的物理、化学损害导致的突发性损失，不必等大修周期到来就可以处理。

同时，经常检查房屋完好状况，从养护入手，可以防止事故发生，延长大修周期，并为大中修提供查勘、施工的可靠资料，最大限度地延长房屋的使用年限。同时不断改善房屋的使用条件，包括外部环境的综合治理。

房屋日常养护的具体内容如下。

1. 地基基础的养护

地基属于隐蔽工程，发现问题后采取补救措施很困难，应给予足够的重视。主要应从以下几方面做好养护工作。

（1）杜绝不合理荷载的产生

地基基础上部结构使用荷载分布不合理或超过设计荷载，会危及整个房屋的安全。在基础附近的地面堆放大量材料或设备，也会形成较大的堆积荷载，使地基由于附加压力增加而产生附加沉降。所以，应从内外两方面加强对日常使用情况的技术监督，防止出现不合理荷载。

（2）防止地基浸水

地基浸水会使地基基础产生不利的工作条件。因此，对于地基基础附近的用水设施，如上下水管、暖气管道等，要注意检查其工作情况，防止漏水；同时，要加强对房屋内部及四周排水设施如排水沟、散水等的管理与维修。

（3）保证勒脚完好无损

勒脚位于基础顶面，将上部荷载进一步扩散并均匀传递给基础，同时起到基础防水的作用。勒脚破损或严重腐蚀剥落，会使基础受到传力不合理的间接影响而处于异常的受力状态，也会因防水失效而产生基础浸水的直接后果。

（4）防止地基冻害

在季节性冻土地区，要注意基础的保温工作。对按持续供热设计的房屋，不宜采用间歇供热，并应保证各房间采暖设施齐备有效。如在使用中有闲置不采暖房间，尤其是与地基基础较近的地下室，应在寒冷季节将门窗封闭严密，防止冷空气大量侵入。如还不能满足要求，则应增加其他的保温措施。

2. 楼地面工程的养护

应针对楼地面材料的特性，做好相应的养护工作。通常需要注意以下几个方面。

（1）保证经常用水房间的有效防水

对厨房、卫生间等经常用水的房间，一方面要注意保护楼地面的防水性能；另一方面须加强对上下水设施的检查与保养，防止管道漏水、堵塞，造成室内长时间积水而渗入楼板，导致侵蚀损害。一旦发现问题应及时处理或暂停使用，切不可将就使用，以免形成隐患。

（2）避免室内受潮与虫害

室内潮湿不仅影响使用者的身体健康，也会因大部分材料在潮湿环境中容易发生不利的化学反应而变性失效，如腐蚀、膨胀、强度减弱等，进行造成重大的经济损失。所以，必须针对材料的各项性能指标，做好防潮工作，如保持室内有良好的通风等。

建筑虫害包括直接蛀蚀与分泌物腐蚀两种，由于通常出现在较难发现的隐蔽部位，所以更要做好预防工作。尤其是分泌物的腐蚀作用，如常见的建筑白蚁病，会造成房屋结构的根本性破坏，导致无法弥补的损伤。无论是木构建筑还是钢砼建筑，都必须对虫害预防工作予以足够的重视。

（3）控制与消除装饰材料产生的副作用

装饰材料的副作用主要是针对有机物而言的，例如，塑料、化纤织物、油漆涂料、化学黏合剂等常在适宜的条件下产生大量有害物质，危害人的身体健康以及正常工作与消防安全。所以，必须对它们所产生的副作用采取相应的控制与消除措施，如化纤制品除静电、地毯防止螨虫繁殖等。

3. 墙台面及吊顶工程的养护

墙台面及吊顶工程一般由下列装饰工程中的几种或全部构成：抹灰工程、油漆工程、刷（喷）浆工程、裱糊工程、块材饰面工程、罩面板及龙骨安装工程。要根据其具体的施工方法、材料性能以及可能出现的问题，采取适当的养护措施。但无论对哪一种工程的养护，都应满足以下几个共性的要求。

（1）定期检查，及时处理

定期检查一般不少于每年一次。对容易出现问题的部位要重点检查，尽早发现问题并及时处理，防止产生连锁反应，造成更大的损失。对于使用磨损频率较高的工程部位，要缩短定时检查的周期，如台面、踢脚、护壁以及细木制品的工程。

（2）加强保护与其他工程衔接处

墙台面及吊顶工程经常与其他工程相交叉，在衔接处要注意防水、防腐、防胀。如水管穿墙加套管保护，在制冷、供热管衔接处加绝热高强度套管。墙台面及吊顶工程在自身不同工种衔接处，也要注意相互影响，采取保护手段与科学的施工措施。

（3）保持清洁与常用的清洁方法

保持墙台面及吊顶清洁，清洁时需根据不同材料的性能，采用适当的方法，如防水、防酸碱腐蚀等。

（4）注意日常工作中的防护

进行各种操作时要注意防止擦、划、刮伤墙台面，防止撞击。遇到可能损伤台面材料的情况，要采取预防措施，如在台面养花、使用腐蚀性材料等应有保护垫层。在墙面上张贴、悬挂物品，严禁采用可能造成损伤或腐蚀的方法与材料；如不能避免，应请专业人员施工，并采取必要的防护措施。

（5）注意材料所处的工作环境

遇潮湿、油烟、高温、低湿等非正常工作要求时，要注意墙台面及吊顶材料的性能，防止处于不利环境而受损。如不可避免，应采取有效的防护措施，或在保证可复原条件下更换材料，但均须由专业人员操作。

（6）定期更换部件，保证整体协调性

由于墙台面及吊顶工程中各工种以及某一工程中各部件的使用寿命不同为保证整体使用效益，可通过合理配置，使各工种、各部件均能充分发挥其作用，并根据材料部件的使用期限与实际工作状况及时予以更换。

4. 门窗工程的养护

在门窗工程养护中，应重点注意以下几个方面。

（1）严格遵守使用常识与操作规程

使用时应轻开轻关；遇风雨天要及时关闭并固定；开启后，旋启式门窗扇应固定；严禁撞击或悬挂物品；避免长期处于开启或关闭状态，以防门窗扇变形，关闭不严或启闭困难。

（2）经常清洁检查，发现问题要及时处理

门窗构造比较复杂，应经常清扫，防止积垢而影响正常使用，如关闭不严等。发现门窗变形或构件短缺失效等现象，应及时修理或申请处理，防止对其他部分造成破坏或意外事件。

（3）定期更换易损部件，保持整体状况良好

对于使用中损耗较大的部件应定期检查更换，需要润滑的轴心或摩擦部位，要经常采取润滑措施。如有残垢，还要定期清除，以减少直接损耗，避免间接损失。

（4）北方地区外门窗冬季使用管理

如采用外封式封窗，可有效控制冷风渗透与缝隙积灰；长期不用的外门，也要加以封闭；卸下的纱窗要清洁干净，妥善保存，防止变形或损坏。

（5）加强窗台与暖气的使用管理

禁止在窗台上放置易对窗户产生腐蚀作用的物体，包括固态、液态以及会产生有害于门窗气体的一切物品。北方冬季还应注意室内采暖设施与湿度的控制，使门窗处于良好的温湿度环境中，避免出现凝结水或局部过冷过热现象。

5. 屋面工程维修养护

针对屋面防水层需要建立一个完善的保养制度，以养为主，保证维修及时有效，以延长其使用寿命、节省返修费用、提高经济效益。在养护时应注意以下几点。

（1）定期清扫，保证各种设施处于有效状态

非上人屋面每季度清扫一次，防止堆积垃圾、杂物及非预期植物，如青苔、杂草等；遇积水或大量积雪时，应及时清除；秋季要防止大量落叶、枯枝堆积。上人屋面要经常清扫。在使用与清扫时，应注意保护重要排水设施（如落水口）以及防水部位（如大型或体形较复杂建筑的变形缝）。

（2）定期检查、记录，发现问题及时处理

定期组织专业技术人员对屋面各种设施的工作状况按规定项目内容进行全面详查，并填写检查记录。对非正常损坏要查找原因，防止产生隐患；对正常损坏要详细记录其损坏程度。检查后，对所发现的问题要及时汇报处理，并适当调整养护计划。

（3）建立大修、中修、小修制度

在定期检查、养护的同时，根据屋面综合工作状况，进行全面的小修、中修或大修，

可以保证其整体协调性、延长其整体使用寿命，以发挥其最高的综合效能，并可以在长时期内获得更高的经济效益。

（4）加强屋面使用管理

屋面使用管理要注意以下几方面内容，如图6-8所示。

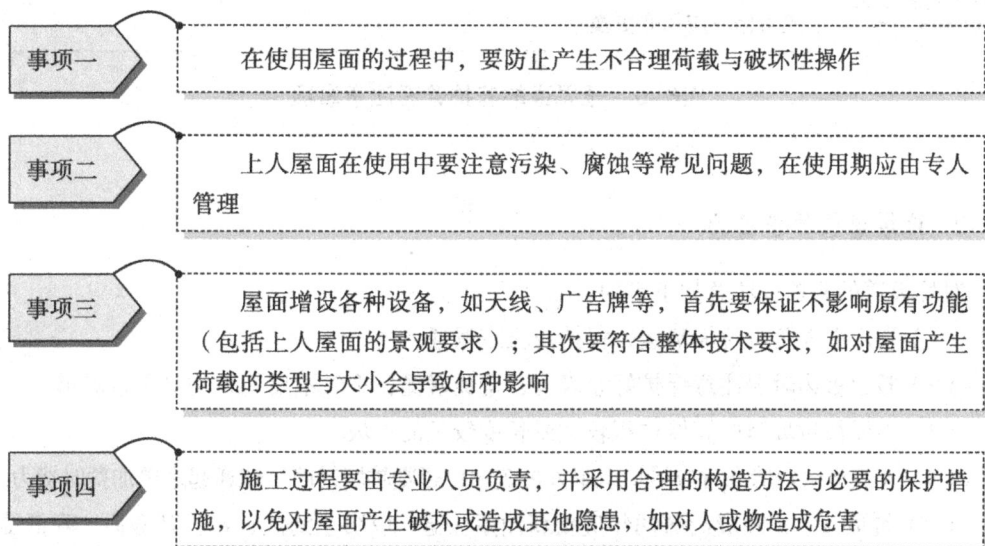

事项一	在使用屋面的过程中，要防止产生不合理荷载与破坏性操作
事项二	上人屋面在使用中要注意污染、腐蚀等常见问题，在使用期应由专人管理
事项三	屋面增设各种设备，如天线、广告牌等，首先要保证不影响原有功能（包括上人屋面的景观要求）；其次要符合整体技术要求，如对屋面产生荷载的类型与大小会导致何种影响
事项四	施工过程要由专业人员负责，并采用合理的构造方法与必要的保护措施，以免对屋面产生破坏或造成其他隐患，如对人或物造成危害

图6-8　屋面使用管理应注意的事项

（5）建议外包给专业的维修保养公司

屋面工程具有很强的专业性与技术性，检查与维修养护都必须由专业人员来完成，而屋面工程的养护频率相对较低。为减轻物业企业的负担，并能充分保证达到较高的养护水平，更有效、更经济地做好屋面工程养护工作，可以将该项业务外包给专业的维修保养公司。

6. 通风道的养护管理

对通风道的养护应注意以下事项，如图6-9所示。

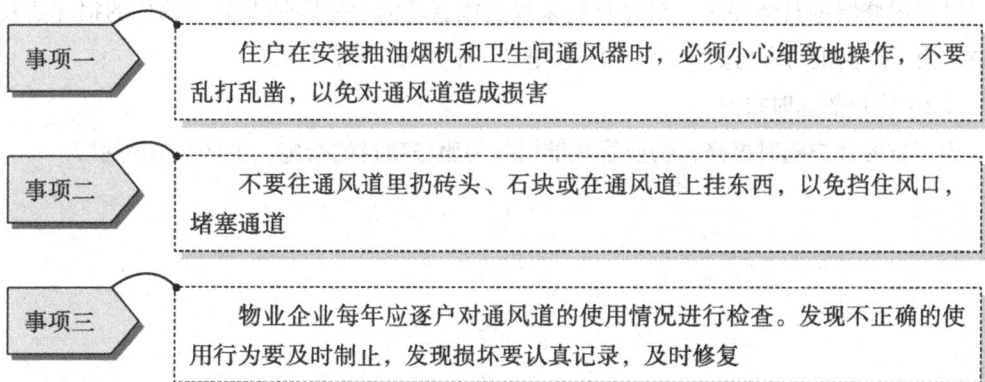

事项一	住户在安装抽油烟机和卫生间通风器时，必须小心细致地操作，不要乱打乱凿，以免对通风道造成损害
事项二	不要往通风道里扔砖头、石块或在通风道上挂东西，以免挡住风口，堵塞通道
事项三	物业企业每年应逐户对通风道的使用情况进行检查。发现不正确的使用行为要及时制止，发现损坏要认真记录，及时修复

| 事项四 | 检查时可在楼顶通风道出屋面处测通风道的通风状况，并用铅丝悬挂大锤放入通风道检查其是否畅通 |

| 事项五 | 发现通风道有小裂缝，应及时用水泥砂浆填补；严重损坏的，应在房屋大修时应彻底更换 |

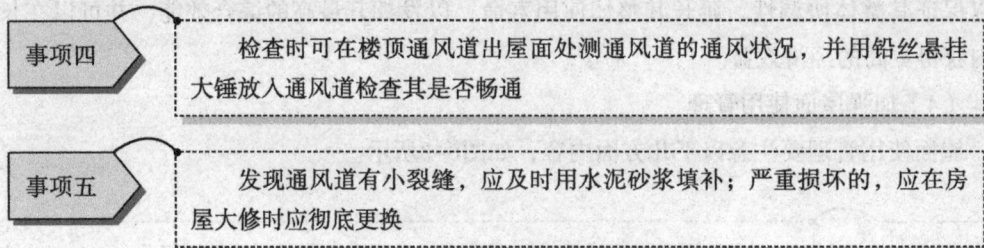

图6-9　通风道的养护管理注意事项

7. 垃圾道的养护管理

对垃圾道的养护应注意如下事项。

（1）指定专人负责垃圾清运，保持垃圾道畅通。

（2）搬运重物时要注意保护好垃圾道，避免碰撞，平时不要用重物敲击垃圾道。

（3）不要往垃圾道中倾倒体积较大或长度较长的垃圾。

（4）垃圾道出现堵塞时应尽快组织人员疏通；否则越堵越严，疏通起来更加费时费力。

（5）垃圾斗、出垃圾门每两年应重新油漆一遍，以防止锈蚀、延长其寿命、降低维修费用。

（6）垃圾道出现小的破损要及时用水泥砂浆或混凝土修补，防止其扩大。

6.6　房屋日常养护的程序

1. 项目收集

日常养护的小修养护项目，主要通过以下两个渠道来收集。

（1）走访查房

走访查房即物业管理员定期对辖区内住户进行走访，并在走访中查看房屋，主动收集住户对房屋修缮的具体要求，对住户尚未提出或忽略的房屋险情及公用部位的损坏要及时记录。为了提高走访查房的实际作用，应建立走访查房手册。

（2）住户的随时报修

为了方便住户随时报修，物业管理部门收集服务项目的措施，如图6-10所示。

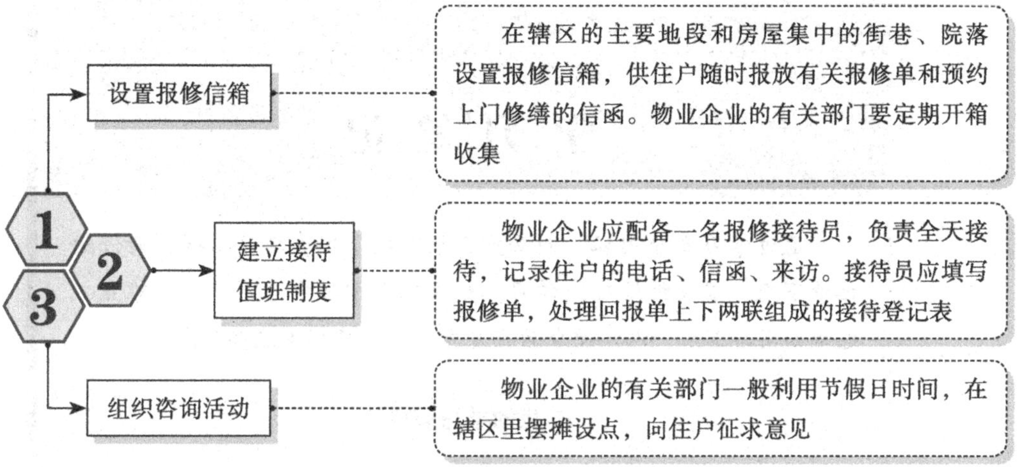

图6-10　收集服务项目的三大措施

2. 计划编制

通过走访查房和接待报修等方式收集到的修缮服务项目，除室内照明、给水、排污等部位发生的故障及房屋险情等应及时解决外，其余修缮服务项目均由物业管理人员统一收集，逐一落实。其中属于小修养护范围的项目，应按轻重缓急和维修情况，于月底前编制次月的小修养护计划表，并按计划组织实施。

凡超出小修养护范围的项目，也应于月底前填报中修以上工程申请表。工程部按照申报表到实地查看，根据报修房屋的损坏情况和年、季度的修缮计划进行勘估定案，安排中修以上的工程予以解决。

物业管理人员对即将进场施工的项目要及时与住户联系，做好搬迁腾让等前期工作；对无法解决或暂不进场施工的，应向住户说明情况。

3. 任务落实

工程主管根据房屋养护计划表和随时需要急修的项目，开列小修养护单；维护人员凭养护单领取材料，根据养护单开列的工程地点、项目内容进行施工。

在施工中，工程主管应每天到施工现场，解决施工中出现的问题，检查当天任务完成情况，安排次日小修养护工作。

学习笔记

通过学习本章内容，想必您已经掌握了不少学习心得，请仔细记录下来，以便继续巩固学习。如果您在学习中遇到了一些难点，也请如实写下来，以方便今后重复学习，彻底解决这些难点。

我的学习心得

1. _____
2. _____
3. _____
4. _____
5. _____

我的学习难点

1. _____
2. _____
3. _____
4. _____
5. _____

我的运用计划

1. _____
2. _____
3. _____
4. _____
5. _____

第7章
物业安全管理

作为物业企业的主要负责人，物业经理承担着各项安全管理工作的重任，消防管理更是物业经理时刻要注意的重要工作。因为一旦发生消防事件，例如火灾，会给业主带来重大损失，同时也会给物业企业的财产和声誉造成重大影响。

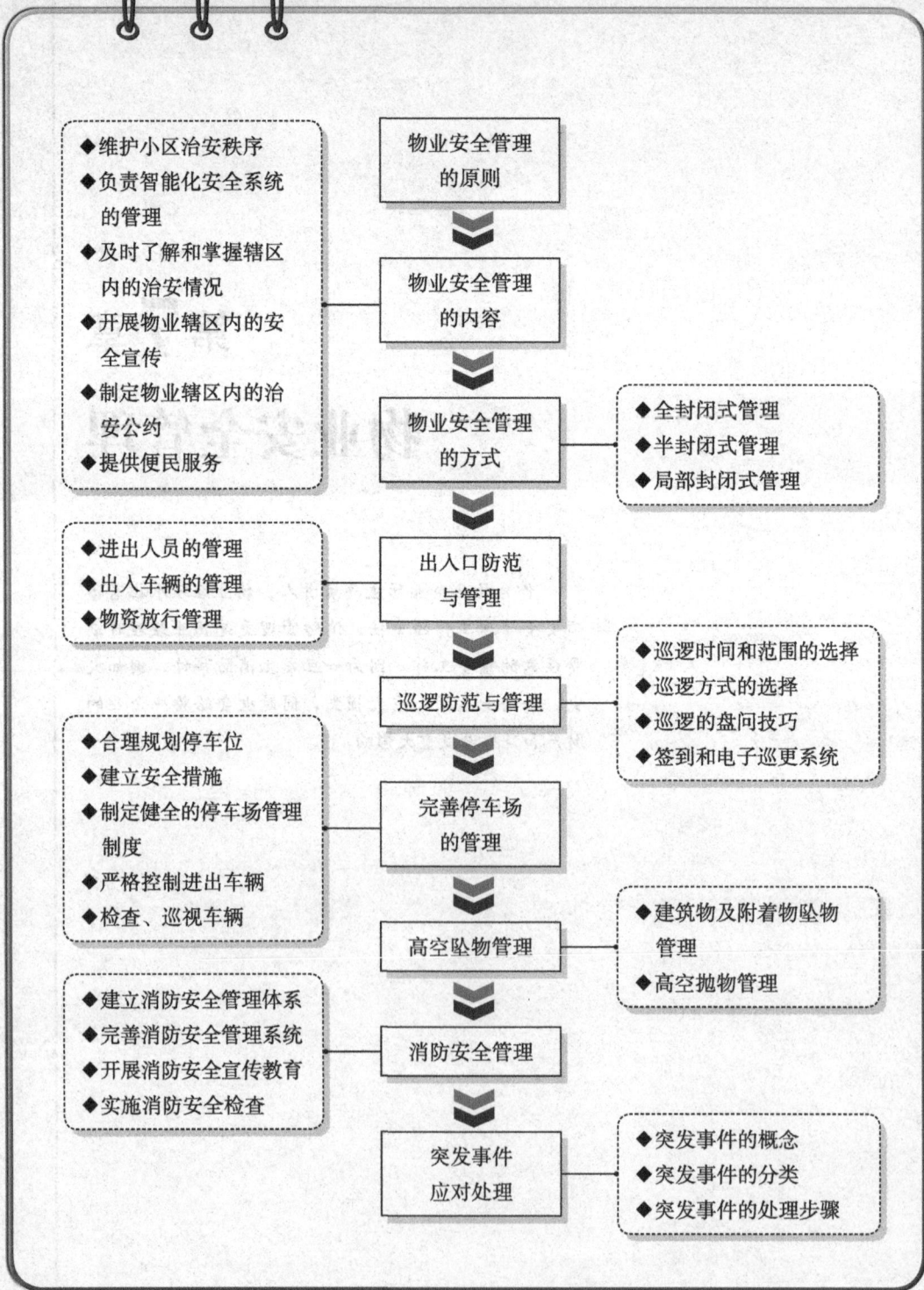

学习指引

◆维护小区治安秩序
◆负责智能化安全系统的管理
◆及时了解和掌握辖区内的治安情况
◆开展物业辖区内的安全宣传
◆制定物业辖区内的治安公约
◆提供便民服务

物业安全管理的原则

物业安全管理的内容

物业安全管理的方式
◆全封闭式管理
◆半封闭式管理
◆局部封闭式管理

◆进出人员的管理
◆出入车辆的管理
◆物资放行管理

出入口防范与管理

巡逻防范与管理
◆巡逻时间和范围的选择
◆巡逻方式的选择
◆巡逻的盘问技巧
◆签到和电子巡更系统

◆合理规划停车位
◆建立安全措施
◆制定健全的停车场管理制度
◆严格控制进出车辆
◆检查、巡视车辆

完善停车场的管理

高空坠物管理
◆建筑物及附着物坠物管理
◆高空抛物管理

◆建立消防安全管理体系
◆完善消防安全管理系统
◆开展消防安全宣传教育
◆实施消防安全检查

消防安全管理

突发事件应对处理
◆突发事件的概念
◆突发事件的分类
◆突发事件的处理步骤

7.1 物业安全管理的原则

安全管理工作在整个社会中具有重要的地位和意义，是社会活动中的基础和保障。在物业管理活动中，安全管理不仅关系到业主和住户的生命财产不受损害，而且能够保障物业企业正常运转。因此，物业管理企业要切实抓好安全管理工作，并在实际工作中遵循以下原则，如图7-1所示。

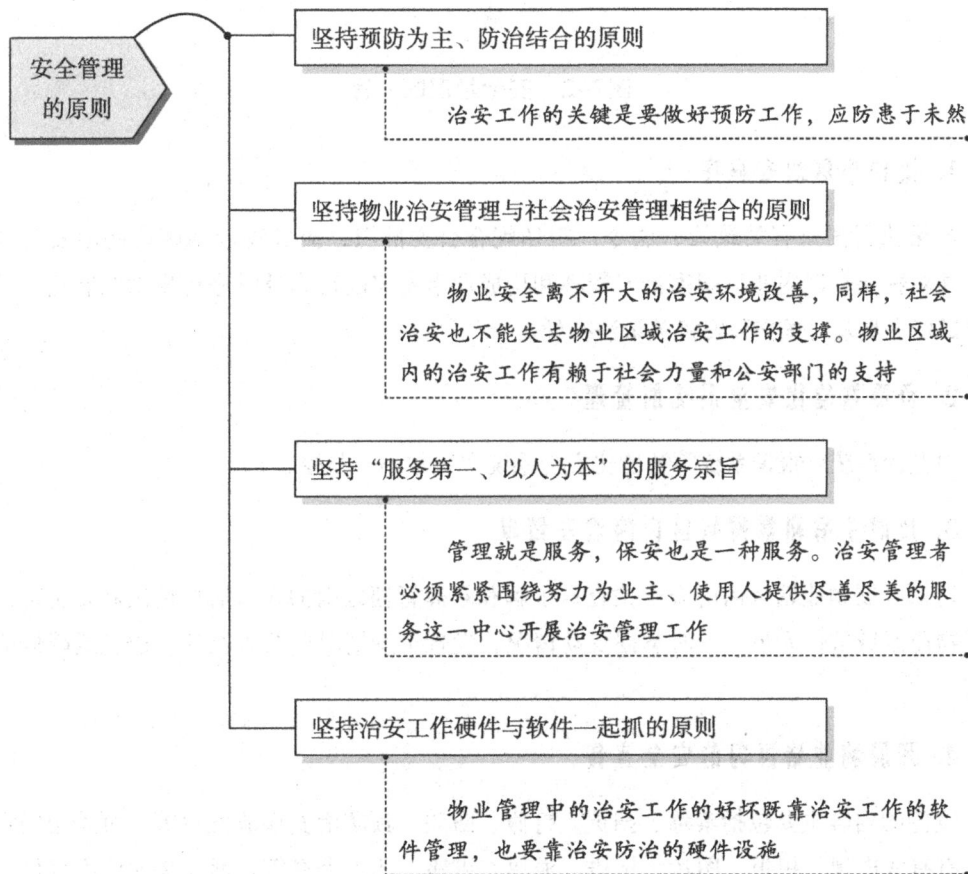

安全管理的原则

坚持预防为主、防治结合的原则
治安工作的关键是要做好预防工作，应防患于未然

坚持物业治安管理与社会治安管理相结合的原则
物业安全离不开大的治安环境改善，同样，社会治安也不能失去物业区域治安工作的支撑。物业区域内的治安工作有赖于社会力量和公安部门的支持

坚持"服务第一、以人为本"的服务宗旨
管理就是服务，保安也是一种服务。治安管理者必须紧紧围绕努力为业主、使用人提供尽善尽美的服务这一中心开展治安管理工作

坚持治安工作硬件与软件一起抓的原则
物业管理中的治安工作的好坏既靠治安工作的软件管理，也要靠治安防治的硬件设施

图7-1 安全管理的原则

7.2 物业安全管理的内容

要想做好物业安全管理工作，物业经理首先要了解安全管理的内容。物业安全管理包括以下内容，如图7-2所示。

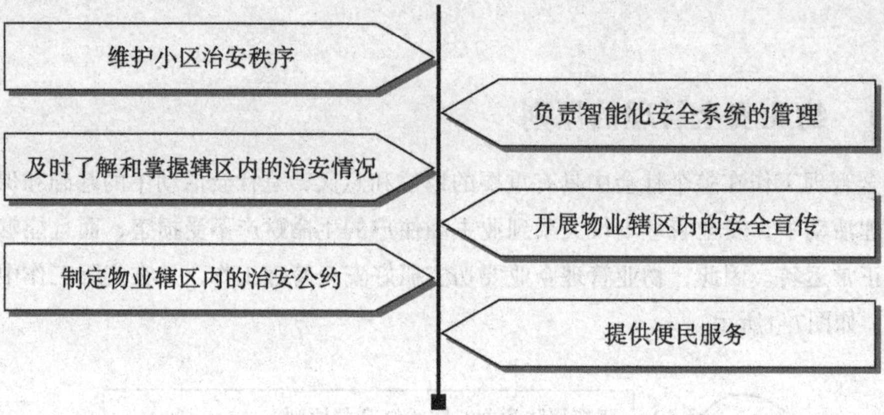

图7-2 安全管理的内容

1．维护小区治安秩序

严格执行国家有关政策、法令，密切配合公安部门，搞好物业辖区内的治安管理工作，并对物业辖区内违反国家治安管理和构成刑事犯罪的行为及时进行规劝和制止，并将犯罪嫌疑人员及时送交公安机关依法查处。

2．负责智能化安全系统的管理

对监控系统、报警系统等智能化安全系统实行24小时监控。

3．及时了解和掌握辖区内的治安情况

定期开展物业辖区内的安全检查；了解和掌握管辖区内的人口居住情况和要害部门，熟悉物业区域常住人员，及时掌握变动情况，发现可疑情况要及时查处，避免或降低治安危害。

4．开展物业辖区内的安全宣传

宣传的内容主要包括禁毒、扫黄、打假、防盗、预防治安事故发生等。可采用的宣传方式有有线电视、板报、图片、标语、横幅、讲座、印发资料等。通过物业治安宣传，可使辖区内人人知法、懂法、守法，共同预防各类治安案件的发生，创造良好的治安环境。

5．制定物业辖区内的治安公约

建立健全物业安全管理的各种规章制度是杜绝安全隐患的有效措施，也是加强保安人员管理的有效手段，同时有助于社区安全工作与社区物业管理各项工作的同步和协调。

进行物业安全管理时需要制定的主要规章制度有安全管理人员工作职责、突发事件处理制度、巡逻制度、安全工作总结制度、安全文明小区公约等。

6. 提供便民服务

物业经理在安全管理方面应该给业主和使用人提供最大限度的便利服务，因为安全管理的根本目的不是限制人们的活动，而是为人们的活动提供更好的服务。

7.3 物业安全管理的方式

物业安全管理方式根据物业性质的不同而有所不同，总体上主要有以下三种，如图7-3所示。

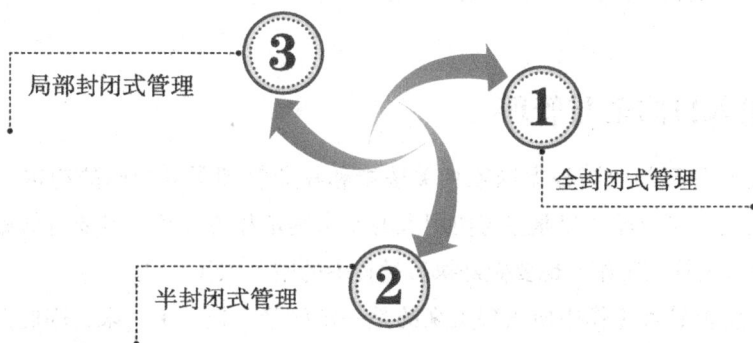

图7-3 安全管理的方式

1. 全封闭式管理

全封闭式管理是对进出物业的人、车、物全部实行查验放行的管理方法。全封闭式管理要求物业具有物质上的全部隔离装置，而且往往采用先进技术来防止翻越及翻越报警，对物业所有的出入口都进行管理，具体管理内容主要包括以下方面。

（1）人：访客必须得到业主的许可，并进行登记；其他人员禁止入内。

（2）车：所有机动车辆进行登记发卡，验证后放行。

（3）物：禁止物业不允许存放的物品入内（如危险品、剧毒物品等），大件或具有一定价值的物品需由业主本人同意方可运出。

> **小贴士**
>
> 全封闭式管理安防效果好，但成本较高。较高档次的住宅物业，尤其是高层住宅楼宇较多采用这种管理方法。

2. 半封闭式管理

半封闭式管理是对进出物业的人、车、物实行部分查验放行的管理方法。半封闭式管理要求物业具备对需要进行验收的内容进行限制、隔离和管理的物质条件、技术手段和管理方法。一般较大型的住宅小区、写字楼、工业区多选用半封闭式管理。

3. 局部封闭式管理

局部封闭式管理是对物业进行区域划分，对部分区域进行封闭式管理而对其他区域进行敞开式管理，多数运用于混合型物业。例如，包含商业街的住宅区，可以对住宅部分进行封闭式管理；而对商业部分则进行敞开式管理。

7.4 出入口防范与管理

物业安全管理部门应当根据国家相关法规和物业管理服务合同的约定，结合所管项目的类型、档次、周围环境和业主与使用人的要求制定相应方案，既要有效做好人员、车辆、物品等出入的管控工作，也要做好执行过程中的服务工作。

在出入口防范管理工作中所表现出来的是一定的管、控、卡、限，因此会在履行职责过程中给业主、使用人带来不便。但其本质上是为业主、使用人创造一个安全的空间和良好的秩序，是按业主、使用人的要求为其以履行保卫、守护等服务职责。

1. 进出人员的管理

任何封闭式小区都要对外来人员要实施核实登记管理工作。但在实际操作过程中有很多的难点，如有的业主不理解到其家中做家政还要登记；有的业主防范意识差，把门禁卡随意给外来人员使用等，给物业治安防范带来很大的安全隐患。从治安防范的主体对象来看，装修人员、保姆家政人员、送外卖人员、中介看房人员是外来人员管理的重点对象。物业经理可结合实际情况对这几类人员实行以下管理办法。

（1）对装修施工人员实行A、B证管理，也就是一个施工人员办两个出入证，A证为白天进入小区的证件，B证为离开小区的证件。出入证都放在出入口岗位，如果在规定的装修时间内施工人员B证还在岗位，说明施工人员还未离开服务区域，出入口岗位会及时通知巡逻岗上门督促其离开。这样有效解决了施工人员留置在小区过夜的安全隐患。

（2）对保姆及长期家政人员进行登记造册备案，并尽可能地劝说业主要求其到公安机关做指纹备案，同时对家政人员实行出入证管理。

（3）对送外卖人员一律实行与住户先核实，准许进入后再登记放行的方法。

（4）对中介人员看房的：一是要加强对业主委托书的验证；二是未带客户的一律不准其进入；三是看房客人必须实行登记制度；四是和当地派出所联系，让中介人员做指纹备案；五是和中介负责人签订《治安责任书》，保证中介人员不私自去联系住户。

2. 出入车辆的管理

由于现代生活水平的提高，在高档住宅小区的车辆越来越高档，价值几百万的车辆占有相当大的比例，再加上新的停车场相关法规的出台，物业企业对停放车辆管理的风险和难度正在增加。车辆划伤、碰伤、无卡出场等现象给物业企业带来了财产损失和极大的风险。车辆管理的重点包括车辆进入管理和车辆放行管理。

（1）车辆进入管理

业主的车辆进入小区应当刷IC卡进入，陌生车辆、来访车辆要实行核实登记制度，对于无明确事由车辆或其他异常车辆拒其入内。

（2）车辆放行管理

当驶出的车辆无IC卡、车辆停放服务卡、车辆临时停放服务凭证（卡）上的车牌号与所开车辆的车牌号不符、驾驶员不符、无车牌等异常情况，应立即报告当值班长或安全负责人，查验并登记车主的有效证件，如车辆行驶证、驾驶证、车牌号、车型等，进行人、车、证的核实，经车辆所有权人或单位证实并在"驶出车辆异常情况登记表"上签名后方可放行。

3. 物资放行管理

物业企业应建立有效的物资放行管理制度，规范相应的物资放行流程，从而保证业主财产安全。物业企业应当对搬出管理区域的物资进行核实登记工作，搬出物品需经业主本人确认并办理相关书面手续后方可准许放行。物资放行的管理要求如图7-4所示。

① 提高职业敏感度，对重要物资的搬运要不怕麻烦，认真核实；同时也应留意保姆等人是否有反常行为

② 加强物资搬运放行控制的同时，应加强对安全员处理问题的程序、方法、技巧的培训

图7-4　物资放行的管理要求

7.5 巡逻防范与管理

在物业治安管理中，巡逻是很重要的一项保障。一是出入口的第一道防线还不足以完全防止所有不法分子的进入；二是治安、消防等其他隐患只能通过巡逻岗位的巡视才能及时发现并得到及时解决。因此，加强安全巡逻，发现并消除各种不安全因素就显得尤为重要。要利用好巡逻岗位，确保做到巡之有效，巡之有为，打造物业治安防范管理的立体防范体系，并做好以下几个方面的工作。

1. 巡逻时间和范围的选择

在制定巡逻时间和范围时，相关人员应根据小区周边治安形势及所管项目的特点，并结合季节变化做相应的调整。一般来说，夜间是巡逻的重点时间，尤其是傍晚至午夜，节假日、恶劣天气等期间也是巡逻的重点，不能在时间上留空档。

例如，××物业在年底治安形势严峻的时候的要求：岗位佩戴"××派出所治安巡逻"红色袖标，统一着装，尽量扩大声势。主要负责外围、出入口及商业广场的巡逻，体现震慑力；小区内列队巡逻，增加业主的安全感，提高满意度；根据重点合理分配时间，巡逻队应配有强力灯。

2. 巡逻方式的选择

巡逻的方式很多，主要有定时巡逻、不定时巡逻、定线巡逻、不定线巡逻、定线巡逻和不定线相结合、制服巡逻和便衣巡逻。但总的来说，巡逻的方式要结合实际情况灵活多变，制定不同的巡逻路线并且要做到保密，不计犯罪分子掌握巡逻规律。

3. 巡逻的盘问技巧

巡逻过程中发现可疑人员不但要敢于盘问，更重要的是要会盘问。实际工作中，往往巡逻安全员的盘问方式和技巧有欠妥当，因此物业经理要加强这方面的强化培训和引导。

（1）判定识别盘查对象

主要对形迹可疑人员、财物来源可疑人员、身份不明人员、案件关联人员作重点盘查对象进行盘查。

（2）注重盘问的方式

盘问方式主要有四种，如图7-5所示。

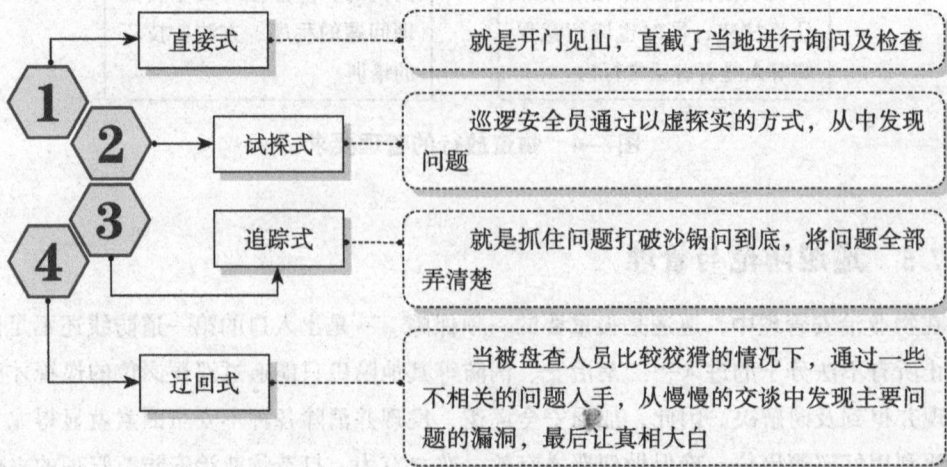

1 直接式	就是开门见山，直截了当地进行询问及检查
2 试探式	巡逻安全员通过以虚探实的方式，从中发现问题
3 追踪式	就是抓住问题打破沙锅问到底，将问题全部弄清楚
4 迂回式	当被盘查人员比较狡猾的情况下，通过一些不相关的问题入手，从慢慢的交谈中发现主要问题的漏洞，最后让真相大白

图7-5 盘问的方式

4. 签到和电子巡更系统

虽然很多物业企业制订了周密的巡逻计划，但由于部分安全员工作态度不端正、责任心不强，所以存在走过场甚至有未巡逻的现象。因此要对安全员的巡逻情况进行控制和检验。最常用的两种方法是设置签到点和电子巡更系统。

（1）巡逻签到点设置简单，成本低廉，由部门安全负责人制定简单明了的岗位巡逻签到路线，高层、小高层每栋必须有单独的签到点。

（2）电子巡更系统是一种检查记录安全员巡逻是否到位的电子设备，包括巡更棒、墙机、打印机及附件。

小贴士

监控方法只能保证是否巡逻的问题，但巡逻的质量问题就要通过平时的培训教育来提高。

7.6 完善停车场的管理

停车场管理是物业日常管理的一个重要内容，为了让所管辖区域内的车辆有序进入、安全停放、减少纠纷与事故、杜绝车辆丢失，物业经理应积极完善停车场的管理工作。具体可以从以下几个方面入手。

1. 合理规划停车位

停车位分为固定停车位和非固定停车位，大车位和小车位。固定停放车位的用户应办理月租卡，临时停放的应使用非固定停车位。固定停车位应标注车号，以方便车主停放。

小贴士

车场的管理人员应熟记固定停车位的车牌号码，并按规定引导小车停至小车位，大车停至大车位，避免小车占用大车位。

2. 建立安全措施

建立安全措施即要求停车场内光线充足，适合驾驶，各类指示灯、扶栏、标志牌、地下白线箭头指示清晰，在车行道、转弯道等较危险地带设立警示标语。

车场内设立防撞杆、防撞柱。车场管理人员在日常管理中应注意这些安全措施，一旦发现光线不足，就要通知维修人员来处理，发现各类警示标语、标志不清楚时，应及时向上级汇报，请求进行维护。

3. 制定健全的停车场管理制度

即使有良好的停车场，但如果没有健全的管理制度，同样不能把车辆管理好。健全的管理制度应该包括门卫管理制度、车辆保管规定等。

4. 严格控制进出车辆

在停车场（库）出入口设专职人员，对进出车辆实行严格控制，负责指挥车辆进出、登记车号、办理停车取车手续工作。进场车辆应有行驶证、保险单等，禁止携带危险品及漏油、超高等不合规定的车辆进入。在出入口处应设置停车场出入登记卡、机动车停车场车辆出入登记表、摩托车车库出入登记表等表格供专职人员登记使用。

5. 检查、巡视车辆

车辆保管员应实行24小时值班制，做好车辆检查和定期巡视，确保车辆的安全，消除隐患。

（1）车辆停放后，保管员检查车况，并提醒驾驶人锁好车窗，带走贵重物品，调整防盗系统至警备状态。

（2）对入场前就有明显划痕、撞伤的车辆，要请驾驶人签名确认。

（3）认真填写停车场车辆状况登记表，以防日后车辆有问题时产生纠纷。

7.7 高空坠物管理

高空坠物很容易造成人员伤亡，因此，物业经理必须采取各种措施加强这方面的管理工作，同时做好高空坠物的处理工作。

1. 建筑物及附着物坠物管理

对建筑物及附着物坠物管理可以采取以下措施，如图7-6所示。

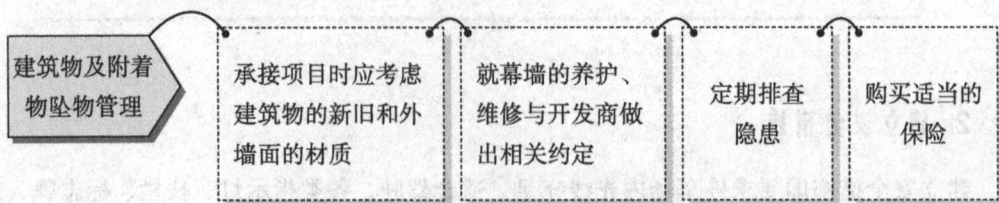

图7-6 建筑物及附着物坠物管理

建筑物及附着物坠物管理 → 承接项目时应考虑建筑物的新旧和外墙面的材质 | 就幕墙的养护、维修与开发商做出相关约定 | 定期排查隐患 | 购买适当的保险

（1）承接项目时应考虑建筑物的新旧和外墙面的材质

在与开发商或业主委员会签订物业服务合同时，应考虑建筑物的新旧和外墙面的材质。建筑物越旧，其悬挂物或搁置物发生坠落的可能性越大，承接一个项目时，这一风险不得不考虑。

建筑物的外墙面有多种材质，如金属、石材、玻璃等。对各种材质的外墙面，其养护和维修的要求也存在差异，这些也都应予考虑。在承接项目时，需详细做好不同材质的养护、维修预算。

（2）就幕墙的养护、维修与开发商作出相关约定

承接一个项目时，物业企业还需要了解开发商对外墙的养护和维修方面的责任与施工单位有何约定。假如开发商在与施工单位签订施工合同时，未对外墙的养护、维修方面作出具体约定，物业企业可与开发商约定相关免责条款，或就外墙的养护、维修进行相关约定，以避免不必要的纠纷。

（3）定期排查隐患

物业企业应定期组织工程技术人员对公共场地和公共设施设备、窗户及玻璃、小区户外广告牌和空调主机等户外附着物进行排查，发现安全隐患，要立即整改并登记在册。

小贴士

台风期间，告知居民住户关好门窗，搬掉阳台边的花盆，防止高空坠物。

（4）购买适当的保险

为了减少不必要的纠纷，物业企业可以考虑购买适当的险种。例如在停车场靠近幕墙的情况下，在购买物业管理责任险时可考虑购买停车场附加险。根据需要，还可以与开发商或业委会商量，为管理的物业项目购买公共责任险。

2. 高空抛物管理

物业企业对高空抛物应采取预防为主，与居委会、派出所等部门相互配合，从宣传入手，发动群众监督。对不听劝阻、屡教不改的个别人员，与治安机关联合采集证据，予以处罚。高空抛物管理的关键是预防，因此可以从以下几个方面入手，如图7-7所示。

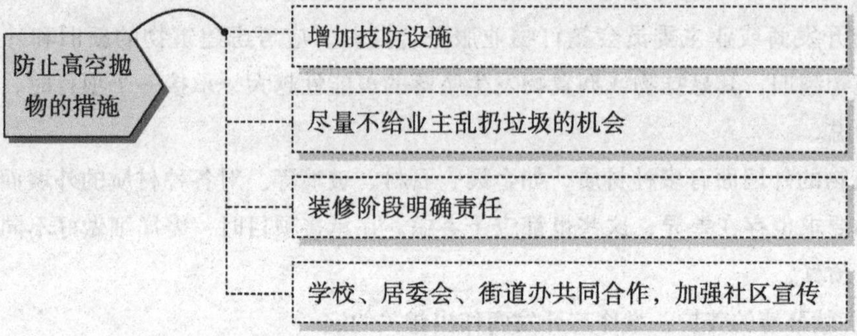

图7-7 防止高空抛物的措施

（1）增加技防设施

为了确定"高空抛物"的黑手，物业企业可相应地在此区域增加技防设施，如安装探头等进行监测。技防设施可以抓住"真凶"，同时也能起到监督的作用。

（2）尽量不给业主乱扔垃圾的机会

由于老小区的绿化带布局不合理，给了一些不太自觉的业主创造了乱扔垃圾的机会。因此物业企业要在情况比较严重的楼房内进行宣传教育，让他们明白这种行为是不对的，如果伤及无辜的话要负法律责任。

（3）装修阶段明确责任

不少业主装修时图省事，经常从楼上扔下装修垃圾。因此，新建小区的物业管理还处在初级阶段，物业和业主委员会可以在一开始就未雨绸缪，制定相关规范，纳入物业管理规定，明确责任，让居民在一开始就知道一旦发生这种行为，就要受到处罚。

（4）学校、居委会、街道办共同合作，加强社区宣传

提高业主（住户）的道德素质，是预防高空抛物的关键。

①物业管理处要对业主（住户）多做宣传，警示高空抛物的危害，提高业主（住户）的公共道德素质。同时，物业管理处在与业主签订《业主公约》时，要对高空抛物进行特别强调，要让业主意识到问题的严重性，在小区内形成"高空抛物可耻"的氛围。

②加强监管和处罚力度。高空抛物不仅污染环境，更重要的是危及他人的人身安全，管理部门发现有高空抛物行为的住户，应当积极收集证据，张榜公布，联合社区治安部门，采取措施对肇事者予以惩罚，从而威慑人为的高空抛物行为。

③培养学生的公德意识。从心理学角度上看，青少年极富冒险心理，孩子从高空丢东西的可能性要比成人大得多。一方面他们还不了解这种事件的后果，另一方面，孩子的天性就喜欢冒险试一试。

> ▸ **拓展阅读** ◂

物业如何防范高空坠物

1. 采用相应的措施

物业企业在必要时可在小区内设立一些诸如"小心高空抛物"这样的警示牌，这样既提醒行走的业主注意安全，尽量避免不幸事件的发生，也给抛物者作了一个警示；还可以加强保安的巡视力度，在保安巡视过程中不仅要对地面楼层进行巡视。还要利用望远镜或抬头仰视的方式进行巡视。也有部分有条件的小区可安装摄像头，对高层住宅进行监控，在长期监控下部分业主也会适当收敛，且有助于及时发现肇事者，为发生纠纷举证提供依据。

当然，因为是高层，且抛物行为属于瞬间行为，利用这些手段难以及时发现或者存在监视死角，所以根本的解决办法是要加强业主的自身素质。

2. 尽到宣传和提醒的义务

为了加强业主的自身素质，物业企业可在宣传栏内作定期宣传，将高空抛物的危害或者相关案例告知业主，以引起业主重视，提醒全体业主共同监督。有些家中的小孩往下抛物是无意识的，物业企业可以定期发资料提醒大人注意教育和监督孩子的行为。一些业主家中进行装修，装修工人为图方便将装修废料直接抛到窗外，作为装修的监督部门，物业企业在装修进场前应提醒装修工人及业主，签订安全责任书，严格禁止此类事件的发生。

7.8 消防安全管理

作为物业企业的主要负责人，物业经理承担着各项安全管理工作的重任，消防管理更是物业经理时刻要注意的重要工作，因为一旦发生消防事件，例如火灾，会给业主带来重大损失，同时也会给物业企业的财产和声誉造成重大影响。

1. 建立消防安全管理体系

消防安全管理体系是一个系统化、程序化和文件化的管理体系，物业经理应结合物业管理企业自身情况，有针对性地改善企业的消防安全行为，建立规范的消防安全管理体系，以期达到对消防安全绩效的持续改善，切实做到经济发展与消防安全同步进行。

（1）建立消防安全组织结构

物业企业的消防管理部门一般从属于企业的安全保卫部门，即在保安部门设有消防班。但实际上，消防工作并不是某一个部门的事情，而是全企业的事情。一般来说，物业企业的消防安全组织结构如图7-8所示。

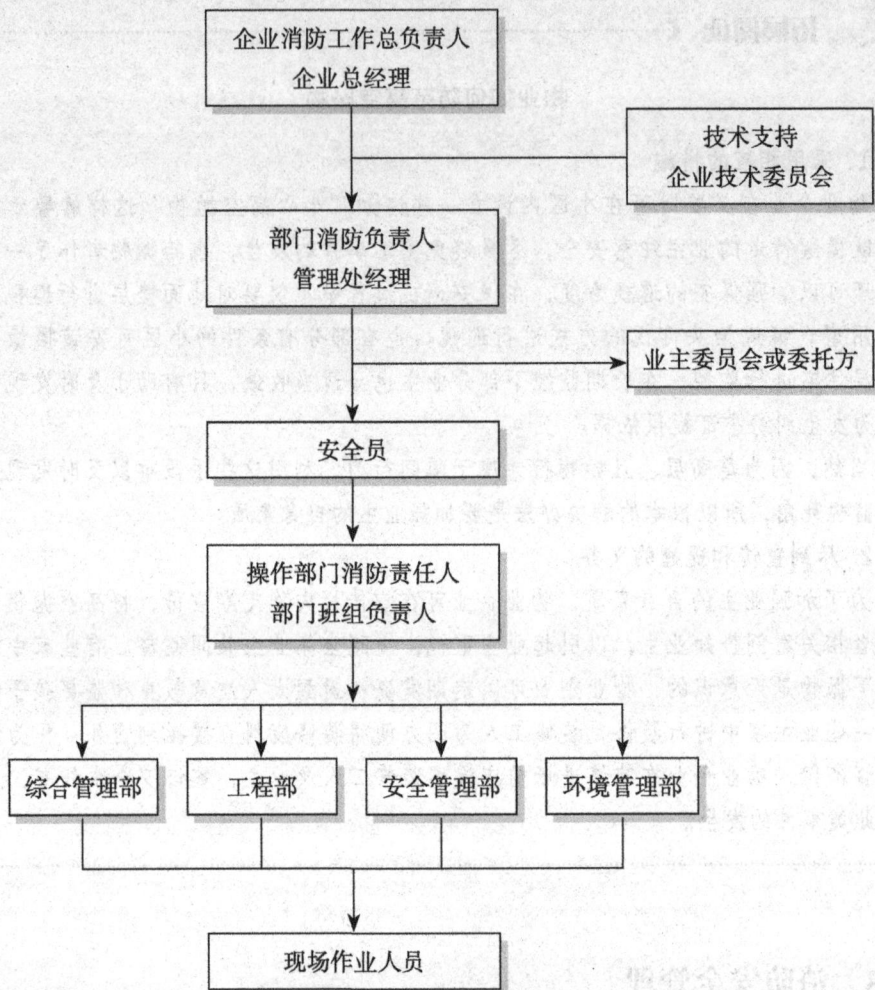

图7-8 消防安全组织结构

（2）明确消防相关人员职责

按照《中华人民共和国消防法》的规定，物业企业应建立消防网络，对于企业的各级人员——消防安全领导小组、消防兼职领导、消防中心、消防队员、义务消防队员等也都要明确其消防职责，并以文件的形式体现出来。

（3）组建灭火组织结构

物业企业灭火的组织结构一般是"一部、六组"模式，即指挥部、灭火行动组、疏散引导组、通信联络组、安全防护组、救护组和后勤保障组。当然，不同类型的物业，各组的组成人员须根据具体情况来定。

下面是××写字楼物业的灭火组织结构范本，仅供参考。

范本

××写字楼物业的灭火组织结构组成

结构形式		人员组成及职责
一部	指挥部	总指挥：总经理 副总指挥：副总经理 指挥部办公室负责人：护卫部经理 成员：综合办公室主任、工程部经理、客物部经理、中控室主管、护卫部主管
六部	灭火行动组	由护卫部20人担任 负责人：护卫部带班主管、护卫班长为义务消防队队长 职责：扑灭火灾和防止火势蔓延
	疏散引导组	各客户行政负责人25人，客物部4人 负责人：客物部带班经理、各客户主管行政负责人 职责：引导客户从消防安全通道疏散到安全地带，避免拥挤损伤
	通信联络组	中控室1人，着火单位通信联络人2人 负责人：中控室主管、客户行政负责人、保安部 职责：保证各组与指挥部的通信联络及情况的反馈
	安全防护组	护卫部5人 负责人：由护卫部主管负责 职责：守护大厦各个出口，防止坏人进行破坏
	救护组	工程部综合维修4人、综合办公室2人、财务部2人 负责人：综合办公室主任 职责：救护受伤人员
	后勤保障部	工程部10人 负责人：工程部带班经理或主管 职责：提供水、供火场用灭火器、断电及抢险工具等

（4）制定消防管理制度

消防工作重在预防，物业管理企业要做好预防工作就必须建立消防管理制度。产生火灾的原因大多是由于疏于管理所致，没有建立严格的管理制度，或者有相关制度却不能认真执行，麻痹大意造成火灾危害。因此，物业经理有必要制定相应的制度来管理和约束相关人员。

2. 完善消防安全管理系统

物业消防要加强人防，更要重视物防。重视物防则需要根据物业项目的规模、等级配备相应的消防系统，做好物业区域内的消防标识，尤其是火灾危险区的标识，同时要配备相关的消防器材。

物业企业的消防设备包括消防头盔、消防战斗服、消防手套、消防战斗靴、消防安全带、安全钩、保险钩、消防腰斧、照明灯具、个人导向绳和安全滑绳等。

（1）楼层配置

物业企业应结合火灾危险性，针对易燃易爆物品的特点合理地配置消防设备，具体要求如图7-9所示。

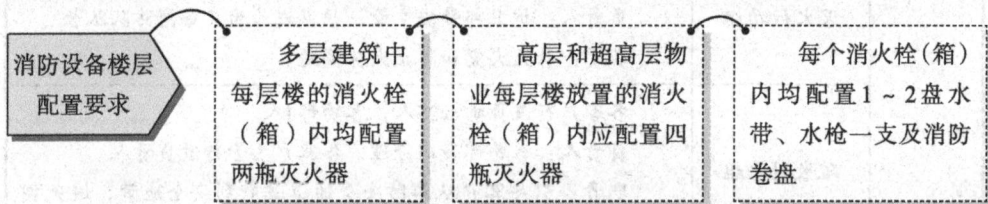

图7-9　消防设备楼层配置要求

（2）岗亭配置

物业管理项目的每个保安岗亭均应配备一定数量的灭火器。在发生火灾时，岗亭保安员应先就近使用灭火器扑救本责任区的初起火灾。

（3）机房配置

各类机房均应配备足够数量的灭火器材，以保证机房火灾的处置。机房内主要配备有固定灭火器材和推车式灭火器。

（4）其他场所配置

其他场所配置灭火器材应保证在发生火灾后，能在较短时间内迅速取用并扑灭初期火灾，以防止火势进一步扩大蔓延。

3. 开展消防安全宣传教育

消防安全教育与培训，是贯彻消防工作"预防为主，防消结合"方针和加强防火管理的一项重要措施。为了提高公司人员的防火安全意识，做好防火安全教育工作，避免火灾事故的发生，物业经理有必要组织消防安全宣传、培训，并定期开展消防演习。

（1）加强对员工的安全培训管理

物业经理应加强对员工的消防安全教育培训，提高火灾应急处置能力；应定期组织所有员工进行灭火演练，进行防火和灭火知识教育，使全体人员都掌握必要的消防知识，做到会报警、会使用灭火器材、会组织群众疏散和扑救初起火灾。对于新员工，上岗前必须接受消防安全培训，合格后方可上岗。

员工消防培训操作程序如图7-10所示。

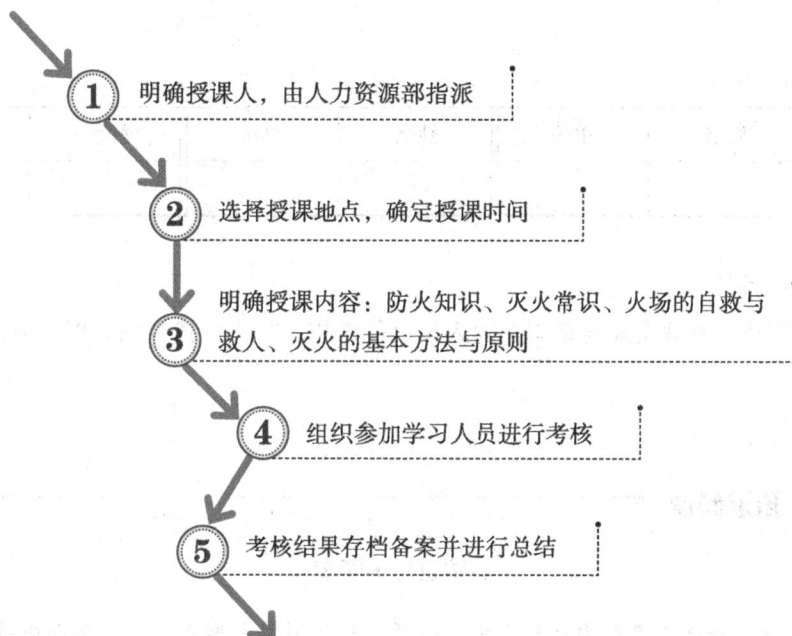

图7-10　员工消防培训操作程序

（2）对业主（用户）进行培训

物业经理须定期组织业主和住户进行消防知识培训。在培训前应预先发通知，并进行跟催确认。

①培训内容

培训内容包括消防管理有关法律法规、防火知识、灭火知识、火场的自救和救人、常用灭火器的使用与管理、企业所制订的《消防管理公约》《消防管理规定》《业主/住户安全责任书》《安全用电、用水、管道燃气管理规定》《消防电梯使用规定》等。

②培训记录

在组织各位业主和租户参加消防培训时，一定要做好相关记录，以显示消防培训的严肃性。物业管理人员在做记录时可以参考表7-1的格式。

表7-1　培训记录表

部门：	培训日期、时间：
培训主持人：	培训地点：
培训内容：	

（续表）

培训效果：						
签到栏	姓名	单位	姓名	单位	姓名	单位

③考核与备档

培训结束后，物业企业应组织参加人员进行考核，并将考核结果立档备案，随后进行总结。

> **拓展阅读**

消防宣传的要素

为了使物业管理区域内消防宣传工作适应新的要求和挑战，物业经理应结合小区特点在以下五个方面下工夫。

1. 要"创新"

创新是指要适应新形势，采取新对策，不断变化消防宣传的方法和手段，变换宣传形式，丰富宣传内容，使消防宣传立意深、特色新、有看点、易理解和消化，以增强消防宣传的吸引力和感染力。

例如，结合相关人员消防意识弱、自救能力差等特点开办消防夜校。

2. 要"出奇"

出奇是指要在社区的消防宣传工作中要打破常规，因势利导地开展消防宣传教育工作。

例如，举行消防文艺汇演、书画摄影大赛、组织消防优秀事迹巡回报告团、开展影视评论、曝光易引发火灾的伪劣家用电器产品、组织消防案例的剖析、举办火灾图片巡回展示等活动，以达到出奇制胜的消防宣传效果。

3. 要"务实"

务实就是要结合季节变化与消防工作的关系，实事求是地确定消防宣传工作的重点，找准消防宣传的最佳切入点，实事求是地宣传与引导舆论，宣传报道火灾、火情动态与本地区、本小区消防工作的实际情况，防止出现违背事实真相的虚假报道。

4. 要"求速"

求速就是要以最快的速度将公众最关心、最敏感的热点信息，特别是发生重特大火灾的真实情况及时准确地传播出去，以避免出现与事实不符的小道消息、估计加分析、或人云亦云而违背真相的不实报道或炒作。这些不实报道或炒作，若被人利用或

（续）

添油加醋地煽动，极易引起人心混乱。这就要求管理者与宣传工作者要有高度的政治责任感和敏锐头脑来把握并引导消防的舆论导向。

5. 要"治本"

治本就是要在当前小区的消防宣传工作中实行标本兼治原则的同时着重治本。治本的着力点在于抓好小区消防法制建设的宣传教育，以提高社会依法治火的意识，形成真正的"有法可依、有法必依、执法必严、违法必究"的良好社会氛围，从而推动社区乃至整个社会依法治火的进程。

4. 实施消防安全检查

物业经理的消防管理工作很大一部分都是通过检查来完成的。物业经理应通过不断的检查发现问题，并及时解决，消除消防安全隐患。

（1）消防安全检查的内容

物业消防安全检查的内容主要包括消防控制室、自动报警（灭火）系统、安全疏散出口、应急照明与疏散指示标志、室内消火栓、灭火器配置、机房、厨房、楼层、电气线路以及防排烟系统等场所。

（2）消防安全检查的流程

消防安全检查流程如图7-11所示。

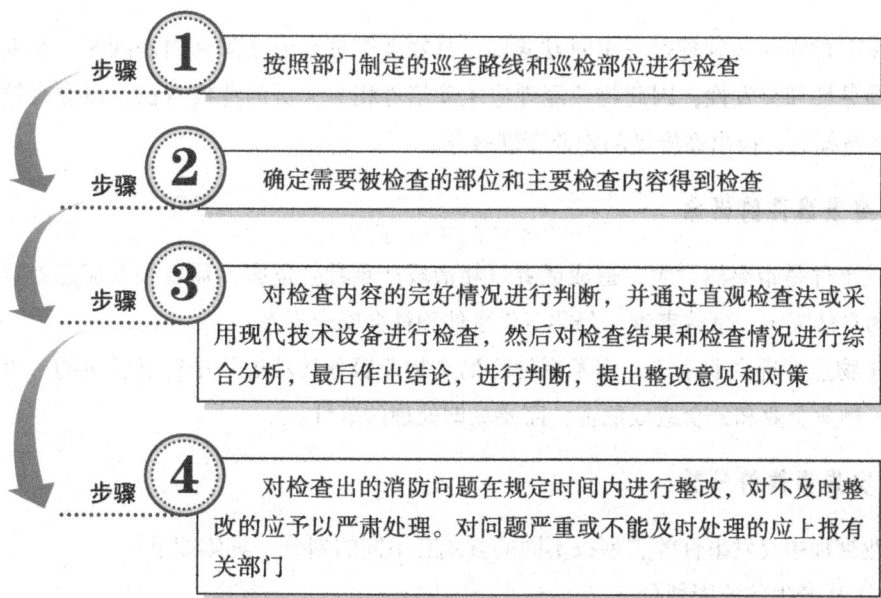

步骤① 按照部门制定的巡查路线和巡检部位进行检查

步骤② 确定需要被检查的部位和主要检查内容得到检查

步骤③ 对检查内容的完好情况进行判断，并通过直观检查法或采用现代技术设备进行检查，然后对检查结果和检查情况进行综合分析，最后作出结论，进行判断，提出整改意见和对策

步骤④ 对检查出的消防问题在规定时间内进行整改，对不及时整改的应予以严肃处理。对问题严重或不能及时处理的应上报有关部门

图7-11 消防安全检查的流程

（3）消防安全检查的要点

消防安全检查的要点如图7-12所示。

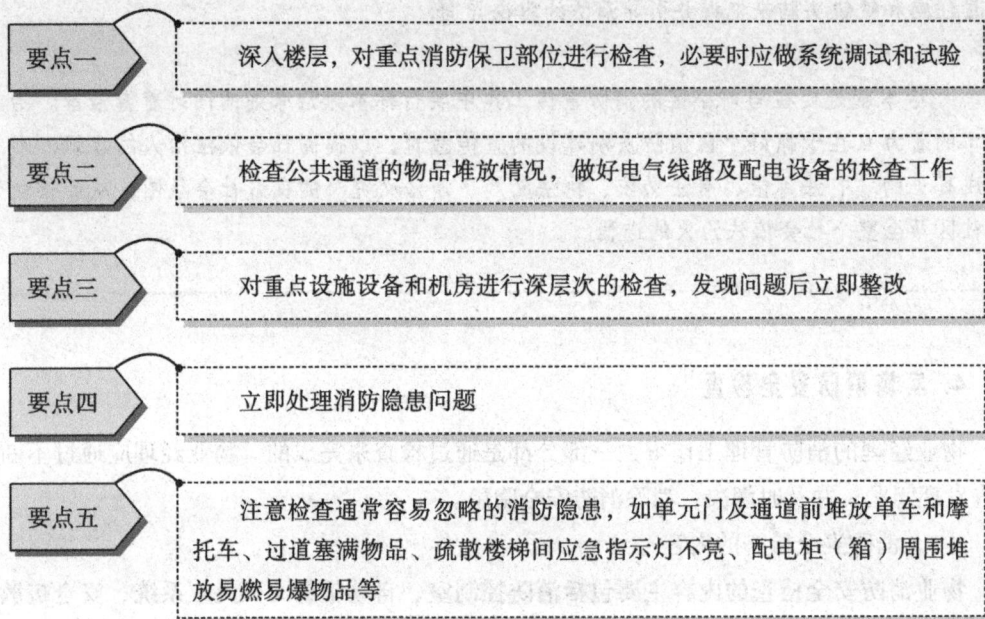

要点一	深入楼层，对重点消防保卫部位进行检查，必要时应做系统调试和试验
要点二	检查公共通道的物品堆放情况，做好电气线路及配电设备的检查工作
要点三	对重点设施设备和机房进行深层次的检查，发现问题后立即整改
要点四	立即处理消防隐患问题
要点五	注意检查通常容易忽略的消防隐患，如单元门及通道前堆放单车和摩托车、过道塞满物品、疏散楼梯间应急指示灯不亮、配电柜（箱）周围堆放易燃易爆物品等

图7-12　消防安全检查的要点

7.9　突发事件应对处理

突发事件在物业管理过程中时常遇到，是物业管理企业必须面对的问题。突发事件具有不可预见性和突发性，因此物业经理应主动培养相关人员的危机意识，以便有效地降低企业的经济损失，提出高质量的物业管理服务。

1. 突发事件的概念

突发事件是指突然发生，造成或者可能造成严重社会危害，需要采取应急处置措施予以应对的自然灾害、事故灾难、公共卫生事件和社会安全事件。

对于物业管理企业来说，突发事件指的是物业服务活动过程中突然发生的，可能对服务对象、物业企业和公众造成危害，需要立即处理的事件。

2. 突发事件的分类

物业管理中突发事件的类型按不同的方式有不同的划分，具体如下。

（1）从产生的原因划分

从产生的原因划分，物业管理中的突发事件可分为两类，如图7-13所示。

① 人为原因

"人为"是指人为故意造成、人为非故意造成或者是管理不善造成

② 自然原因

"自然"是指由自然危害造成、社会外部大环境造成或者物业管理企业无法控制的因素所造成

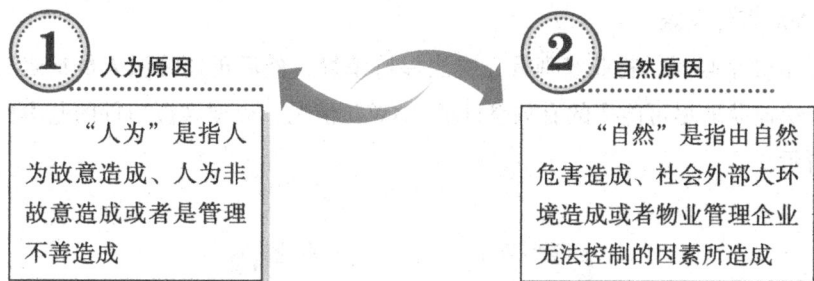

图7-13 从产生的原因对突发事件分类

（2）从危机产生的直接影响划分

从危机产生的直接影响划分，物业管理中的突发事件可分为两类，如图7-14所示。

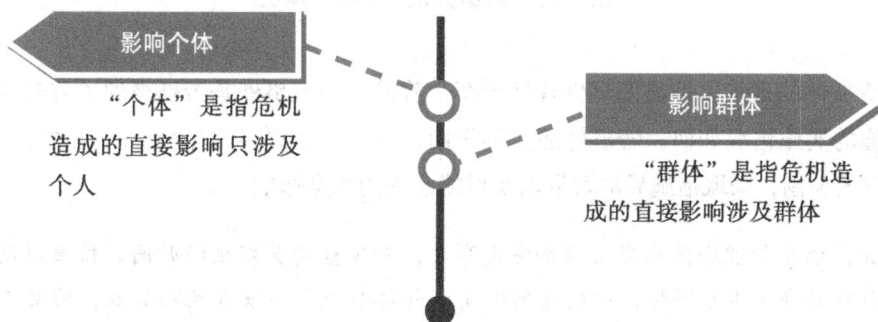

影响个体

"个体"是指危机造成的直接影响只涉及个人

影响群体

"群体"是指危机造成的直接影响涉及群体

图7-14 从造成的影响对突发事件分类

3. 突发事件的处理步骤

突发事件发生后，物业经理应根据突发处理程序有计划、有步骤地采取措施，这样才能有效地控制和消除突发后果。一般来说，如何在短时间内有序地处理好突发事件，物业经理可参考以下步骤，如图7-15所示。

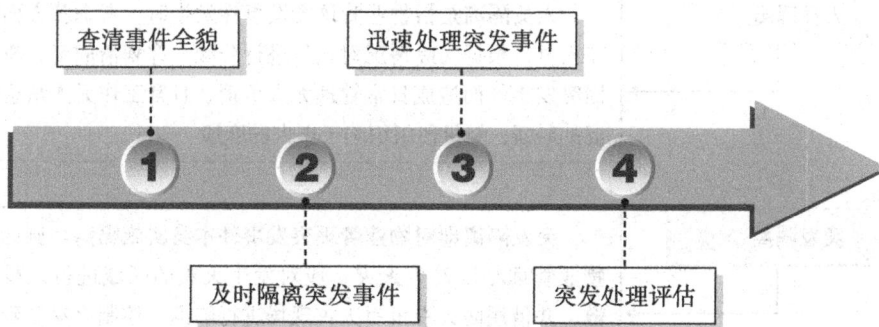

查清事件全貌

迅速处理突发事件

① **②** **③** **④**

及时隔离突发事件

突发处理评估

图7-15 突发事件的处理步骤

（1）查清事件全貌

当突发事件来临时，物业经理首先应当保持镇静，然后迅速分派人员查明有关事件的基本情况，快速获取尽可能多的有关事件的"4W"情况，以便掌握事件的基本性质，具体如图7-16所示。

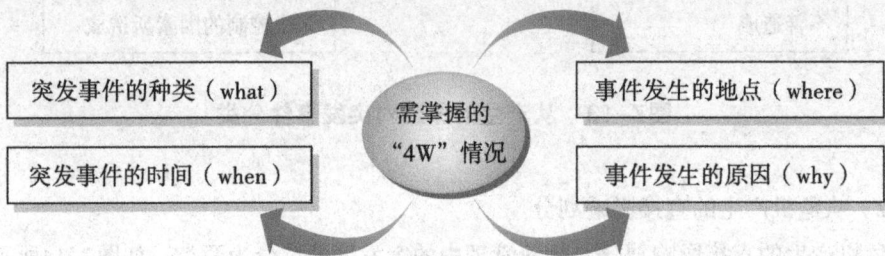

图7-16　需掌握的"4W"情况

查清事件的现状，即突发事件现处于哪个阶段，突发事件是否已得到了有效的控制，控制措施的实施情况如何；若事件还在发作期，其发展的原因是什么，以及怎样才能使事件得到有效控制，采取措施后的效果以及可能出现的社会影响。

例如，物业管理小区内发生溢水突发事件，必须查清其发生的时间、位置以及影响的范围，同时要查清溢水事件产生的原因，是水管爆裂还是水管或地漏堵塞，为突发事件的处理奠定基础，查清事件的影响面。

又例如，物业管理小区发生业主坠楼突发事件，首先应查清业主伤亡情况，才可决定如何处理，同时应查清此事件是否给其他业主带来了恐慌，是否引起了媒体关注等。

（2）及时隔离突发事件

在查清事件全貌的同时，要迅速隔离，以免事件蔓延扩大。隔离突发事件主要有以下几个方面的内容，如图7-17所示。

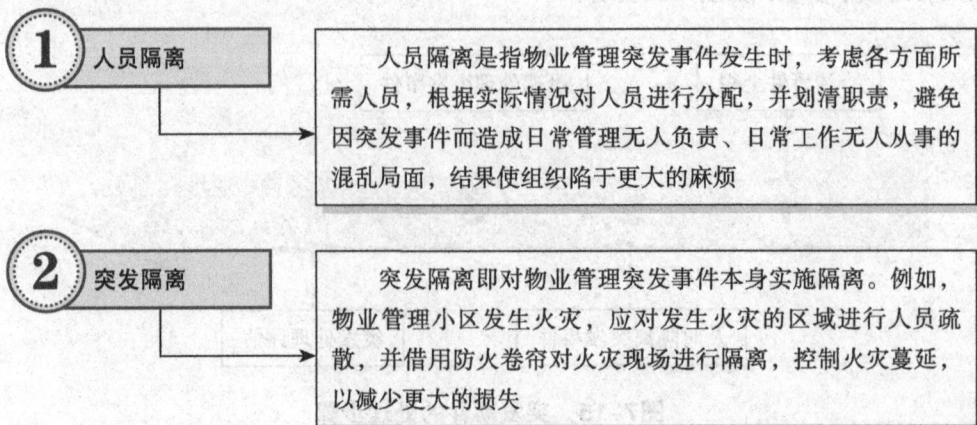

① 人员隔离	人员隔离是指物业管理突发事件发生时，考虑各方面所需人员，根据实际情况对人员进行分配，并划清职责，避免因突发事件而造成日常管理无人负责、日常工作无人从事的混乱局面，结果使组织陷于更大的麻烦
② 突发隔离	突发隔离即对物业管理突发事件本身实施隔离。例如，物业管理小区发生火灾，应对发生火灾的区域进行人员疏散，并借用防火卷帘对火灾现场进行隔离，控制火灾蔓延，以减少更大的损失

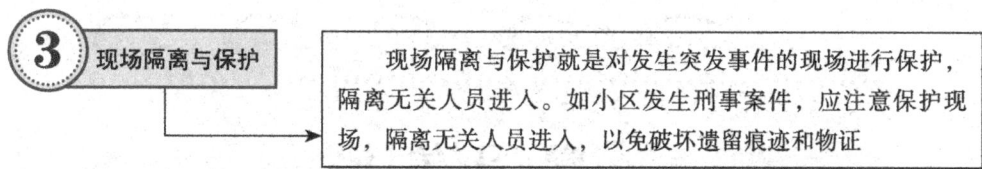
图7-17　隔离突发包含的内容

（3）迅速处理突发事件

处理突发就是根据以上信息，直接对造成突发的问题或事件采取对策和措施，以平息突发事件。处理突发事件要注意做好两个方面的工作，如图7-18所示。

图7-18　处理突发事件的要点

（4）突发处理评估

突发处理评估是指组织对突发事件处理工作及其成效的调查、评价和总结，它是整个突发处理工作的最后一个环节。一般来说，突发处理评估包括三个方面的工作，如图7-19所示。

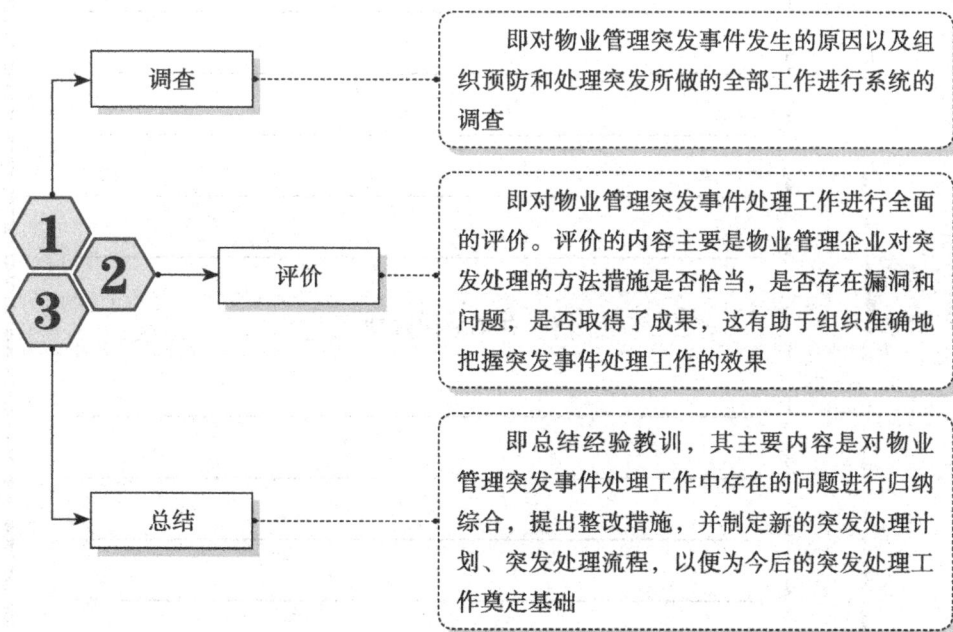
图7-19　突发处理评估的工作内容

学习笔记

通过学习本章内容，想必您已经掌握了不少学习心得，请仔细记录下来，以便继续巩固学习。如果您在学习中遇到了一些难点，也请如实写下来，以方便今后重复学习，彻底解决这些难点。

我的学习心得

1. _____
2. _____
3. _____
4. _____
5. _____

我的学习难点

1. _____
2. _____
3. _____
4. _____
5. _____

我的运用计划

1. _____
2. _____
3. _____
4. _____
5. _____

第**8**章

多渠道经营管理

目前，不少物业企业难以盈利甚至面临亏损，因此，不得不利用自身优势开展多种经营来谋求改变。伴随着中国经济进入新常态，在政策契机以及移动互联技术的推动下，越来越多的物业管理企业寻求转型，以顺应市场需求，实现企业利润最大化。

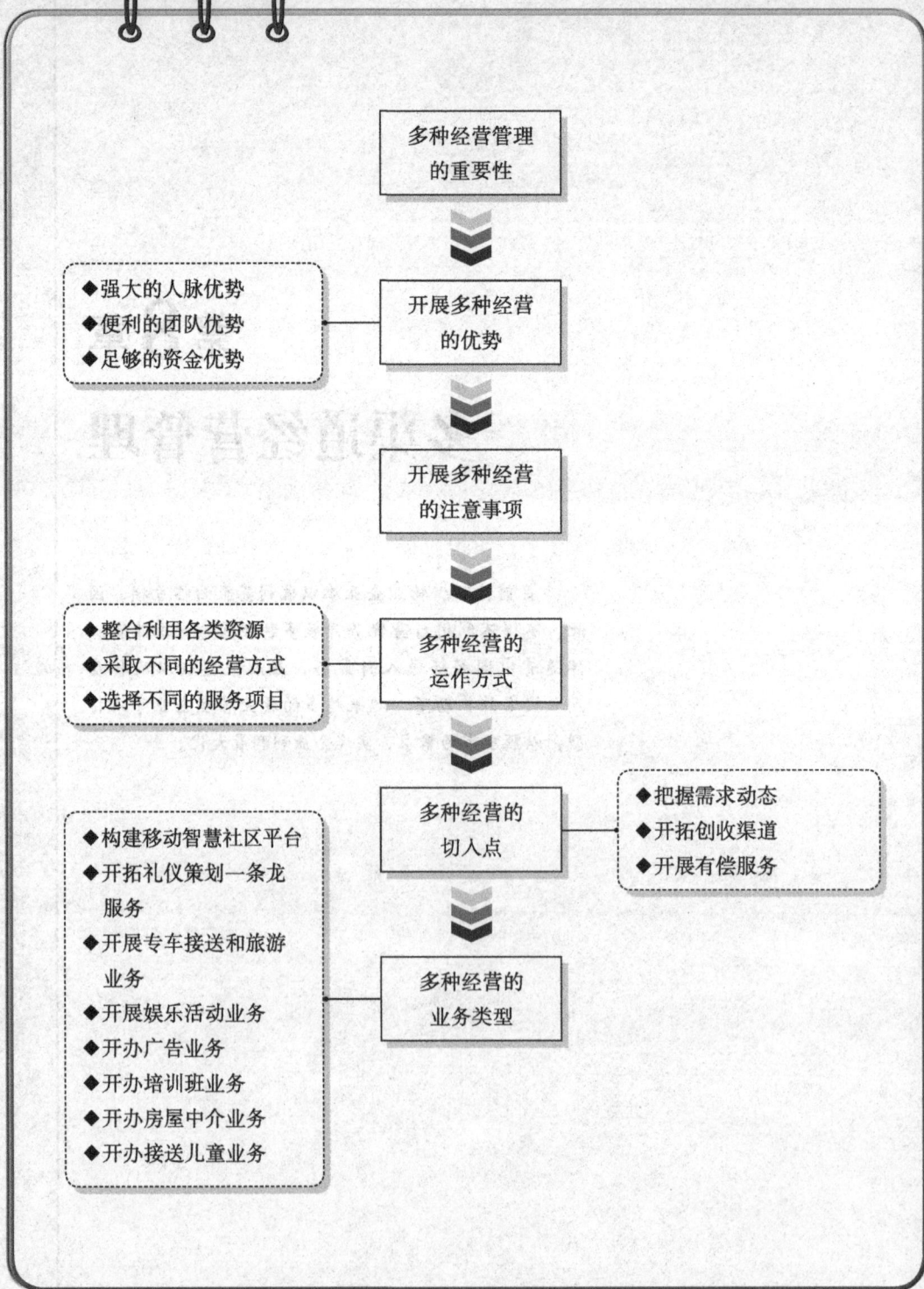

学习指引

```
                        ┌──────────────┐
                        │ 多种经营管理  │
                        │  的重要性     │
                        └──────────────┘
                               ▼
  ┌────────────┐        ┌──────────────┐
  │◆强大的人脉优势│───────│ 开展多种经营  │
  │◆便利的团队优势│       │  的优势       │
  │◆足够的资金优势│       └──────────────┘
  └────────────┘               ▼
                        ┌──────────────┐
                        │ 开展多种经营  │
                        │  的注意事项   │
                        └──────────────┘
                               ▼
  ┌──────────────┐      ┌──────────────┐
  │◆整合利用各类资源│─────│ 多种经营的    │
  │◆采取不同的经营方式│    │  运作方式     │
  │◆选择不同的服务项目│    └──────────────┘
  └──────────────┘             ▼
                        ┌──────────────┐    ┌────────────┐
                        │ 多种经营的    │────│◆把握需求动态 │
                        │  切入点       │    │◆开拓创收渠道 │
                        └──────────────┘    │◆开展有偿服务 │
                               ▼            └────────────┘
  ┌──────────────────┐  ┌──────────────┐
  │◆构建移动智慧社区平台│──│ 多种经营的    │
  │◆开拓礼仪策划一条龙 │   │  业务类型     │
  │  服务             │   └──────────────┘
  │◆开展专车接送和旅游 │
  │  业务             │
  │◆开展娱乐活动业务   │
  │◆开办广告业务       │
  │◆开办培训班业务     │
  │◆开办房屋中介业务   │
  │◆开办接送儿童业务   │
  └──────────────────┘
```

8.1　多种经营管理的重要性

物业管理企业进驻小区的主要目的，是为业主提供优质的管理和服务，最终使业主的物业得到保值和增值。物业管理企业在做好本职工作的同时，还可以开展一些业主所需的相关经营活动，这样既给业主提供了方便，又给物业管理企业带去了收益，互惠双赢。

例如，许多小区的业主，因工作忙而无暇顾及家庭清洁，他们往往请家政公司的清洁工上门服务，这本是无可厚非。但问题是，业主请家政公司的人员上门服务，无论是对业主，还是对小区管理和安全都不利：家政公司的清洁工上门，业主家里必须有人；而家政公司的人员进入小区，物业管理企业也保证不了安全。因此，物业管理企业可根据业主的这一要求，提供有偿的家政服务，而且能够保证业主的人身和财产安全。

又例如，为业主开办代售飞机、车船票、旅游联系、订餐订宾馆等业务，已成为广大物业管理企业的共识。

现在人们的生活中，讲究凡事图方便，而物业管理企业开展上述业务，既很好地迎合了业主的需要，又得到了中介服务费，同时还促进了业主与物业管理企业的融洽关系。

8.2　开展多种经营的优势

随着物业管理的市场化，物业管理企业要在竞争中求生存，在生存中求发展，经营创收已逐步被提到重要议程上来。要得以生存与发展，经营创收将是物业管理企业一条必由之路。对于物业管理企业来说，开展多种经营具有以下优势，如图8-1所示。

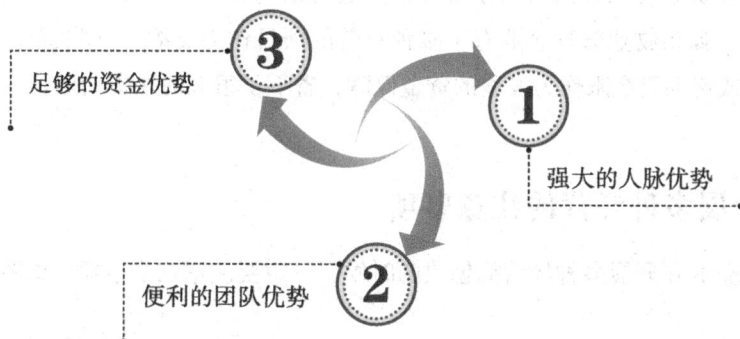

图8-1　开展多种经营的优势

1. 强大的人脉优势

虽然物业管理企业为业主服务时并不能得到高额的回报，但这并不等于物业服务行业一定不能赚钱，只是物业管理企业没有意识到自身的优势资源所在。

例如，住宅小区中看上去普普通通的业主，其实并不普通，他们是物业管理企业最有力的资源，也是最佳的人脉资源，他们是潜在的消费者。可以算一笔并不复杂的账：如果每户业主每天平均消费50元用于衣食住行，那么一户业主每月就是1 500元，1 000户业主每月将达到150万元，一年将达到1 800万元。物业管理企业只要从中占有一半的份额，也有近千万元的营业收入，所以说物业管理企业身边的业主才是我们的"财神"，用好这一人脉优势，对于物业管理企业来说至关重要。

2. 便利的团队优势

物业管理企业在所服务的各个项目上都有一个相当强大的服务团队，他们中不但有素质有佳的管理人员团队，有服务规范的客户服务团队，有管理严格的安保团队，还有保洁、绿化、维修等操作性团队。这在其他众多行业中是无法与其比拟的。

例如，可用维修团队作为现成的安装维修人员来做广告业务；做家政业务，可以有保洁人员作为团队或补充团队；做销售、促销，我们可以由规范、文明的客服团队完成。

3. 足够的资金优势

虽然物业管理企业的物业服务主业无法赚取高额利润，但并不代表物业企业没有资金流。很多物业企业服务的住宅项目数量很多、业主数量也特别多，他们在办理入住手续时往往会先期缴纳相应的装修保证金、代收代缴费等。这类费用收取后相应会有一个暂存期，如果没有投资或使用方向，物业管理企业通常以闲置于账面为主，除了能有少量活期利息别无他益。如果物业管理企业有了多种经营的项目作为支撑，这些暂存资金就可以作为短期的投资或流动资金来作为发展的资金保障，省下了很大的融资费用。

8.3 开展多种经营的注意事项

物业管理企业在开展多种经营搞创收的时候，一定要注意三个事项，如图8-2所示。

> 事项一 ▸ 务必先稳定好主业
>
> 主业是一切其他业务开展的基础，如果一味创收，失去了业主的信任或丢掉了物业项目，其他业务的开展将全部不复存在

事项二 ▷ **务必少做劳动密集型业态**

> 物业管理企业的主业本身就是劳动密集型产业，如果在选择增值服务项目时仍然从扫地、看门着眼，恐怕难以换来高额回报。在选取项目时，要从智慧型、补充型等方面确定项目，寻求广阔的市场前景

事项三 ▷ **务必避开高风险业态**

> 实际运作中，因为物业管理的抗风险能力相对弱势，所以要在服务项目的确定上去尽量避开高风险业态，例如理财、股票代理等行业不要涉及。物业管理企业要在服务于业主上下工夫，围绕业主们的需求，用自己的特长赢得物业应有的另类利润

图8-2　开展多种经营的注意事项

> **拓展阅读**

多种经营的基础理念

做好物业管理多种经营，首先要以做好物业管理常规经营为前提。对小区房屋和配套设备设施进行维修、保养，对道路和场地进行管理、维护，业主报修及时响应、措施得当，小区环境安全有序、整洁美观，当这些基础管理服务到位之后，物业服务公司才能赢得业主的信任和支持，为开展多种经营打下基础。

其次，要实施品牌战略，有计划、有步骤，积极稳妥地建立企业的品牌，充分利用名牌所带来的巨大市场效应和市场信誉。物业管理由于涉及面较广，影响服务质量的因素较多，质量保证的实施较困难，尤其是业主对物业管理服务质量很难进行全面的、客观的检查和评价。这些特点决定了客户在选择物业服务企业的时候，非常注意其信誉。而优质的品牌是良好信誉的集中体现，因此物业服务企业的品牌是开拓多种经营市场的关键因素。有关统计资料表明：在各领域前十大品牌的市场份额占有率超过70%，物业服务企业如果不能树立自身的品牌形象，其发展空间将受到很大限制。

再次，多种经营要注重战略和策略。经营的本质是交换。交换只有是双赢的、愉悦的，才可能长久持续。因此，物业管理多种经营的主旨必须清晰，战略上以"业主需求"为中心，向前后左右辐射扩展。同时"业主需求"一直在不断发展变化，因此物业管理多种经营也要与时俱进。例如，随着时代进步和科技发展，各种信息传媒速度加快，工作节奏日趋紧张，人们越来越感到时间的宝贵，"花钱买时间"已成为人们的共识。物业服务企业即可围绕为业主"不出宅门，能办天下事"开动脑筋开展多种经营。而在经营策略上一方面要注重宣传，另一方面要注重内部管理。宣传不仅能

（续）

提高企业的知名度和认同感，还能起到引导消费，拓展市场，减少与业主的争议。内部管理上要重视财务管理，加强工程管理，节能降耗，有效控制或降低成本，为经营产生良好的经济效益打好基础。

8.4 多种经营的运作方式

物业管理企业多种经营的运作方式不尽相同，可能会根据不同的企业、不同的服务项目、不同的规模而有相应的差别。但总体来说其发展的方向基本是一致的。

1. 整合利用各类资源

从经营原理的角度看，经营的目的是盈利，盈利的手段是整合利用各类资源。物业管理企业要实现多种经营方式，可以从自身现有的两种资源着手，具体如图8-3所示。

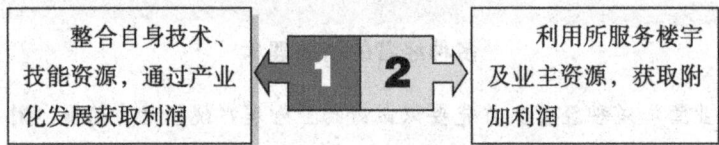

图8-3 整合现有资源实现多种经营

（1）整合自身技术、技能资源，通过产业化发展获取利润

为了避免物业管理企业利润的外溢和流失，有实力、有条件的物业管理企业可以成立电梯维保机构、清洁服务机构、绿化服务机构、机电管理机构等专业服务机构。这些专业服务机构一方面承包自己企业的服务外包业务；另一方面，合法参与专业市场竞争，外拓专业服务市场，为企业获得更多利润。不少早期大型物业管理企业都采取了这种盈利模式。

同样，物业管理企业可以利用自身的资源优势，向房地产产业链条的上游和下游延伸业务，从而达到整合经营、获取利润的目的。

例如，许多物业管理企业在地产策划代理、物业租赁销售，甚至土地测量、地价评估、地产开发、园林施工、建筑监理等产业链条环节都有所作为。

（2）利用所服务楼宇及业主资源，获取附加利润

物业管理企业由于服务于物业项目而具有独特的社区经营资源。其多种经营便可以利用这些资源，开展多种社区经营活动，为企业获取附加利润。

例如，很多物业管理企业引入家电维修机构、家政服务机构、垃圾回收机构等社会服务机构，以管理处为中心，在这个社区平台上，从这些服务机构的整合和经营中获取利润。

又例如，某物业管理企业，利用自己平时工作中所掌握的业主资料，开展了婚介和旅游"业务"。他们联合旅行社精心设计旅游行程，邀请部分业主参加，在这个过程中成全了一些有缘之人，也服务了业主，获取了利润。

2. 采取不同的经营方式

针对不同业态形式的物业来讲，业主和商户的需求以及所拥有的资源也不尽相同，因此，对于不同种类的物业，物业管理企业可以选择不同的方式进行经营，具体如图8-4所示。

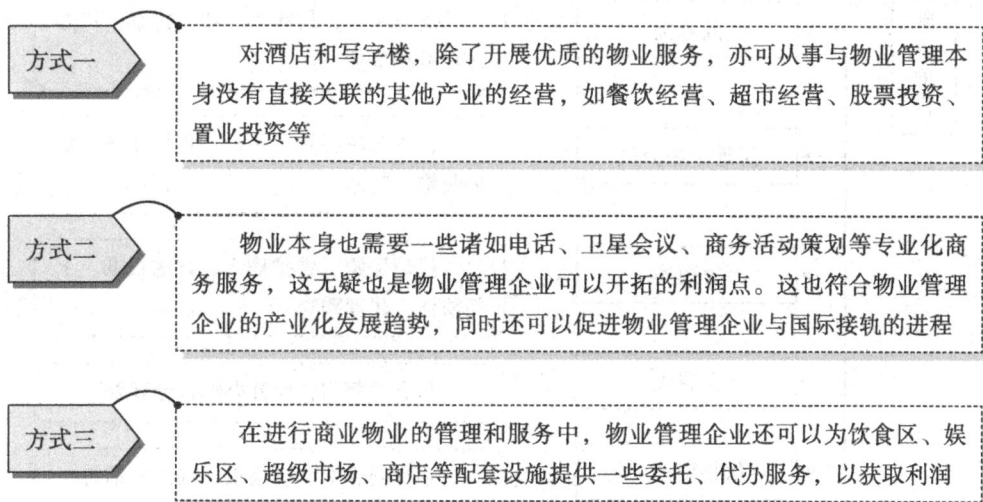

方式一	对酒店和写字楼，除了开展优质的物业服务，亦可从事与物业管理本身没有直接关联的其他产业的经营，如餐饮经营、超市经营、股票投资、置业投资等
方式二	物业本身也需要一些诸如电话、卫星会议、商务活动策划等专业化商务服务，这无疑也是物业管理企业可以开拓的利润点。这也符合物业管理企业的产业化发展趋势，同时还可以促进物业管理企业与国际接轨的进程
方式三	在进行商业物业的管理和服务中，物业管理企业还可以为饮食区、娱乐区、超级市场、商店等配套设施提供一些委托、代办服务，以获取利润

图8-4 可采取的经营方式

小贴士

产业化的经营，对企业提出了更高的要求，唯其提高自身的专业科技水平，改善服务态度，才能获利，同时得到业主（商户）的肯定，实现名利双收。

3. 选择不同的服务项目

从具体项目上讲，物业管理企业的经营方式大致有以下几类，如图8-5所示。

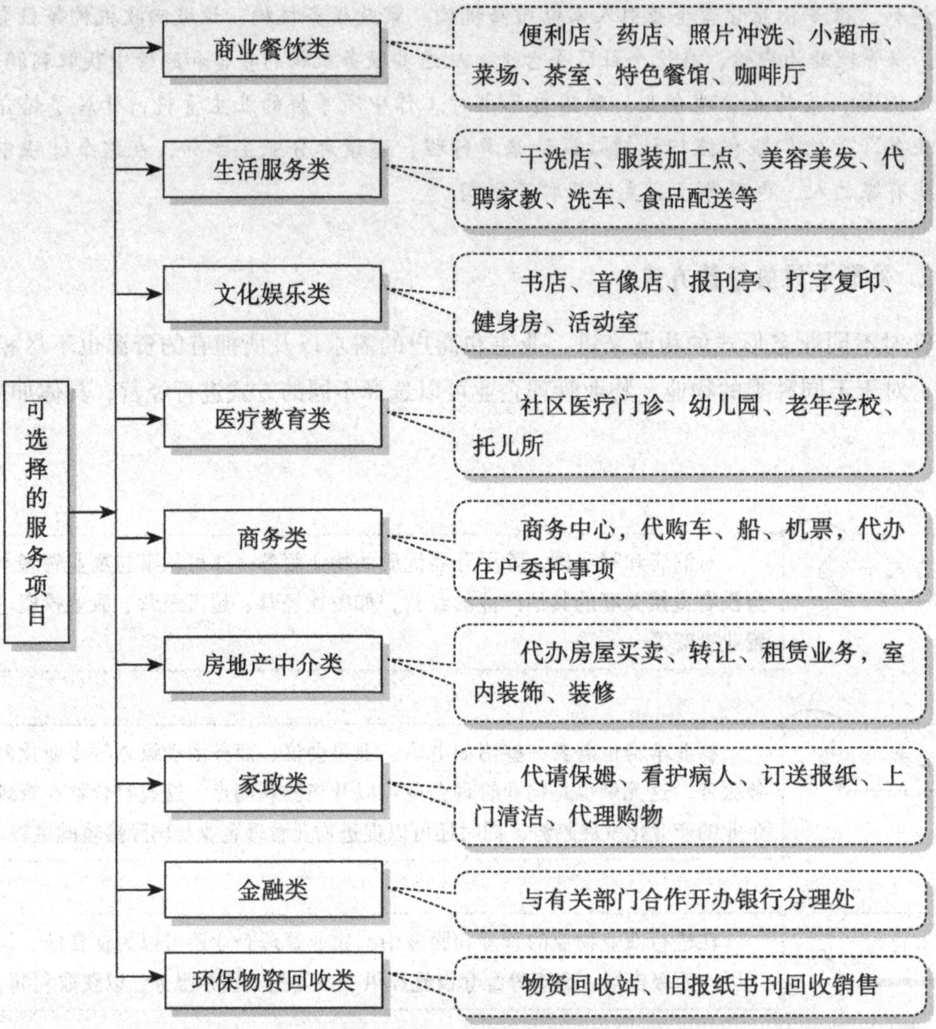

从零开始学做物业经理

图8-5 可选择的服务项目

小贴士

在项目的选择和组合上，物业管理企业需根据自身管理物业的特点和需求考虑，并且要遵循方便住户、优质高效、实现盈利的原则。

8.5 多种经营的切入点

物业管理企业要搞好经营创收，了解市场、把握市场是前提，找到经营创收的切入点是关键。充分挖掘企业在人力、物力、财力、信息资源上的潜力是方法，运用先进的经营

142

管理方法，充分发挥物业管理企业在管理、信息、物业条件以及最贴近业主使用人的行业优势，树立"严格的管理是标准，优质的服务是手段，双赢的效益是目的"的经营理念，在日常管理和服务工作中将物业经营创收目标落到实处，以努力获取社会效益、经济效益最大化。具体可从三个切入点入手，如图8-6所示。

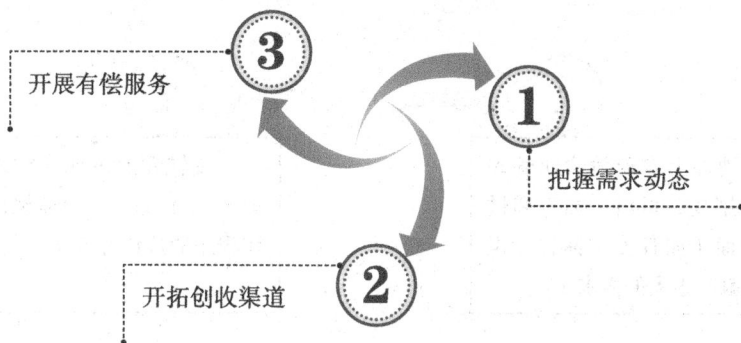

图8-6 多种经营的切入点

1. 把握需求动态

随着人们生活水平的提高，收入的增多及房改政策实施后，多次置业的人数不断增加，人们不再满足于一生只买一套房，购买房产的目的也不仅限于解决居所问题。现在，在投资理财的选择上，人们更将房产当作一条理财渠道，因而十分关注房产（物业）物保值、增值、租赁和流通等收益问题。这样更加突出了物业管理的重要性，同时也彰显出业主对房屋租赁、转让及价格、信息需求动态。

现在人们大都追求高品位的生活质量，需要多层次的相关服务，对特约服务的需求也呈迅速上升的趋势，这也为物业管理企业的经营创收提供了更广阔的空间。

例如，传统的家政、社区服务、贴心服务、护理服务等，以及会所经营管理、智能化信息服务等新兴的内容也成为物业经营创收的新渠道。

2. 开拓创收渠道

要想经营创收，物业经理就必须从多方开拓渠道，具体可从以下几个方面入手。

（1）成立专业化的队伍

物业管理发展的趋势之一就是专业化分工越来越细，一些物业管理企业为了降低成本，提高效率和竞争力，将一些专业工作打包对外委托服务。

例如，清洁卫生、盆栽植物的养护和更换、玻璃幕墙的清洗、电梯维保、各类设备的专业维护等。物业管理企业可以根据自身的管理特长和资源优势，成立专业化的队伍，承接其他物业管理或其他行业（如酒店业、医院、学校、政府机关及餐饮业等）的相关业务，这条经营创收渠道的前景可观。

（2）适应行业新需求

随着物业行业的发展，对相关产业也提出了新需求。这种需求分别表现在硬件和软件两个方面，具体如图8-7所示。

在硬件上表现为物业管理用品、用具、材料、加工和供应等方面（如各类IC标牌标识的制作就有很大的需求）

在软件上表现为对人员培训、人才交流、管理规范、操作程序的拟订等方面

图8-7　物业行业发展的新需求

物业管理企业如开拓这类经营渠道，既能满足行业内的需求，同时能在物业经营创收的探索中拓展出新的经济收入增长点。

（3）承接对口业务

随着城市绿化的程度越来越高，园林绿化的施工、养护的需求日益增多，物业管理企业可发挥自身的管理特长（具有相关专业的人力资源优势），组织专业队伍对外承接园林绿化施工业务。

3. 开展有偿服务

有偿服务是物业创收经营的一个重要组成部分，是对物业管理主要经营项目的重要辅助。因为，物业管理企业具有得天独厚的环境优势，又存在巨大的市场需求，经营管理得当，社会效益与经济效益将十分可观。有偿服务的内容如图8-8所示。

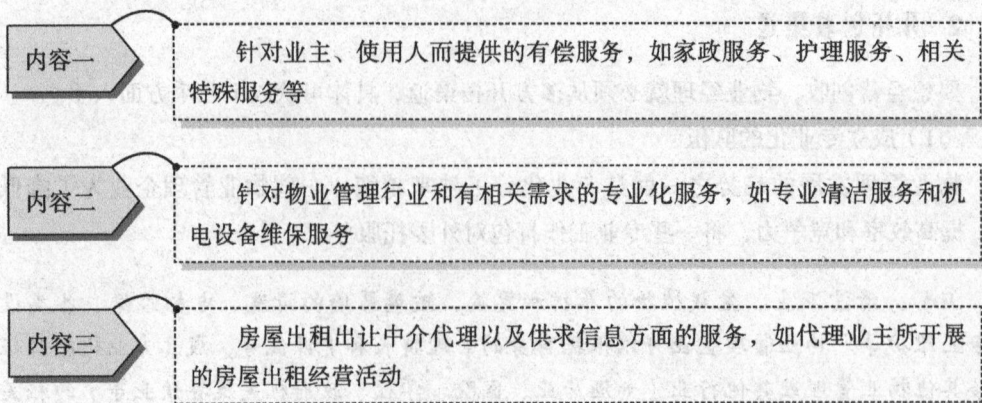

内容一　针对业主、使用人而提供的有偿服务，如家政服务、护理服务、相关特殊服务等

内容二　针对物业管理行业和有相关需求的专业化服务，如专业清洁服务和机电设备维保服务

内容三　房屋出租出让中介代理以及供求信息方面的服务，如代理业主所开展的房屋出租经营活动

| 内容四 | 为需要进行物业管理的企事业或房地产业提供专业咨询、策划和顾问服务 |

| 内容五 | 为同行业提供员工培训、操作规范的拟订等方面的有偿服务 |

| 内容六 | 对公共场地或场所开展经营活动 |

| 内容七 | 开办幼儿园、快餐店等有偿活动 |

| 内容八 | 代业主、使用人养护家用观赏植物或盆景等园林绿化服务 |

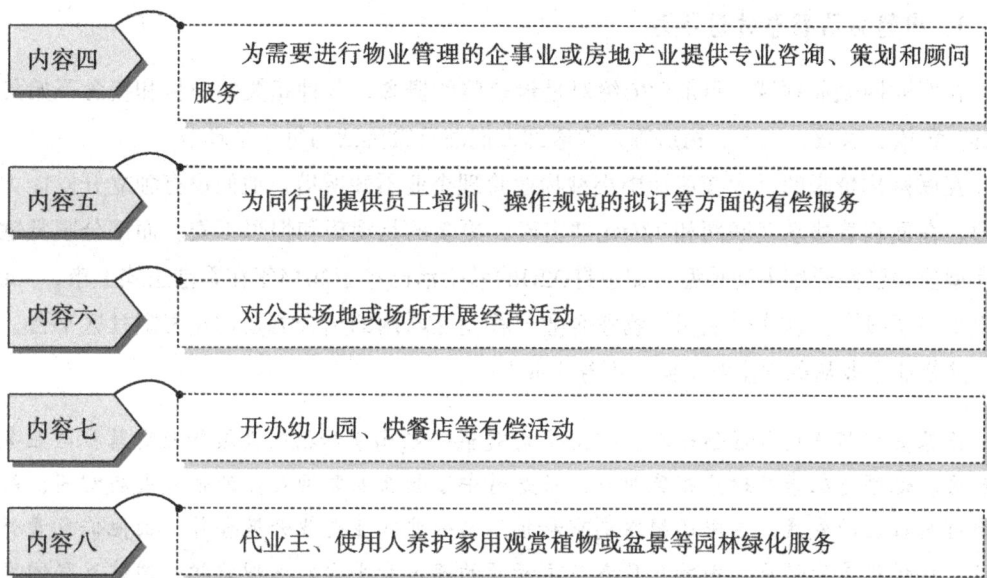

图8-8　有偿服务的内容

物业管理企业开展经营创收的成效，将密切关系到大多数物业管理企业与开发企业后续生存、发展的成败，同时也将推动一大批物业管理企业积极跻身和参与于经济市场的拼搏中。

8.6　多种经营的业务类型

基于物业管理行业本身的经营优势和特点，物业管理企业并不适宜开辟新的行业发展空间，应依靠现在的资源优势，从所服务的业主群体的需求出发，从他们身上挖掘适合物业管理企业的利润增长点。具体可经营的业务类型如图8-9所示。

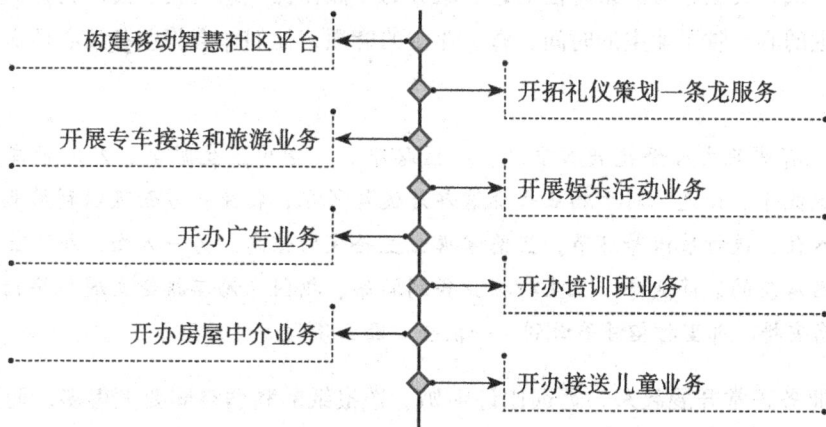

图8-9　多种经营的业务类型

145

1. 构建移动智慧社区平台

在互联网创业领域，目前O2O绝对是最热门的概念，各种相关的项目和概念开始集中爆发，餐饮、家政、汽车、租房等，渗透到人们的日常生活的每一个环节。

互联网化带来的巨大变革让中小型物业管理企业不知所措，他们没有独立开发能力和财力，在面临着移动互联网和O2O化冲击时，更多的是观望和惶恐不安。而部分嗅觉敏锐的大型公司已经开始主动转型，如主打O2O的彩生活已经于2014年在香港正式上市，360公司也参与了投资。这充分说明了物业企业与移动互联网的结合需要构建智慧社区平台，让更多的物业企业从稳固主业走向"不务正业"。

南京好邻居智慧社区创始人、CEO吴彪是最早在南京和扬州开展物业智慧社区业务的创业者。他早先从事房地产销售业务，正是看中了物业互联网业务的强大发展空间，转行从事智慧社区的发展。吴彪已经在南京和扬州与一些物业企业开展合作，由他们负责开发软件，提供供应商链条，由物业负责业主资源的建设和平台的管理维护，通过互联网发展增值业务。他们采用会员制和积分制来拉动业主的生活消费，当达到一定积分可以消费返点，年消费达到一定的数量还可以免收全部或部分物业费，同时利用平台产生的利润可以与物业共同分配和享有，以实现与物业的共同发展。

在传统物业行业里，物业管理费用的收入几乎会占到总收入的100%，但是，在接入了互联网服务平台的物业收入中，主要依靠的将是社区增值服务，包括社区生活服务、商品采购、广告投放、社区商业链构建等，将收入从一元变为多元，其利润也会大大地增加。

2. 开拓礼仪策划一条龙服务

说到物业服务中的增值服务，好多物业管理人员想到的往往是代订牛奶、代送报纸、代洗衣物等服务内容，其实这是传统的服务项目，这类服务与物业服务的主业服务一样已经变得十分透明，也已经失去了利润增长空间。物业管理企业想要得到更高的回报，必须改变思维方式，突破原有的条条框框，从服务的可操作性、系列化、便民化方面着手，只有省了业主的心、省了业主的时间、省了业主的麻烦，他们才会将业务放心地送到物业的手上。

例如，有些业主办婚礼酒席难订、小区路难通、家中卫生脏乱、外地亲友难吃住、噪音又易扰民等。但是，对于物业来说这却是优势所在，物业一方面可以利用业主购房签约、办理入住、进行装修等环节，提前掌握业主婚庆的信息；另一方面，接下业务后甚至可以从新婚房屋的装修业务、卫生打扫业务到酒席、拱门、婚车接送交通疏导指挥、亲友接送、住宿安排、邻里打招呼等做到一一俱全、面面俱到。

这类业务正常开展起来，远远比订牛奶、送报纸的利润空间要大得多，而且更容易获得业主的信任和支持，对于正常物业管理中的业主的物业费收缴也会起到最大的促进作用。

3. 开展专车接送和旅游业务

除了上述业务外，物业管理企业还可以从业主的交通、旅游、休闲等需求着眼，根据业主们的需要开展相应的业务。

例如，有些小区离市区较远，业主既要接送小孩上学又要自己上下班，肯定会出现时间差或无法顾及两头的情况。这时物业可以开展接送业务，通过小区的大巴定时接送业主，在解决业主们的困难的同时，又赚得了额外利润。

另外，随着生活水平的提高，业主们对于旅游、休闲的需求也逐渐增多，在小区内开展这类业务也有一定前景。有时候业主们在乎的不是钱的多少，而是有组织、有娱乐性、有意义的活动来放松他们的心情，物业企业的组织无疑会拉近物业与业主的距离，而且同一小区业主之间也会增进共同的友谊。

4. 开展娱乐活动业务

如今，许多业主因提前退休或其他原因在家休息，经常去茶馆、棋馆、牌馆与朋友聊天、弈棋、打牌，以消磨时光。由于许多小区没有这些娱乐场所，业主只好到公园等地去消闲，既不方便又耽搁了时间。

例如，物业管理企业可利用小区空地、空房开展茶馆、棋馆、牌馆等业务，为业主尽可能地提供娱乐方便，这样不但满足了业主的需求，物业管理企业也能增加了收益。

5. 开办广告业务

许多商家在做宣传时，绝不只关注报刊和电视电台等新闻媒体，也将物业小区的电梯、房顶等公共场所列为他们的选择目标。物业管理企业假如经过业主委员会的同意，能够将电梯、房顶和小区显眼处用作商家张贴、悬挂广告宣传画和招牌的场所，并与业主委员会合理分配收入，每月也将会有一笔不菲的收入。

6. 开办培训班业务

物业管理企业可利用暑假和寒假期间，聘请社会上有一定影响和水平的老师，在小区里开办书画、作文、英语、数理化、舞蹈培训班，为业主提供一个方便优质的学习环境，让儿童"足不出区"就能够参加培训、学习。

例如，利用小区的游泳池，聘请专业人士做教练，在暑假里举办游泳培训班，既方便业主健身，又能增加公司收入。

7. 开办房屋中介业务

房屋出租可以说是各小区都有的事情，往往是业主想出租房屋而找不到租赁户，而租房者也因找不到房主而发愁。假如物业管理企业能够为业主房屋出租提供中介服务，就能够解决这一矛盾。这样既方便了业主，又方便了租赁方，假如收费合理、服务方便，各方都能得到满足。

8. 开办接送儿童业务

现在许多业主工作都很忙，往往为小孩上学放学回家没人接送而苦恼，请专职保姆费用太高，一般家庭难以承受；不请保姆，孩子无人接送又不安全。假如物业管理企业能够利用优势，开办代理接送孩子的业务，想必会有很好的效果。

> **拓展阅读**
>
> **物业经营服务的重点项目**
>
> 物业管理企业的经营重点应侧重于物业管理服务的相关行业，特别是紧密相关的行业。因此，下面的几项经营服务可以作为重点项目，以此来实现物业管理企业的盈利。
>
> **1. 家居装修装饰行业**
>
> 随着我国城市化进程的加快，居民生活水平不断提高，家装行业发展迅猛，蕴藏着巨大的市场商机。物业管理行业与装修行业有着天然的紧密联系，参与这项服务有其天然的资源优势，具体可采取投资成立家装公司或与家装公司合作的方式进行经营。
>
> **2. 立体化停车场建设**
>
> 随着经济的发展，汽车逐渐进入各个家庭，使"立体化"停车场成为"朝阳"产业，而物业服务企业拥有庞大的客户资源，易于介入，资源、收费相对有保障。
>
> **3. 开发社区商业**
>
> 有专家提出，城市社区建设的加快，社区商业存在巨大的需求市场，但目前的社区商业配套不足，今后将会有其蓬勃发展的契机。因此，物业服务企业联合开发商，加大底商和街铺的建设，如社区购物中心、社区广场、邻里中心等，是今后物业管理中新的经营收入点。
>
> **4. 发展环保产业**
>
> 环保产业近年来受到国家的大力扶持，也是与物业管理行业联系比较紧密的行业。在生态环境日益得到重视的今天，环保社区得到消费者的青睐。以收费的形式，建立区域性污水处理站，将污水处理后作为非饮用水循环使用，无疑是一个巨大的市场。同样可以建立区域性废旧家电、电器回收中心，垃圾分类处理中心等，也可以实

（续）

现社会效益和经济效益双丰收。

5. 组建区域性物流配送中心

物流配送是生活现代化的一个重要标志，居民对这种服务需求也越来越大，物业服务企业只要在现有工作构架中增加几个环节，即可实现。

6. 为社区提供信息服务

在信息轰炸的时代，更多的商家希望进入社区进行面对面的产品宣传，尤其是家电、建筑装饰材料、生活用品等种类，物业服务企业参与为商家宣传的活动，能够更好地为住户提供便利，或者直接向业主提供其他各类生活服务信息，获取应得利益，何乐而不为？

7. 走国际化道路，开展社区旅游服务

社区旅游吸引着人们和境外游客的目光，社区观光游览、居民家中做客、品尝家常便饭、体验家庭生活（住宿）等方式中蕴藏着巨大商机。物业服务企业完全可以和旅行社合作，组织游客到社区参观或做客，使业主、游客和自身企业各自取得收益。同时，也可以和旅行社合作，组织本社区居民到其他地方旅游，并从中赚取一定的利润。

学习笔记

　　通过学习本章内容，想必您已经掌握了不少学习心得，请仔细记录下来，以便继续巩固学习。如果您在学习中遇到了一些难点，也请如实写下来，以方便今后重复学习，彻底解决这些难点。

我的学习心得

1. _____
2. _____
3. _____
4. _____
5. _____

我的学习难点

1. _____
2. _____
3. _____
4. _____
5. _____

我的运用计划

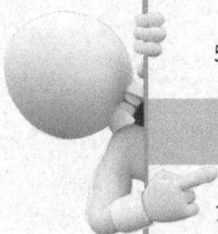

1. _____
2. _____
3. _____
4. _____
5. _____

第9章
物业收费管理

物业收费问题是当前物业管理行业中比较突出，业主和物业企业都十分关心的问题。如何规范物业收费行为，推动物业服务向市场化发展，维护物业服务双方的共同利益，是物业经理需要积极解决的问题。

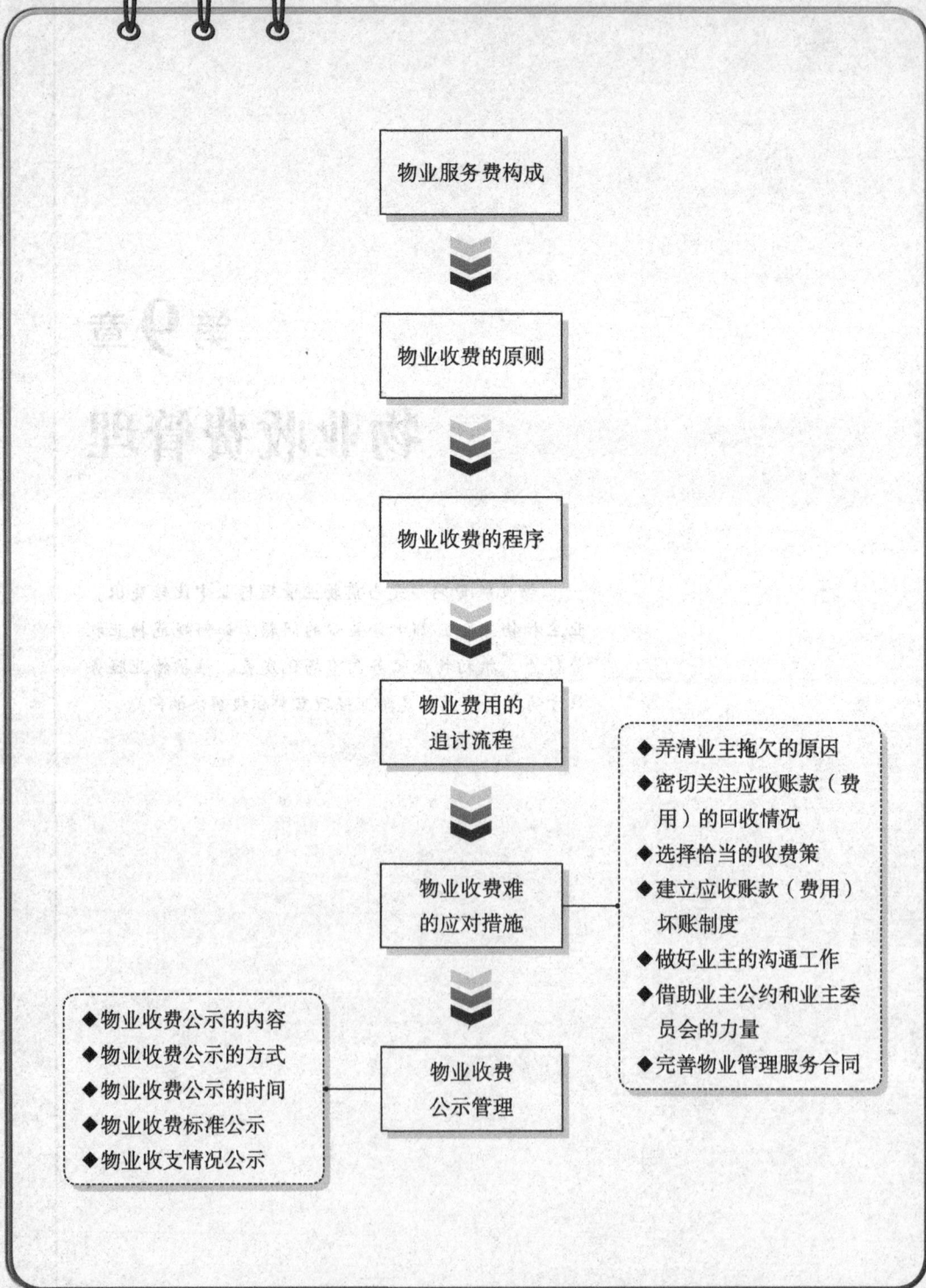

学习指引

物业服务费构成

物业收费的原则

物业收费的程序

物业费用的
追讨流程

◆弄清业主拖欠的原因
◆密切关注应收账款（费
　用）的回收情况
◆选择恰当的收费策
◆建立应收账款（费用）
　坏账制度
◆做好业主的沟通工作
◆借助业主公约和业主委
　员会的力量
◆完善物业管理服务合同

物业收费难
的应对措施

◆物业收费公示的内容
◆物业收费公示的方式
◆物业收费公示的时间
◆物业收费标准公示
◆物业收支情况公示

物业收费
公示管理

9.1 物业服务费构成

物业服务收费是指物业管理企业按照物业服务合同的约定，通过对房屋及配套的设施设备和相关场地进行维修、养护、管理，维护相关区域内的环境卫生和秩序，而向业主所收取的费用。

业主与物业管理企业可以采取包干制或酬金制等形式约定物业服务费用。

（1）包干制是指由业主向物业管理企业支付固定物业服务费用，盈余或者亏损均由物业管理企业享有或者承担的物业服务计费方式。

实行物业服务费用包干制的，物业服务费用的构成包括物业服务成本、法定税费和物业管理企业的利润。

（2）酬金制是指在预收的物业服务资金中按约定比例或者约定数额提取酬金支付给物业管理企业，其余全部用于物业服务合同约定的支出，结余或者不足均由业主享有或者承担的物业服务计费方式。

实行物业服务费用酬金制的，预收的物业服务资金包括物业服务支出和物业管理企业的酬金。

物业服务成本或者物业服务支出构成一般包括以下几部分，如图9-1所示。

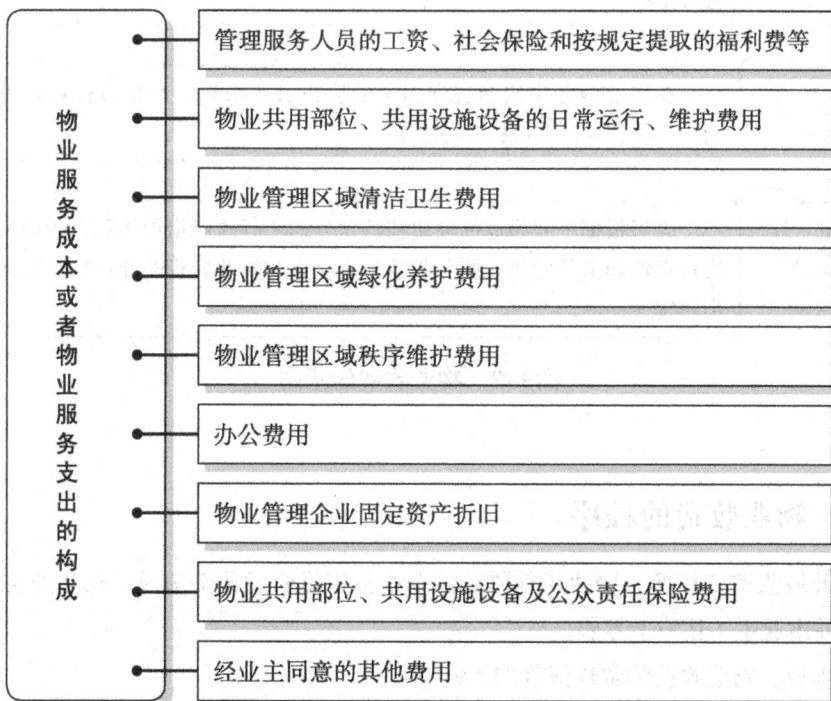

物业服务成本或者物业服务支出的构成

- 管理服务人员的工资、社会保险和按规定提取的福利费等
- 物业共用部位、共用设施设备的日常运行、维护费用
- 物业管理区域清洁卫生费用
- 物业管理区域绿化养护费用
- 物业管理区域秩序维护费用
- 办公费用
- 物业管理企业固定资产折旧
- 物业共用部位、共用设施设备及公众责任保险费用
- 经业主同意的其他费用

图9-1　物业服务成本或者物业服务支出的构成

物业共用部位、共用设施设备的大修、中修和更新、改造费用，应当通过专项维修资金予以列支，不得计入物业服务支出或者物业服务成本。

9.2 物业收费的原则

物业管理企业为业主（住户）提供的不同服务项目，其收费标准是有所不同的，有些服务项目，其收费标准是物业管理企业与业主（住户）面议洽谈而定；有些服务项目，其收费标准要按政府有关部门的规定执行。因此，在收取物业服务费时也要遵循一定的原则，具体如图9-2所示。

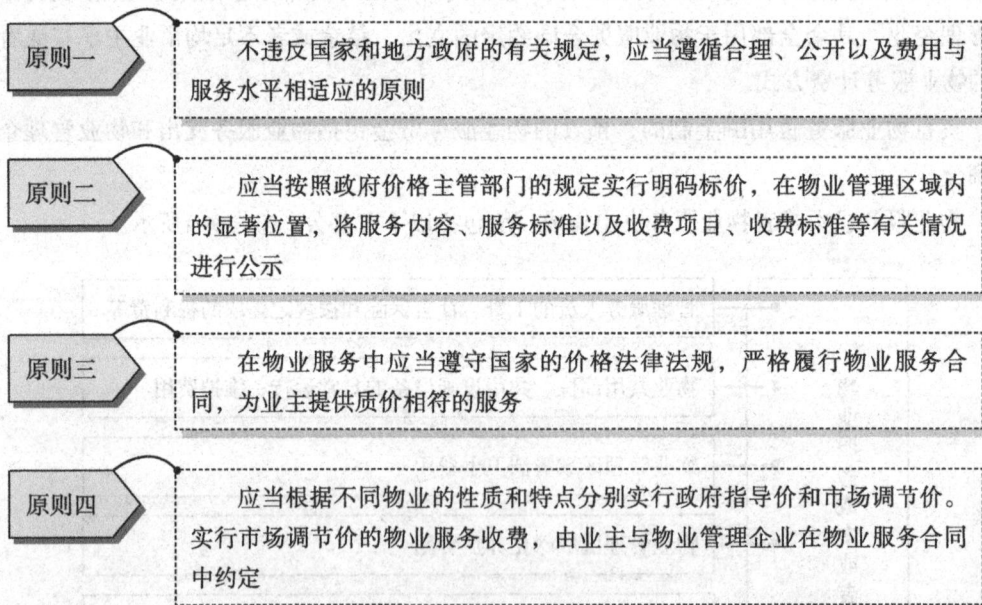

原则一　不违反国家和地方政府的有关规定，应当遵循合理、公开以及费用与服务水平相适应的原则

原则二　应当按照政府价格主管部门的规定实行明码标价，在物业管理区域内的显著位置，将服务内容、服务标准以及收费项目、收费标准等有关情况进行公示

原则三　在物业服务中应当遵守国家的价格法律法规，严格履行物业服务合同，为业主提供质价相符的服务

原则四　应当根据不同物业的性质和特点分别实行政府指导价和市场调节价。实行市场调节价的物业服务收费，由业主与物业管理企业在物业服务合同中约定

图9-2　物业收费的原则

9.3 物业收费的程序

每月开展收费工作前，物业经理要督促企业员工将收费通知单及时送达业主（住户）的手中，并由业主（住户）签收。

一般来说，物业收费的常规流程如图9-3所示。

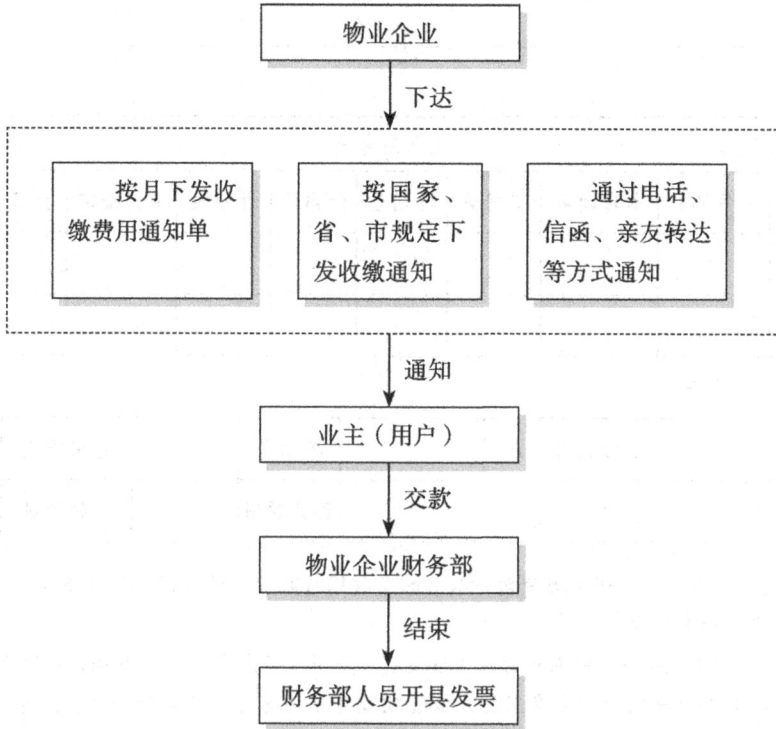

图9-3　物业收费的常规流程

下面是物业收费通知单范本，仅供参考。

范本

物业收费通知单

编号：　　　　　　　　　　　　　　　　　　打印日期：____年__月__日

大楼名称		银行名称		银行账号	
房间代码		客户名称		房间面积	
管理费及其他费用					
名称	管理费	维修基金	…	…	…
本月费用					
往月欠费					
滞纳金					

（续）

（续表）

走表类费用									
项目名称	上月读数	本月读数	实用量	计划量	计内价	计外价	本月金额	欠费	滞纳金
水费									
电费									

合计应收款小写¥：

本月交收		往月总欠款		滞纳金		费用减免	
合计应收款				已交费用		预收余额	

1. 请在本月12日前将足够金额存入您的交款银行账号，银行将于每月12日、20日对上月应缴费进行两次划款
2. 因存款不足银行托收拒纳时，管理处将从当月20日起每天收取万分之五的滞纳金
3. 逾期3个月未缴付应缴费用的，本管理处将根据有关规定采取停水、停电等措施进行追缴
4. 理处查询电话：×××××××××

9.4　物业费用的追讨流程

当上月费用被拖欠时，物业企业应在第二个月向业主（住户）发催款通知单。此单上应将上月费用连同滞纳金以及本月费用一起通知业主（住户），并经常以电话催缴。当然，在通话中要注意文明礼貌。

如果第二个月仍被拖欠，物业企业将在第三个月第二次发催款通知单，即将此前两个月的费用、滞纳金和当月费用一并通知，并限期三天内缴清。三天过后，物业企业将根据管理公约停止对其服务（停止水电供应等）。如果业主（住户）经收费员上门催缴仍然拒付，物业企业可根据管理制度以及相应的法律程序处理。物业企业可将这些条款写进管理公约中，依照法律程序去执行。

物业费用的追讨流程如图9-4所示。

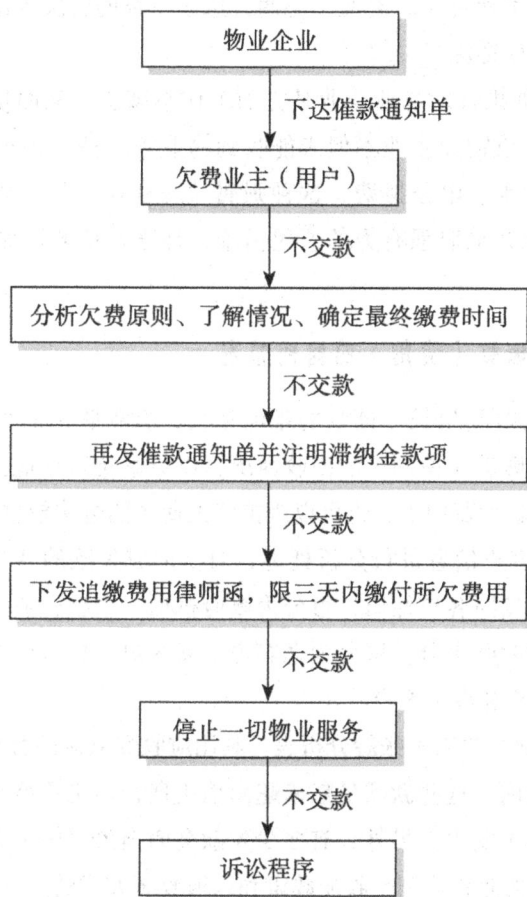

图9-4　物业费用的追讨流程

9.5　物业收费难的应对措施

物业企业在物业收费过程中经常遇到收费难的问题，因此产生的纠纷和矛盾非常多，物业经理应采取适当措施应对。

1. 弄清业主拖欠的原因

几乎所有的业主在不及时缴纳物业管理相关费用时，都会找出各种各样的理由和借口。

例如，对物业管理中的保安服务不满意，对物业企业的工作人员服务态度不满意，对保洁服务不到位有意见，公共设备、设施权属问题不明，家中东西被盗等。

当被拖欠费用时，物业经理应立即对业主所提出的各种理由进行判断，分析其拖欠的真实原因和意图。一般来说，有如下两种原因。

（1）善意拖欠。其中有一些确属物业企业方面的原因造成，称之为"善意拖欠"。对于善意拖欠，物业经理可通过及时沟通、协调，达成一致的解决办法，意在及时收回欠款的同时维护与业主的良好关系。

（2）恶意拖欠。如果针对物业企业某方面工作不满意，从而拒交所有的费用，包括水、电、气等费用，造成物业企业不但未能收到物业管理费，还要垫付业主自家所有的费用及理应由其承担的水、电公摊费，这种则属"恶意拖欠"。对于恶意拖欠，物业经理则必须给予高度重视并采取强有力的追讨措施，加强对应收账款（费用）收回情况的监督。

2. 密切关注应收账款（费用）的回收情况

一般来讲，拖欠的时间越长，催收的难度越大，款项收回的可能性越小。因此，物业经理应密切关注应收账款（费用）的回收情况，以免影响其他业主交纳相关费用的积极性。同时，积极回收账款（费用），也可以维护广大业主的合法权益。

（1）对已掌握的客户信息进行分析处理，对已形成欠款的客户进行分类，并要对重要客户进行重点关注。按照客户性质，可分为政府机构、大型企业、普通企业、个人客户等；按建立业务关系的时间来分，可分为老客户、新客户；也可以按欠款金额大小来分，分为重要客户、一般客户和零星客户。

（2）编制应收账款（费用）账龄分析表。利用应收账款账龄分析表可以了解物业企业有多少欠款尚在信用期内，这些款项虽然未超出信用期，但也不能放松管理、监督，以预防新的逾期账款（费用）发生。另外，有多少欠款会因拖欠时间太久而可能成为坏账，这些信息和分析数据都是物业企业制定收账政策和采取收账方式的重要依据。

小贴士

物业经理应对业主信用期确定为一个月或半年等。但有的业主采取年中或年末一次交款，虽然拖欠了几个月，只要在年内结清，都应视为正常。

3. 选择恰当的收费策略

对于不同拖欠时间、不同信用品质的客户欠款，物业企业应采取不同的催款方法和策略，这样往往会收到事半功倍的效果。

（1）催款方式

催款的方式一般是循序渐进的，即信函、电话联系、上门面谈、协商或者仲裁、诉诸法律。其具体方式如图9-5所示。

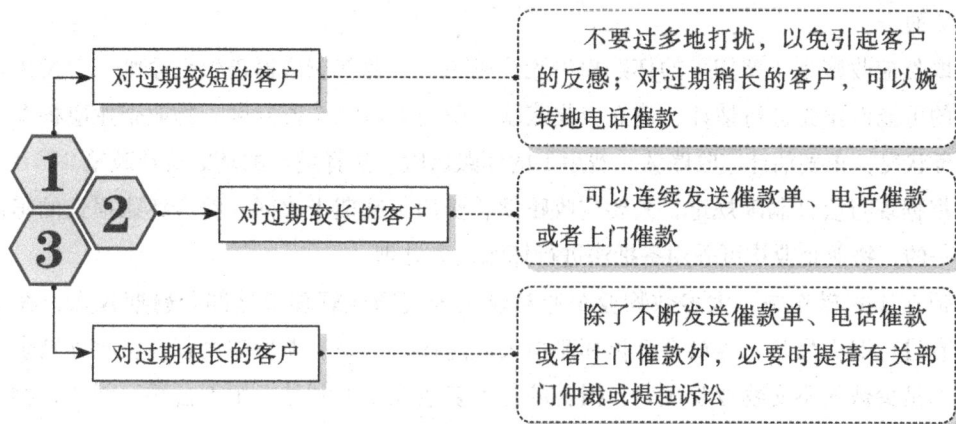

图9-5　催款方式

（2）防止超过诉讼时效

物业企业在应收账款（费用）的催收过程中，一定要想办法预防超过诉讼时效，要有意识地不造成诉讼时效的中断，以保全企业的收入。工作人员在催收欠款时，要争取收集到欠款的证据，依法使诉讼期间延后。

例如，工作人员亲自上门送催款单并请债务人（业主）签字；对部分还款的债务人（业主）应请求在发票或者收据上签字；对欠款金额比较大的债务人（业主）可以请求制订还款计划，双方在还款计划书签字确认。

（3）对欠费业主保持足够的压力

业主拖欠时间长短往往取决于物业企业收款人员的态度。大多数严重拖欠都是发生在拖欠的早期，物业企业的收款人员没有对欠费业主保持足够的收款压力。为了有效地对欠费业主保持足够的压力，应注意以下的几项要点，如图9-6所示。

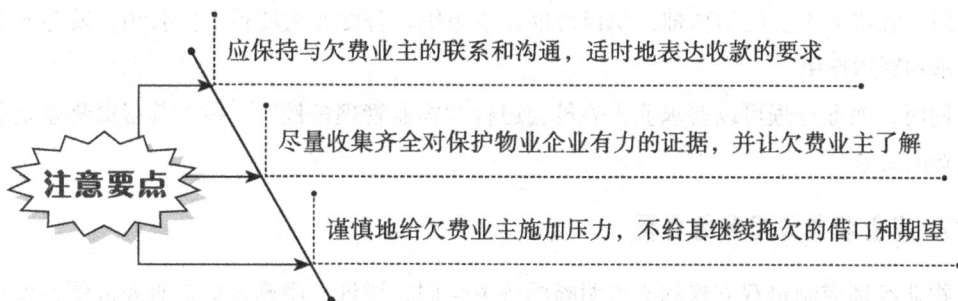

图9-6　对欠费业主施加压力的注意要点

4. 建立应收账款（费用）坏账制度

无论物业企业采取什么样的信用政策，只要存在商业信用行为，发生坏账损失总是不可避免的。

既然应收账款（费用）的坏账损失无法避免，企业就应遵循谨慎性原则，对发生坏账损失的可能性预先进行估计，建立应收账款（费用）坏账准备制度。物业企业应根据业主的财务状况，正确估计应收账款（费用）的坏账风险，选择适当的坏账会计政策。

根据现行会计制度规定，只要应收账款（费用）逾期未收回，符合坏账损失的确认标准之一的，物业企业均可采用备抵法进行坏账损失处理。

但在实际操作中，大多数物业企业对业主未交物业管理费这部分逾期收入，在当期都没有进行账面反映，也没有计提坏账损失。这样，一是当期反映的管理费收支结余不真实；二是少数人不交物业管理费，损害的是大多数业主的利益，很不公平。因此，物业企业应如实反映物业管理费的收入，对逾期未交的管理费不仅不要反映为收入，符合坏账损失确认标准的还要在当期计提坏账损失，真实反映该项目物业管理费的收支结余情况。

5. 做好业主的沟通工作

业主欠费各有原因，物业经理应多走访欠费业主，深入了解情况，有针对性地多做说服沟通工作。对那些不了解情况、不理解收费道理、不明白收费用场、误解物业企业的欠费业主，经过解释说服，大多数都能改变态度。

热情、周到、真诚是有效开展物业管理各项服务工作的前提条件。作为物业经理，应时刻保持与业主的良好沟通，了解业主的需要，及时发现各种潜在的问题，并把它消灭在萌芽状态。

6. 借助业主公约和业主委员会的力量

物业经理在走访业主的同时，还要借助业主公约和业主委员会的力量。业主公约是由业主共同制定的有关物业的共有部分和共同事务管理的协议，对全体业主具有约束力。

按时依约交费是业主公约规定的每个业主的应尽义务。物业企业应充分重视业主公约的作用，宣讲业主公约的精神，积极协助业主组织，督促业主履行业主公约，发挥业主公约的基础制约作用。

同时，物业经理可以要求业主委员会履行"物业管理条例"，赋予其帮助物业企业追讨欠费的义务。

7. 完善物业管理服务合同

物业经理应制定双方权利义务明晰的服务合同，详细、明确地约定服务范围、项目、标准与收费方式及违约处罚办法等，为后期减少纠纷、解决纠纷打下良好的基础。这也是在许多外在条件不具备的情况下，物业企业与业主在解决相关问题方面可以着重依赖的途径。

> 拓展阅读 <

催缴物业费说辞

物业企业在向业主（用户）催缴物业费时，为了服务的规范，可参考下面的说辞来开展工作。

第一步

××先生/女士，您好，我是××物业服务中××，不好决思打扰您了。由于物业费都是预交的，而您现在已经超期未交了，今天我按到公司的电话，称财务系统自动生成了_____至_____时间内末缴物业费的名单，其中您的名字在其中，所以我友情提示一下，近期公司准备拟物业费催缴函。

您一直都很支持我们的工作，希望您有时间来物业服务中心缴纳物业费，您如果没有时间，我们也可以上门收取。您看本周或下周几比较方便？我过去一趟？

第二步

××先生/女土，您好，我是××物业服务中心××，不好意思打扰您了。今天我接到公司的消息，说已经在拟物业费催缴函了，准备近期发出去了，把这个俏息传达给您。像您这样的业主，对我们服务中心的工作也都很支持和配合的。希望您近期有空来缴纳物业费，如果您工作繁忙，我们约个时间上门也可以，感谢您配合我们的工作。

第三步

××先生/女士，您好，我是××物业服务中心××，打扰您了。关于物业催缴函听公司相关部门称已经发出去了，您这几天就有可能会收到了，请注意查收。其实作为我，物业服务中心的服务人员觉得这些真的没有必要，也不是什么大不了的事情，您只要把物业费缴纳一下就可以了，不必要这么大费周章，您觉得呢，近期您的工作比较忙吧，那我们约定个时间，上门收取一下，您看呢？

第四步

××先生/女士，您好，我是××物业服务中心××，打扰您了。关于物业函的事情，跟您打个招呼，那个函不是我们服务中心发的，是通过公司后台系统直接生成发出的。

像您这样的客户，一直都很支持我们服务中心工作的，而且像您这样有身份的人，也不在乎这些费用。所以希望您不要太介意，估计您已经收到物业费催缴通知函了吧，上面注明了_____，也希望您有有空来物业服务中心缴纳一下物业费，或者我晚上到您那去，您看是明天或者后天呢？

9.6 物业收费公示管理

物业管理费的收取事关所有业主的切身利益，因此，物业经理必须根据国家规定将各种收费标准及时公布出来，以便业主了解自己被收取了哪些费用，让业主充分享受到对物业服务的知情权和控制权。

1. 物业收费公示的内容

相关法规规定，所有物业服务企业均应将服务内容、服务标准、收费标准、收费依据、岗位设置、报修电话等信息，在住宅小区醒目位置进行公示，主动接受业主及相关部门的监督。

> **小贴士**
>
> 如果业主发现小区物业企业未将收费标准等公示，可向区行政主管部门投诉予以纠正。

2. 物业收费公示的方式

物业服务收费实行明码标价制度，物业管理企业应当在物业管理区域内的显著位置，将物业服务企业名称、收费对象、服务内容和标准、计费方式、计费起始时间、收费项目和标准、价格管理形式、收费依据、价格举报电话等有关情况进行长期公示，接受业主、住用人和价格主管部门的监督。

3. 物业收费公示的时间

物业服务企业应当在每年3月底前在物业管理区域内的醒目位置公布管理区域内上一年度的相关物业经费收取、使用等情况，接受业主监督。且公示时间不得少于10天，并将公示材料送业主委员会（未成立业主委员会的送社区居委会）。

4. 物业收费标准公示

物业收费标准随着物价等因素的影响而发生改变，物业经理要及时将变动的物业收费标准公布出来，避免在业主毫不知情的情况下收费。

下面是××物业企业针对维修服务收费标准公示范本，仅供参考。

范本

<table>
<tr><td colspan="5" align="center">××物业维修服务收费标准</td></tr>
<tr><td colspan="5">收费单位名称：××物业管理有限公司</td></tr>
<tr><td colspan="5">价格投诉电话：×××× 住建局投诉电话：××× 公司联系电话：××××××××</td></tr>
<tr><td>序号</td><td>服务项目</td><td>实际收费标准
计价方式</td><td>备注</td><td>价格管理形式</td></tr>
<tr><td>1</td><td>安装热水器</td><td>30元／台</td><td>材料费另计</td><td rowspan="22">市场调节价</td></tr>
<tr><td>2</td><td>安装抽油烟机</td><td>25元／台</td><td></td></tr>
<tr><td>3</td><td>换窗胶连</td><td>40元／两支</td><td>包材料</td></tr>
<tr><td>4</td><td>换5毫米玻璃</td><td>15～20元／平米</td><td></td></tr>
<tr><td>5</td><td>安装防盗门门铃</td><td>10元／个</td><td></td></tr>
<tr><td>6</td><td>更换室内对讲机</td><td>75～85元／台</td><td></td></tr>
<tr><td>7</td><td>室内对讲机检修</td><td>10元／台</td><td></td></tr>
<tr><td>8</td><td>维修门窗插销、滑轮等小件</td><td>10元／个</td><td></td></tr>
<tr><td>9</td><td>安装普通球形锁</td><td>15元／把</td><td></td></tr>
<tr><td>10</td><td>换信箱锁</td><td>5元／把</td><td></td></tr>
<tr><td>11</td><td>焊防盗锁</td><td>20元／把</td><td></td></tr>
<tr><td>12</td><td>安装窗帘拉杆</td><td>10元／个</td><td></td></tr>
<tr><td>13</td><td>玻璃开孔</td><td>15～20元／个</td><td></td></tr>
<tr><td>14</td><td>疏通室内管道</td><td>15～30元／次</td><td></td></tr>
<tr><td>15</td><td>疏通马桶</td><td>15～40元／次</td><td></td></tr>
<tr><td>16</td><td>安装龙头角阀</td><td>5～10元／个</td><td></td></tr>
<tr><td>17</td><td>更换软管</td><td>5元／条</td><td></td></tr>
<tr><td>18</td><td>安装马桶水箱配件</td><td>10～15元／套</td><td></td></tr>
<tr><td>19</td><td>换自来水总阀门</td><td>15元／个</td><td></td></tr>
<tr><td>20</td><td>换水表</td><td>15元／个</td><td></td></tr>
<tr><td>21</td><td>换高档水龙头</td><td>15元／个</td><td>材料费另计</td></tr>
<tr><td>22</td><td>室内下水道修补</td><td>10～20元／次</td><td></td></tr>
</table>

（续）

（续表）

序号	服务项目	实际收费标准 计价方式	备注	价格管理形式
23	更换给水管	30～40元／米		
24	更换排水管	50～60元／米		
25	安装平蹲马桶	60～70元／个		
26	安装洗脸盆	30～60元／个		
27	贴150×150×5瓷砖	50元／平方米		
28	贴普通地砖	30元／平方米		
29	安装洗碗机、消毒柜	30元／台		
30	换灯泡、光管	5元／个		
31	换电闸开关、整流器	10～15元／个		市场调节价
32	换插座、灯开关圆形灯罩	10元／个		
33	换高档调节灯饰整流器	50元／个		
34	安装日光灯、吊灯	15～25元／套		
35	安装高档玻璃吊灯	80元／套		
36	查线换线	20元／小时		
37	安装空调排水管	5元／米		
38	安装PVC排水管	15元／米		

说明：本标价牌所列服务项目由业主（用户）自愿选择，收费标准在服务前告知；本标价牌未列明项目，由供需双方协商服务内容和价格。

5. 物业收支情况公示

物业经理应将企业的管理费收费及支出公布出来，以便业主及时了解。一般来说，收支情况每个季度公布一次。

下面是××物业公司专项维修资金收支情况表的范本，仅供参考。

范本

××物业公司2015年第一季度专项维修资金收支情况公布表

编报单位：××物业管理有限公司

单位：人民币元

项目		收支金额	备　注
期初结余		122 941.10	
收入情况	应收专用资金	18 140.60	2015年1～3月应收17.058.3元，2014年12月底止欠收1082.3元
	实收专用资金	17 022.10	
	2015年3月底欠收款	1 118.50	详见欠费表
收入合计		139 963.20	
支出情况	无		
支出合计		0.00	
2015年3月31日结余		139 963.20	

业委会主任：　　　　　　物业经理：　　　　　　制表人：

　　　　　　　　　　　　　　　　　　　　　　　＿＿＿年＿月＿日

学习笔记

通过学习本章内容，想必您已经掌握了不少学习心得，请仔细记录下来，以便继续巩固学习。如果您在学习中遇到了一些难点，也请如实写下来，以方便今后重复学习，彻底解决这些难点。

我的学习心得

1. _____
2. _____
3. _____
4. _____
5. _____

我的学习难点

1. _____
2. _____
3. _____
4. _____
5. _____

我的运用计划

1. _____
2. _____
3. _____
4. _____
5. _____

第10章
客户服务管理

作为物业管理企业，应将"诚信为本，热情服务"作为员工共同遵守的企业服务理念，以客户为中心，使客户满意，并不断提高客户满意度，为客户提供最全面、最及时、最周到、最安全、最优秀的客户服务，从而有效地发挥物业的最大价值。

学习指引

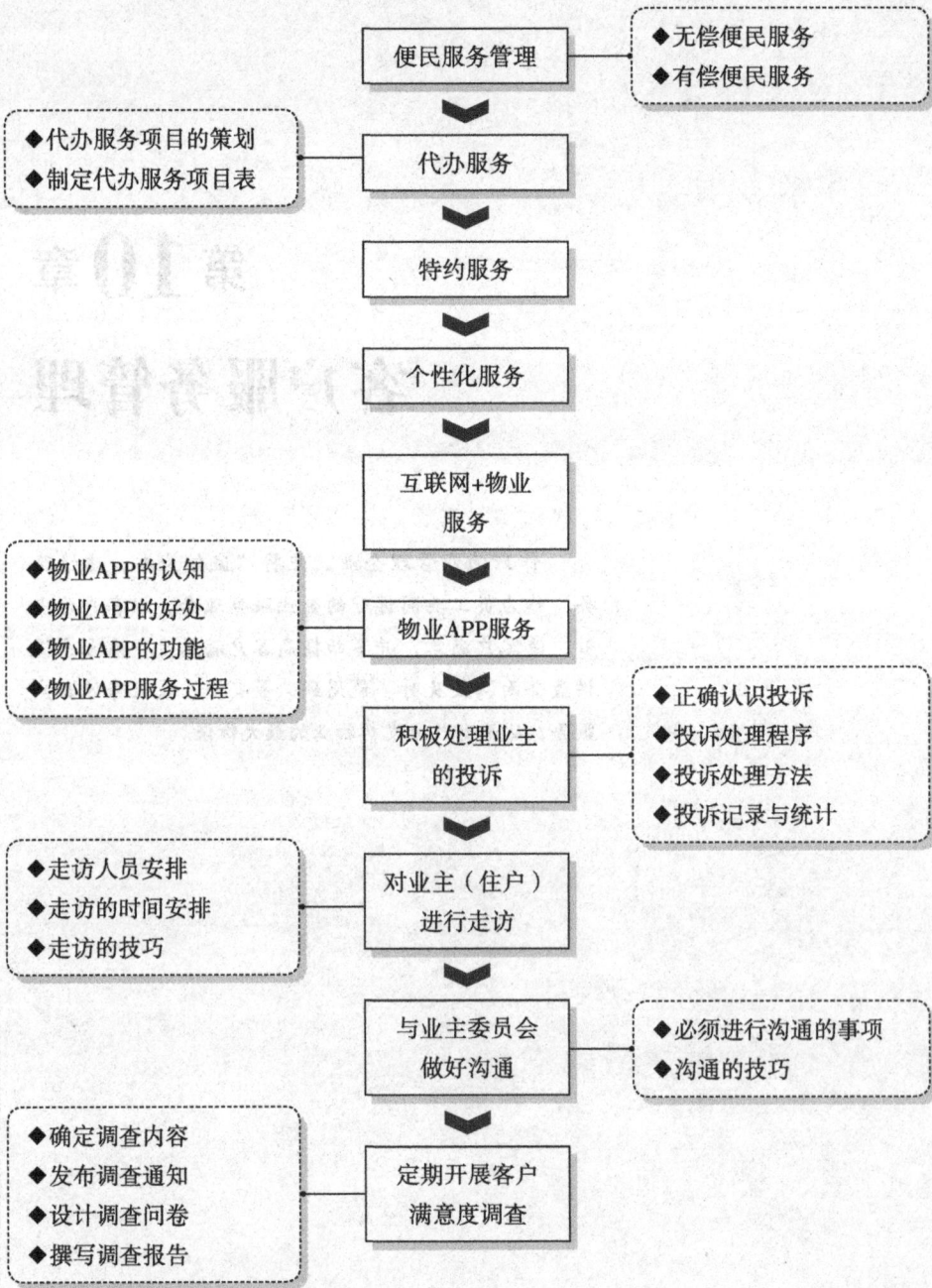

◆代办服务项目的策划
◆制定代办服务项目表

便民服务管理 ──── ◆无偿便民服务
　　　　　　　　　　◆有偿便民服务

代办服务

特约服务

个性化服务

互联网+物业
服务

◆物业APP的认知
◆物业APP的好处
◆物业APP的功能
◆物业APP服务过程

物业APP服务

积极处理业主
的投诉 ──── ◆正确认识投诉
　　　　　　　◆投诉处理程序
　　　　　　　◆投诉处理方法
　　　　　　　◆投诉记录与统计

◆走访人员安排
◆走访的时间安排
◆走访的技巧

对业主（住户）
进行走访

与业主委员会
做好沟通 ──── ◆必须进行沟通的事项
　　　　　　　◆沟通的技巧

◆确定调查内容
◆发布调查通知
◆设计调查问卷
◆撰写调查报告

定期开展客户
满意度调查

10.1 便民服务管理

便民服务项目一般分为无偿便民服务项目和有偿服务项目，应区别对待。

1. 无偿便民服务

无偿便民服务内容如表10-1所示。

表10-1 无偿便民服务内容

项目内容	责任部门	协作单位
设置便民工具箱	保安部	
设置应急医药箱	保安部	
设置便民伞	保安部	
借用打气筒	保安部	
借用病残专用车	保安部	
搬运家具或重物	保安部	
残疾人士特别服务	保安部	
代收、代寄普通邮件	保安部	
代呼出租汽车	保安部	
代为泊车	保安部	
代为保管小件物品	保安部	
代订牛奶	客户服务中心	
电话留言服务	客户服务中心	
家居装修咨询	设备部	
家居绿化咨询	绿化部	
小区内代购、代送礼品、鲜花	客户服务中心	

2. 有偿便民服务

有偿便民服务内容如表10-2所示。

表10-2　有偿便民服务内容

类别	序号	项目内容	责任部门	协作单位
商业网点	1	小型超市	客户服务中心	
商业网点	2	快餐店	客户服务中心	
	3	理发店	客户服务中心	
	4	洗衣店	客户服务中心	
	5	咖啡屋	客户服务中心	
商务服务	1	电话	客户服务中心	
	2	传真	客户服务中心	
	3	电子邮件	客户服务中心	
	4	打字	客户服务中心	
	5	复印	客户服务中心	
	6	版面设计	客户服务中心	
礼仪服务	1	迎送宾客	客户服务中心	
	2	会务接待	客户服务中心	
	3	配送鲜花	客户服务中心	
健康服务	1	建立业主（住户）健康档案	客户服务中心	
	2	设立家庭病床	客户服务中心	
	3	量血压、测身高、测体重	客户服务中心	
	4	定期健康咨询	客户服务中心	
室内维修	1	安装电子防盗门	工程维修部	
	2	安装吊灯	工程维修部	
	3	安装洗手盆	工程维修部	
	4	安装坐厕	工程维修部	
	5	安装脱排油烟机	工程维修部	
	6	安装分体式空调	工程维修部	
	7	安装窗式空调	工程维修部	
	8	安装热水器	工程维修部	
	9	安装音响	工程维修部	
	10	安装橱柜	工程维修部	

类别	序号	项目内容	责任部门	协作单位
室内维修	11	家用电器检查、小修	工程维修部	
	12	换门锁（材料自备）	工程维修部	
	13	更换、检修开关、插座	工程维修部	
	14	空调保养、加氟利昂	工程维修部	
	15	配钥匙	工程维修部	
	16	查线、换线	工程维修部	
	17	换镇流器	工程维修部	
	18	木门维修	工程维修部	
	19	清洗排风扇	工程维修部	
	20	清洗抽油烟机	工程维修部	
	21	清洗空调过滤网	工程维修部	
	22	铺贴普通地砖	工程维修部	
	23	修理、更换电表、水表等（不含材料）	工程维修部	
	24	修理家具配件（不含材料）	工程维修部	
	25	修理、更换水阀、水龙头、各类软管等（不含材料）	工程维修部	
	26	修理洗脸盆、洗菜盆下水管、马桶浮球（不含材料）	工程维修部	
	27	修理窗帘、拉窗等（不含材料）	工程维修部	
	28	疏通下水管道（主管）	工程维修部	
	29	疏通下水管道（支管）	工程维修部	

10.2 代办服务

代办服务主要是物业企业为业主（住户）提供的各项代办服务，目的在于更好地服务于业主（住户）。

1. 代办服务项目的策划

物业经理经过广泛的调研之后，应将收集到的资料整理、归类，结合本区域、本小区的实际情况进行综合分析，寻找可以开展的代办服务项目、策划责任部门和落实代办单位，具体内容如图10-1所示。

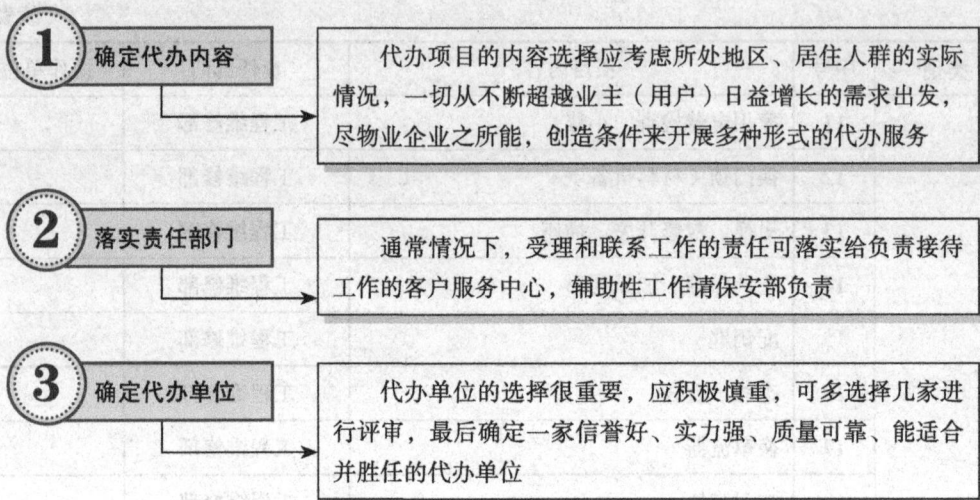

图10-1　代办服务项目策划

2. 制定代办服务项目表

代办服务项目表应将项目内容、责任部门、代办单位等信息填入，具体内容如表10-3所示。

表10-3　代办服务项目

项目内容	责任部门	代办单位
代办报纸、杂志订购手续	客户服务中心	邮政局
代付公用事业费，包括：水、电、气、电话	客户服务中心	
代送信件、传真、公文	客户服务中心	快递公司
代办物业财产保险，包括：房产保险、汽车保险等	客户服务中心	保险公司
代办人寿保险	客户服务中心	保险公司
代办餐务服务，包括：提供送饭、送菜、送生日蛋糕、送牛奶、送食品上门服务	保安部	餐饮/食品店
代为聘请、联系钟点工、保姆、家庭教师	客户服务中心	居委会/家政公司
代办票务服务，包括：代订车、船、机票	客户服务中心	票务公司
代办假日旅游手续	客户服务中心	旅行社
代办各种礼仪活动、喜事庆典、摄像服务等联系事宜	客户服务中心	礼仪公司
代办安装天然气手续	保安部	天然气公司
代办申请电话安装手续	保安部	电信局
代办户口申报和房产证	保安部	派出所/房产办

（续表）

项目内容	责任部门	代办单位
代理物业租赁转让	客户服务中心	中介公司
代看管、打扫空置房	保洁部	
代装空调、淋浴器、防盗装置、晒衣架	工程维修部	安装公司
代办保健俱乐部入会手续	客户服务中心	健身俱乐部
代购蒸馏水	保安部	纯水公司
代购礼品、代办礼品递送	客户服务中心	礼品店

10.3 特约服务

特约服务是针对个别业主（住户）提供的服务，是便民服务的一个完善与补充。特约服务项目内容具体如表10-4所示。

表10-4 特约服务项目

项目内容	责任部门	协办单位
委托代管房屋服务	客户服务中心	
委托上门清洁服务	保洁班	
委托上门维修服务	工程维修部	
委托上门保安服务	保安部	
委托上门绿化服务	绿化班	
委托照看病人、老人、儿童服务	客户服务中心	
委托代接送儿童入学、入托服务	保安部	
委托装修监理服务	工程维修部	
委托文秘及其他相关商务服务	客户服务中心	
委托清理建筑垃圾	保洁班	

10.4 个性化服务

面对不断变化的市场需求和技术的发展进步，物业管理企业应不断地在物业服务中融合新的技术。当品质逐渐成为楼市竞争中强有力的筹码时，物业之间的竞争也随之日益加剧。为了适应这种竞争环境，物业管理企业应有自己的个性化服务。

例如，北京星河湾社区建成已有10年之久，星河湾交房小区入住率非常高，这在高端市场上很是罕见。星河湾能够成为"第一居所",其提供的物业服务功不可没。

星河湾物业在每个单元楼入户大堂都设置了片区物业管家,通过公告栏及微信平台公示物业管家的姓名、服务内容、服务监督电话和相片,为业主提供24小时连线服务。

在传统物业的基础上,星河湾更多的是给业主提供管家式的服务。每一栋楼里都有固定的客服管家,一是接受预约,提供"一站式"服务,如咨询解答、业户证件办理、装修申请受理、房屋维修管理、投诉或建议受理等;二是代办各项特约服务,如房屋清洁服务、钥匙托管服务、代叫出租车服务、代收信件包裹、搬家、洗衣、开锁等。这些个性化的特约服务全部都是免费的,像每天上下午两趟接送业主家中的老年人去周边商场、超市购物,送报上门,为业主托管钥匙,浇花养鱼,开放的泳池等。

10.5 互联网+物业服务

为了适应经济发展的新常态,物业管理行业转型升级势在必行,而"互联网+物业"则是行业转型升级的重要路径之一。作为物业管理企业,应积极适应经济发展的新常态,准确把握市场机遇和时代发展的脉络,将移动互联网技术应用到物业管理当中,对传统物业管理手段进行革新,提升物业服务效率和业主满意度,打造一个"互联网+"背景下的行业全新时代。

> **拓展阅读**
>
> ### 互联网+物业将成为未来新常态
>
> 来自物管企业的"互联网+"案例正在不断涌现。2015年6月,成都市一家名叫联创未来的科技公司推出一款物业服务"爱享APP",这是成都本土11家中小物管企业联合打造的一款产品,10月16日起正式在成都市区12个小区推广。
>
> 打开这款APP可以看到,其功能完全颠覆了传统物业的服务模式。每位业主只要通过APP,就可以轻松了解到小区的最新信息和公告,可以随时报修、提建议、投诉,也可以随时购买桶装水和粮油米面等生活品,并获得上门配送服务,还能找到家政、洗衣、外卖、购物、旅游等其他日常服务内容,并能实现线上下单甚至支付,能极大地方便小区住户。
>
> 例如,发现社区里有健身设施故障,可立即拍照发送给APP里的投诉通道,10分钟左右物业工作人员就已经到场处理。以前遇到任何问题必须打电话给物管,有时会遇到电话占线,而现在APP让业主更有参与感,还能看到物管的回复和处理过程,多了一层监督的意味。
>
> 长期以来,物业管理行业都被贴上了"高成本低利润""劳动密集型"等传统服务业的标签。但是近几年来,随着类似爱享APP的科技产品大量涌现,传统物业的固有印象也在慢慢改观,许多品牌行业进行卓有成效的实践。
>
> 未来物业管理行业应该如何发展?将移动互联网技术应用到物业管理当中,是未

（续）

来发展的大趋势，更应该成为现代物业服务业发展的新常态。在物业管理小区，互联网恰恰具有在资源配置中的优化和集成作用，物业服务企业应当运用移动互联网思维来提升服务效率和品质，构建合理的商业模式，让业主、物业、商家各方面分享包括互联网在内的现代科技发展成果。

应为业主提供有价值的服务，互联网+物业带来的不仅仅是传统物业管理手段的革新和物业服务效率的提升，更将带给业主全新的体验，以及物业服务以外其他服务需求的最大限度满足，业主的生活方式也将更加科技、便捷。

现有诸多物业管理企业正瞄准以互联网、云计算、物联网等高新技术为基础的现代物业管理新模式，一方面提升传统的物业管理模式；另一方面整合社区、业主资源开展社区O2O服务，将线上和线下进行完美结合，使物业服务真正进入业主生活圈。

在"互联网+"时代，物业行业有条件，也有能力为业主提供更丰富的社区增值服务。物业企业应以开放、包容的心态对待物业与"互联网+"融合的各种探索和创新，为业主提供有价值的服务，使物业服务更简单、更有价值。

10.6 物业APP服务

随着移动互联网的迅速崛起，社区物业服务开始试水新模式，物业APP也应运而生。通过APP这个平台，可以把物业管理企业的服务、投诉等业务都整合到一起，把物业管理企业的整体运作公开透明化。

在未来的发展趋势中，社区物业APP制作将成为地产、物业企业的增值项目之一。这种基于应用的运营管理模式，不仅能为业主带来更加便利的生活，也能给物业带来新的盈利增长点。

1. 物业APP的认知

APP是Application的缩写，俗称客户端。一开始只是作为一种第三方应用的合作形式参与到互联网商业活动中去的，之后随着互联网越来越开放化，以及智能手机的流行，APP成为了最流行的第三方应用程序。

物业APP是一个手机平台，以物业管理企业为中心将业主、物业服务、社区商户整合在一起，通过物业管理企业的组织协调，最终完成生活消费"最后一公里"服务。

2. 物业APP的好处

物业APP的使用迎合了智能终端时代的消费需求，为传统的物业管理换上了智能的外装，带给业主的是一种全新的体验，改变长久以来物业就是打扫卫生、修理水龙头的思维观念，让物业也可以"高大上"。

（1）使用APP对员工的好处

对员工来说，APP的应用具有以下几项好处，如图10-2所示。

业主直接描述问题并拍照，问题清楚明了，不用通过客服转述

业主信息直接反映在工单上，方便员工直接联系业主

物业APP对员工的好处

不必为来往于客服前台和业主家中而头疼，可以提高工作效率

自己做的每一件事付出的每一滴汗水都被记录下来，工作得到认可

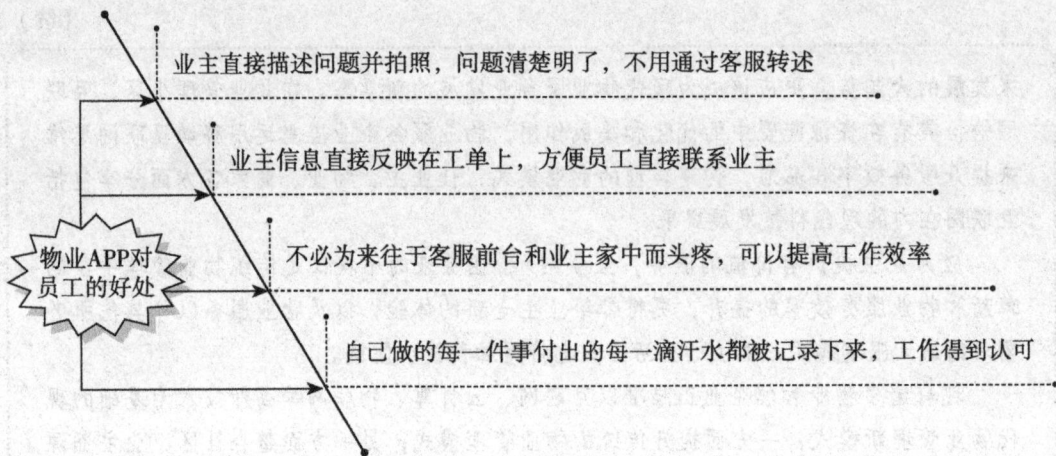

图10-2　物业APP对员工的好处

（2）物业APP对业主的好处

对业主来说，APP的应用具有以下几项好处，如图10-3所示。

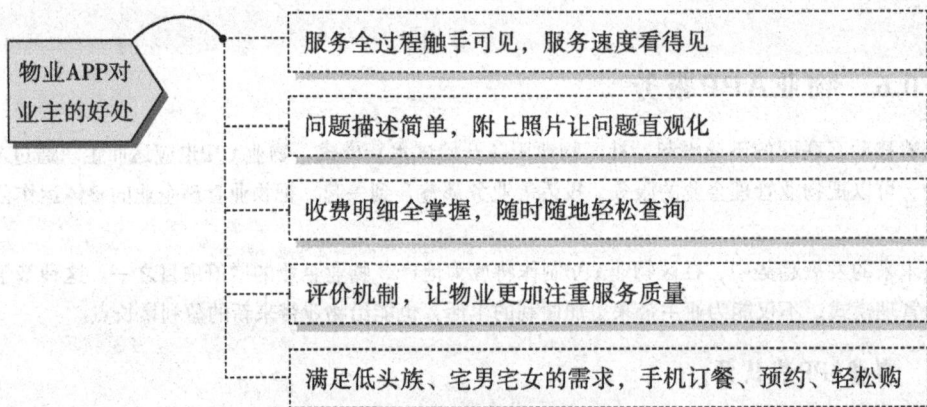

物业APP对业主的好处

服务全过程触手可见，服务速度看得见

问题描述简单，附上照片让问题直观化

收费明细全掌握，随时随地轻松查询

评价机制，让物业更加注重服务质量

满足低头族、宅男宅女的需求，手机订餐、预约、轻松购

图10-3　APP对业主的好处

（3）物业APP对企业的好处

对企业来说，APP的应用具有以下几项好处，如图10-4所示。

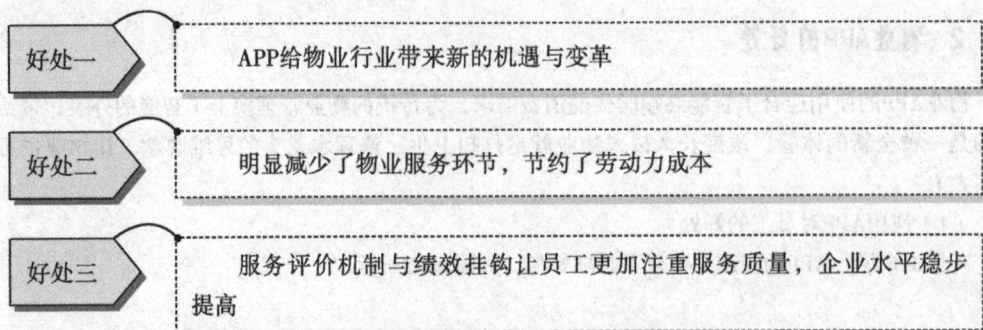

好处一　APP给物业行业带来新的机遇与变革

好处二　明显减少了物业服务环节，节约了劳动力成本

好处三　服务评价机制与绩效挂钩让员工更加注重服务质量，企业水平稳步提高

好处四　带来了公平、公正、公开的绩效考评体系，员工的抱怨牢骚少了，工作积极性提高了

好处五　服务过程更加贴合业主生活，业主口碑提升了

好处六　团购、广告、增值服务等为企业带来新的利润增长点

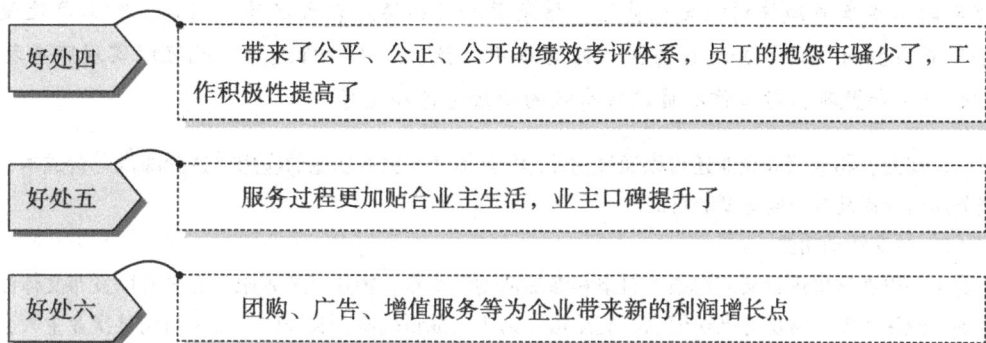

图10-4　物业APP对企业的好处

小贴士

物业企业想要依靠APP做好社区服务并实现盈利，必须做好最基本的物业服务，并加强服务黏性。只有这样才能发展增值服务，赢得业主信任。

3. 物业APP的功能

由于APP具有多种功能，因此它的应用对物业管理企业和业主来说都非常方便，总体来说，物业APP具有三大功能，如图10-5所示。

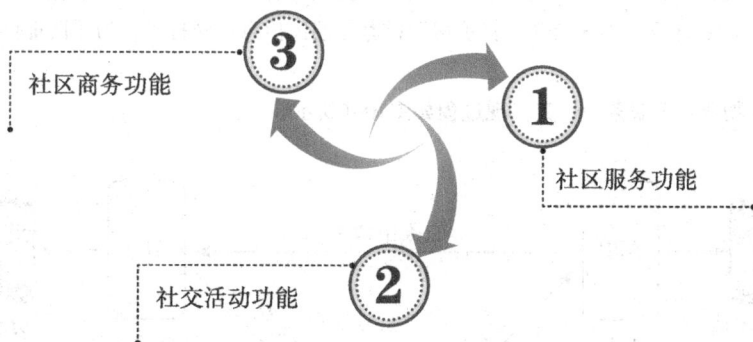

社区商务功能　③

社区服务功能　①

社交活动功能　②

图10-5　物业APP的功能

（1）社区服务功能

在传统的物业服务模式下，社区内部业主与物业沟通渠道单一、效率低、信息量小，造成物业服务人员处理业主反馈不够及时，不符合现代社会人们对信息交流的要求。如今，这些问题在物业APP的帮助下能够很好地被解决。

例如，物业服务客服中心可以集中发布停水停电、小区设施维修等物业服务信息，用户预约服务或投诉建议可以附上文字说明及现场图片等信息，且能快速到达客服中心并形

成相应的工单或通知转到相关人员处，信息量和传达速度大大提升。例如，对工单处理的每个节点设置时间记录并进行监控，同时给用户预留服务评价选择，就可以实现服务指标的量化评价和监测，对工作人员进行有效的绩效考评和监督。

不仅如此，物业服务企业还可以通过物业APP其他社区服务功能的应用，达到降低运营成本、提升服务品质、提高客户满意度的目的。

（2）社交活动功能

业主可以在这里进行交流沟通、召集和参加活动等操作；物业服务客服中心也可以发布文体活动及团购、健康和安全常识等推送信息；甚至可以组织完成精确身份验证的对象参与到某次业主大会组织的投票或者其他调查中，无论你身处何处。

这项功能既给业主提供了一个沟通交流的平台，有助于拉近业主邻里之间的距离，营造和谐的社区氛围，物业服务企业也能给业主提供更多、更及时的服务资讯，让双方的关系更加融洽。

（3）社区商务功能

这是一项承载着物业服务企业开拓经营渠道，实现创收的重要功能。物业服务企业做好社区服务和社区活动等物业APP基础功能，赢得业主的信赖，让业主愿意使用你的APP，愿意在平台上消费，这项功能才有了开展的基础。

物业服务企业立足于社区、贴近居民、拥有广大居民的基本信息，各类商家也希望借助物业服务企业的优势，分享为终端业主提供服务的利益。物业服务企业只要善于谋划，社区商务功能基本上可以将业主所在小区周边的日常衣食住行、娱乐在内的各类社会资源整合进来。这一功能模块一旦经营得好，达到一定的进驻量和交易规模，就可以给物业服务企业带来可观的收入。

4. 物业APP服务过程

物业APP为社区居民提供了舒适安全、轻松方便、节约能源、随心所欲的生活环境，将行业资讯、房屋租赁、团购优惠、小区活动、特价房源推荐等便民信息一网打尽，为居民提供了安家生活的一站式服务。

APP应用在物业管理服务中，其实现过程如图10-6所示。

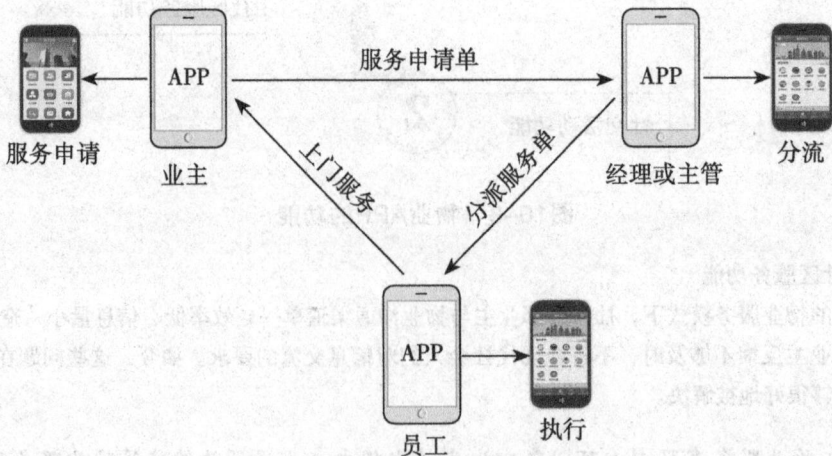

图10-6 APP物业服务实现过程

物业社区APP的经典案例

在加紧布局，欲在这场无硝烟的大战中占据有利位置。传统的物业管理模式过于粗糙，成本高，运营艰难。通过整合线上下线资源，降低成本，吸引客户成为了各行业追求转型升级的跳板。随着房地产大亨万科"住这儿"APP的上线，大规模的房企纷纷整合旗下资源开通APP，为业主提供各种服务，抢夺电商"闭环"的"最后一公里"。目前，已有包括花样年、万科、龙湖等多家房企推出社区APP客户端，涵盖物业服务、金融服务、社区团购、周边消费推荐等，业主不出小区就能通过手机APP缴纳水电气费、物管费，还可以实现网上订餐、订购晚餐食材、进行旅游预订等。

2013年7月，彩生活的"彩之云"APP正式上线，它将业主的需求整合成为一站式服务，通过识别业主的一些及时性、特殊性的公共需求，来与外界合作。例如，电脑维修、开锁、通下水道等。彩生活和这些商家签订了战略合作协议后，商家成为社区服务的供应商，业主打电话或登录彩之云（彩生活社区服务平台）就可以享受相应的服务。

2013年11月，万科物业"住这儿"APP与业主见面。这款APP包含了社区交流、社区公告、投诉报修等功能、业主的账单、邮包、报修单等都清楚地显现在屏幕上。用户可以清晰掌握所在小区的最新公告，热点信息，并且可以由由业主自己在APP上发起相关活动。通过该APP，业主可直接登录万科房屋交易厅进行相关交易服务。

2013年12月月底，蜀信物业APP在各大应用商店上线。这是一款业主专属的手机应用，指尖一点，物业费查询、物业公告、附近商家优惠、天气、交通就能马上知晓，业主还可以和客服人员在线交流。业主凭物业账号和密码登录，苹果和安卓系统都可使用，一户一个账号，而且多名家庭成员可在自己手机上同时登录。

2014年年初，绿城物业服务集团"幸福绿城"APP与用户见面，其功能几乎涵盖全部传统物业的服务内容。业主可了解到小区的最新信息，随时报修、提建议，也可随时购买桶装水和粮油米面等生活品。同时，还能找到家政、洗衣、外卖、购物、旅游等其他日常服务内容。

2014年3月，重庆龙湖地产首款APP上线，它是基于智能移动终端打造的一款软件平台，业主在智能手机、平板电脑、PC上都可以使用，该物业APP着眼于为业主提供物业的地面服务，不仅可以让业主对社区服务一目了然，而且还可以通过移动设备"遥控生活"。

2014年4月，中航物业"优家园"APP上线，其涵盖了小区常规物业服务、缴费服务、居家服务、社交活动等多种功能，并且集成了包括日常衣食住行、娱乐在内的各类社会资源，目前已经开通了社区资讯、服务预约、一键开门、社区共建等12大板块，共计30多种功能。

2014年8月，光大地产旗下十几个小区的"云上城"APP上线，这款APP包括快递

（续）

服务、物业账单等多项功能。另外，还设置了商城功能，APP与周边商家联动，若业主需要叫外卖、买日常零用品都可以通过这个功能来实现。

2015年伊始，华远地产"在一起"APP正式上线，这款APP包括投诉报修、社区生活、个人生秀、积分换购、家政生活、跳蚤市场等多项服务内容。旨在提升物业服务质量。优化物业企业与业主之间的服务模式。

10.7　积极处理业主的投诉

在物业服务中，业主投诉是不可避免的，只有通过业主投诉才能反映出物业管理与服务过程中存在的问题，并为提高企业服务水平提供了很好的机会。因此，物业经理在日常工作中要做好对业主投诉的处理工作。

1. 正确认识投诉

投诉是指业主（住户）因对物业企业的服务需求或不满等，通过各种方式向物业企业反映的行为，投诉方式包括来电、来访、来函等。

物业经理要想做好业主投诉处理工作，就必须对业主投诉内容有所了解。

（1）对设施设备方面的投诉

业主（住户）对设施设备方面的投诉，具体内容如表10-5所示。

表10-5　业主（住户）对设施设备方面的投诉

投诉方面	举例
业主（住户）对设施设备设计不合理或遗漏及质量感到不满意	（1）电梯厅狭窄，候梯拥挤，没有货梯，客货混用 （2）房屋漏水，墙体破裂，地板起鼓等
对设备运行质量不满意	（1）空调供冷不够 （2）电梯经常停梯维修 （3）供电供水设备经常出现故障等

产生这方面投诉的原因主要是基于业主（住户）所购买或使用的物业设施与业主（住户）期望有差距。业主（住户）使用物业设施、支付物业设施设备管理费，总是希望物业能够处于最佳使用状态，并感觉方便、舒心，但物业在设计开发时，可能未考虑到或未完全按照业主的需求设计，设备的选型和施工质量也可能存在问题，因此造成上述所列的种种不便和问题。

（2）对物业服务方面的投诉

业主（住户）对物业管理服务方面的投诉，具体内容如表10-6所示。

表10-6　业主（住户）对物业服务方面的投诉

投诉服务	说明
安全	业主的财产和人身安全能否得到切实保障
一致	物业服务是否达到了规范化、标准化，是否具有可靠性
态度	物业管理人员礼仪礼貌是否端庄得体，讲话是否热情和蔼等
完整	物业服务项目是否完善齐全，能否满足不同层次业主（住户）的需要
环境	办公和居住是否环境安静，是否文明和谐等
方便	服务时间和服务地点是否方便，有无便利的配套服务项目，如停车场、会所、自行车棚、邮局、托儿所等
时间	服务时间和服务时效是否及时快捷等

当业主（住户）对以上所列这些服务质量基本要素的评估低于其期望值时，就会因不满而投诉。

业主（住户）对物业服务质量的期望值来源于业主（住户）日常得到正常服务的感觉和来自物业管理企业的服务承诺。

当物业管理企业对某项服务"失常"时，如管理人员态度恶劣、电梯运作出现小故障、维修人员未能尽快完成作业等，业主（住户）容易用投诉的方式来倾诉自己的不满；当物业管理企业的服务承诺过高时，业主也易因期望值落差而提出投诉。

（3）对收费方面的投诉

收费方面的投诉主要是各种分摊费和特约维修费，如水、电、清洁、绿化、公共设备抢修等分摊费用及换灯、换锁、换门等特约维修费用。

（4）对突发事件方面的投诉

因停电、停水、电梯困人、溢水及室内被盗、车辆丢失等突然事故而造成的偶然性投诉，这类问题虽有其"偶然性"和"突发性"，但由于事件本身很重大，给业主（住户）的日常工作和生活带来较大麻烦而引致较强烈的投诉。

2. 投诉处理程序

常见投诉处理程序如图10-7所示。

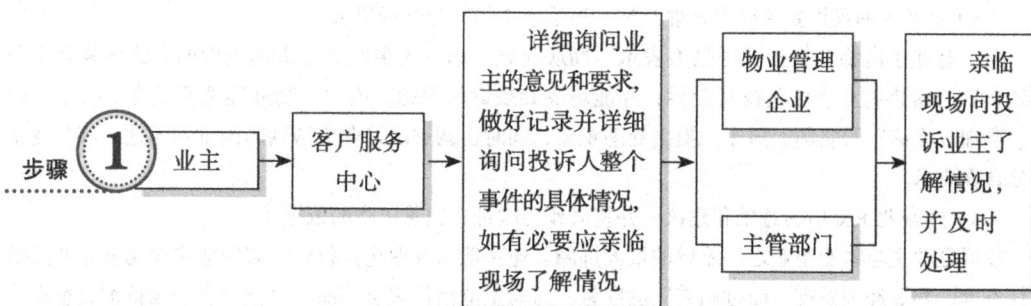

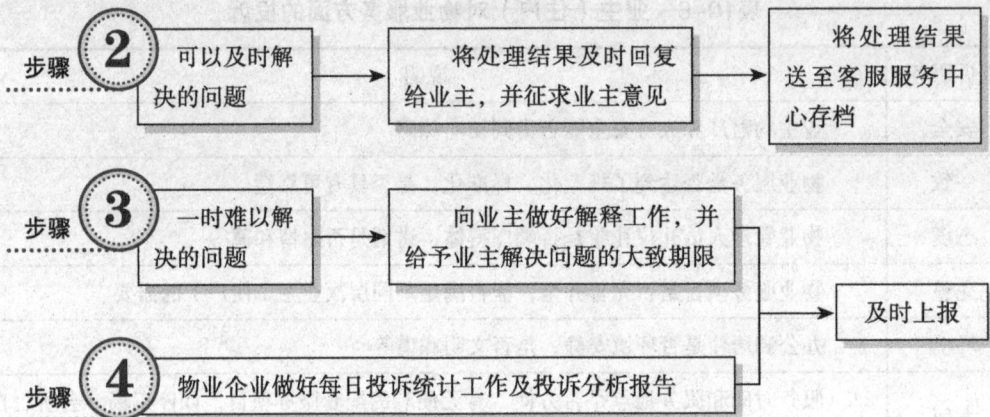

图10-7　常见投诉处理程序

（1）物业企业应设立专线投诉电话，电话铃响三声之内接听，接听时必须做到礼貌、用语规范，应认真、耐心接听并认真做好必要的记录。

（2）对业主（住户）的投诉，接听人员应表示感谢和歉意，加以适当安慰，并询问投诉人所属公司或房号、姓名及其联系方式以便回复。

（3）投诉处理人员应在三分钟内到达现场，对于一时难以处理的问题，应向业主做好解释工作并及时上报。

3. 投诉处理方法

接待与处理投诉是物业管理服务过程中重要的组成部分，也是物业管理企业通过处理业主（住户）投诉提高服务质量的重要途径。物业经理在处理业主投诉时，一般采取以下几方法。

（1）耐心听取或记录业主的投诉，不当面解释或反驳业主的意见

业主前来投诉，是对物业企业某些方面的服务或管理产生不满或意见，心里有怨气，此时物业经理如果只是解释或反驳业主的投诉，业主会认为物业经理不尊重其意见而加剧对立情绪，甚至产生冲突。所以，物业经理要耐心听业主"诉苦"并进行记录，使业主感觉到物业经理虚心诚恳的态度，其怨气便会逐渐消除。

（2）对业主的遭遇或不幸表示歉意或同情，让业主心理得以平衡

业主投诉的问题无论大小轻重，都要认真对待和重视，要用"移情换位"的思维方式，转换角色，设身处地站在业主的角度，安慰业主，拉近与业主的心理距离，并表示要立即改正自己的过错，这样做会让业主感到满意。

（3）对业主的投诉要求提出处理意见，满足业主的部分合理要求

很少有业主向物业企业投诉是为表示"彻底决裂"的，大多数业主采用投诉的方式向物业企业"谈判"，希望物业企业重视其投诉，并能解决其投诉的问题。因此，物业经理要站在"公平、公正、合理、互谅"的立场上向业主提出处理意见，同时协调解决好业主遇到的困难和问题，满足业主部分合理要求。

（4）感谢业主提出的意见和建议，并将其作为改进和完善工作的依据

投诉是业主与物业企业之间矛盾的最大屏障。业主能向物业企业投诉，表明业主对物业企业还持信任态度，物业经理要有"闻过则喜"的度量，对业主的信任表示感谢，并把业主的投诉加以整理、分类，以作为改进管理和服务工作的依据，也可以从另一个角度检讨、反思物业企业的各项工作，以

便完善和改进管理及服务工作。

（5）督促相关部门立即处理业主投诉内容

对投诉处理的实际效果，直接关系到物业企业的声誉及整体管理水平。投诉处理的关键是尽快分析投诉内容，查明原因，督促相关部门限时进行处理，尽可能达到预计结果，并使业主满意；要确保不再发生同样问题，坚决杜绝"二次投诉"的发生。

（6）把投诉处理结果尽快以电话或信件的形式反馈给业主

尽快处理投诉，并给业主以实质性答复，这是物业企业投诉工作中的重要一环。业主口头投诉可以电话回复，一般应不超过1个工作日；业主来函投诉则应回函答复，一般不应超过3个工作日。回复业主可以向业主表明其投诉已得到重视，并已妥善处理，同时，及时的函复可显示出物业企业的工作时效。

拓展阅读

投诉处理五清楚

1. 听清楚

接到业主投诉时，不管你是何岗位，投诉事件是否与你有关，你都应耐心听取业主意见，虚心接受业主批评，用心倾听业主所反映的问题，切忌随意打断业主的谈话。

2. 问清楚

对业主所反映的问题，如果有疑问，就一定要问清楚。当听不清楚业主的讲话时，自己可对业主所反映问题的理解复述一遍"你看，是不是这样？"以征询业主的意见，切不可主观推断业主所反映的问题，否则不仅不能解决业主反映的问题，反而因拖延解决问题的时间使主对物业企业的意见更大。

3. 记清楚

对业主投诉的问题一定要做好记录。记录的内容包括投诉人的姓名、其居住的楼层和房号、联系电话、投诉时间、投诉的具体事由、需要物业企业解决的问题等。

4. 回复清楚

对业主投诉的问题要认真对待，及时了解事情的真相。如果业主投诉的问题并非物业企业的责任，也应及时向业主解释清楚；如果业主投诉的问题属实，则要向业主回复具体的处理时间和具体解决办法。

5. 跟清楚

业主投诉的问题有时候解决起来需要一定的时间，或业主的问题并不是接听电话人或接待人员的工作职责，但接听电话人员或接待人员不可对业主说"不清楚""不关我的事"等，应尽量把方便留给业主，把麻烦留给自己，主动受理业主投诉，并将问题转给相关职能部门解决。作为第一责任人，应及时了解并跟踪问题处理的进展情况，及时向业主报告问题处理的结果，并征询业主对处理结果的意见。

4. 投诉记录与统计

在处理业主投诉时，为了明确权责，也为了让业主觉得物业企业对其投诉的重视，物业经理必须督促企业员工做好相关记录与统计工作。

对业主的投诉，物业经理要定期进行分析总结，对反复出现的问题，应组织公司员工进行深入探讨并找出切实可行的解决办法，防止事件重复发生。

10.8 对业主（住户）进行走访

虽然信息时代流行电子邮件，可以打电话、传真或文字沟通，但始终难以代替最朴素的长谈，双方的情绪、眼神、肢体语言，面部表情可以相互感染和影响，一杯热茶、一个微笑可以前嫌尽释，化干戈为玉帛，完全融解了文字的冰冷和电话的客套，有着其他方式无法比拟的优点。

因此，物业经理应当对业主（住户）进行走访，与业主（住户）做好充分沟通工作，双方共同努力，维护好物业小区的良好环境。

1. 走访人员安排

物业经理走访业主（住户）时应做好人员安排，如走访通常由两个人组成一个小组，人多了，会给业主（住户）造成心理上的压力；每个小组通常由一男一女组成，不管业主（住户）是男是女，都不会引起尴尬和不便，成员之间也有了照应和第三者做个见证。

物业经理可以带上客户服务中心的员工上门走访，并做好记录。

2. 走访的时间安排

（1）走访时可以安排在业主（住户）空闲时间较为合适，因为占用业主（住户）休息时间也是不尊重对方的表现。

（2）走访的时间长短适宜，时间太短达不到效果，时间太长影响业主（住户）正常生活、工作。通常情况下，20分钟为宜，当然也不可一概而论。

（3）走访应提前预约，不能给业主（住户）来突然袭击。

3. 走访的技巧

在走访、回访业户时既要讲究实在，又要讲究艺术，这样才能够取得最佳效果。物业经理在走访回访业主（住户）时，可参考以下走访技巧，如表10-7所示。

表10-7 走访回访的技巧

技巧	说明
见面问候时最好点名道姓	迈进业主家门，你的第一句话很有可能是："您好，见到您很高兴。"但这却不如说："王先生，您好，见到您很高兴。"因为后者比前者显得更加热情
如果业主没请你坐下，最好站着	坐下后不应直接掏烟给业主，如业主请你抽烟，你应说："谢谢！"抽烟时，千万不要把烟灰和火柴头弄到地板上，那是非常不得体的

（续表）

技巧	说明
不要急于出示随身携带的资料	只有在交谈中提及了，且已引起了对方的兴趣时，才向业主出示随身携带的资料。另外，还应事先准备好，针对你去业主家要解决的问题，预先要考虑业主可能会提出的一些问题，在业主提出问题时，应给予详细的解释或说明
主动谈话，珍惜时间	尽管业主已经了解到你的一些情况和来访目的，你仍有必要主动开口。你可再次对某些问题进行强调和说明
时刻保持热情	在谈话时，如果对某一问题没有倾注足够的热情，那么，业主会马上失去谈论这个问题的兴趣。当业主因为某些问题，出现愤怒并难以抑制时，应提早结束此次走访。愤怒会使你失去理解他人和控制自己的客观尺度。它不仅无助于问题的解决，反而会使事情变得更糟
学会倾听的艺术	"听"有两个要求，首先要给业主留出讲话的时间，其次要"听话听音"。如业主首先讲话，你不可打断他。应做好准备，以便利用恰当的时机给其以响应，鼓励他继续讲下去。不能够认真聆听别人谈话的人，也就不能够"听话听音"，更不能机警、巧妙地回答对方提出的问题。记住：不论在是社交场合，还是在工作中，善于倾听是一个人应有的素养
避免不恰当的动作和姿态	玩弄手中的小东西，用手不时地理头发，清牙齿，掏耳朵，盯视指甲、天花板或对方身后的字画等，这些动作都有失风度；切忌故作姿态，卖弄亲近，俚话和粗话更应避免
善于"理乱麻"，学会清楚地表达	善于表达使人终生受益。讲话不会概括的人，常常引起人们的反感：叙事没有重点，思维头绪混乱的人，常常迫使人们尽量回避他。注意自己说话的语气和语调。说话要保持清晰，喉音、鼻音不宜太重，语速平缓，语调老成、平淡，充满朝气的语调会使你显得年轻。但这种功夫重在平时留心修炼
注意衣着和发式	走访时，记住自己的衣着和发式要体现出本企业的形象，不要给业主一种不整洁的印象，这样不仅无助于你走访事情的解决，还会影响整个企业的形象
避免过度关心和说教	应该避免过度的关心和说教，要表现出诚意和合作精神
告别	结束出门时，不要忘记携带帽子、手套、公事包等东西

10.9 与业主委员会做好沟通

业主委员会的角色是独特的，因为委员都是来自业主中间也都了解业主的心态，知道该用什么方法处理好一些棘手的事；而且委员来自社会的各行各业，拥有丰富的社会经验和高超的处事技巧。物业管理人员在日常工作中要与之进行有效的沟通，以获得他们的支持与帮助。

1. 必须进行沟通的事项

（1）确定物业服务费标准

当合同规定的费用标准不能满足物业管理实际工作需要时，物业经理应与业主委员会进行沟通，并经业主大会表决批准，适当地调高服务费用标准。当合同约定的费用标准超出了需要时，物业经理也要和业主委员会进行沟通，以求降低费用标准。

（2）召开业主大会

按照《业主大会规程》的要求，业主委员会要组织业主定期召开业主大会和临时业主大会，讨论并决定相关事项，其中包括制定和修改业主公约、物业区域内物业共用部位和设备设施的使用，区域内的秩序、卫生等规章制度，物业维修基金的使用、续筹，以及选聘物业管理企业等事项。

这些事项都与物业管理工作密切相关，物业经理必须予以关注与支持。

（3）共同催缴物业服务欠费

业主委员会向不缴纳物业服务费的业主进行催缴是其法定义务。在实际工作中，欠费催缴工作由物业管理处承担，业主委员会履行催缴义务者廖廖无几。为避免因欠费而导致的企业亏损风险，物业经理应及时积极地与业主委员会进行沟通，以获得业主委员会的支持。

（4）物业共用部位的经营

物业共用部位、共用设备的经营，如在小区内公共场地、大堂等举办展销活动，在外墙、天台上树经营性广告等，物业经理应积极与业主委员会沟通，以获得业主委员会的批准。

（5）物业管理维修基金的使用

物业共用部位、共用设备设施的维修更新费用从物业管理维修基金增值部分中开支，具体使用计划由管理公司提出，经业主委员会批准后实施。

2015年，某物业小区发生维修基金缴纳纠纷。按照相关规定，该小区物业管理处要求业主依照规定，按购房款的2%缴纳物业管理维修基金。业主对此表示不理解，并提出投诉。

业主认为，维修费应从管理费中出，不应再交钱。基于收维修基金在业主中造成的反响过于强烈，管理处决定暂缓收取维修基金。但小区内的电梯、消防设备已趋于老化，电梯困人现象时有发生，消防设备几近瘫痪，业主投诉不断。

最后，管理处积极寻求业主委员会的支持，在与业主委员会多次协商后，决定分步筹集。先把收到的维修基金转入指定的代管银行建立专户，并按物业维修基金建立程序操作。不足部分，计划自建立首笔维修基金始，分几年筹集，要求业主每年缴交续筹额的10%，直至达到规定数额为止。为减轻业主的负担，物业管理企业决定从每月管理费盈余中提取部分资金作为维修基金。

同时，管理处与业主委员会共同向业主宣讲这些程序以及国家的法规，使业主了解维修基金在物业管理中的重要作用，催促业主继续交费。同时，管理处利用所收到的维修基金有计划地对小区内的电梯及消防设备进行维修及更换，消除后患，赢得了业主委员会及广大业主的认可。

（6）预算外的管理支出

在实际管理运作中，经常会有一些支出是编制预算时未考虑到的，如政府的收费、维修工具（仪表）的更换等，只要是预算外的支出一概要报业主委员会审批。

2. 沟通的技巧

物业经理与业主委员会之间的有效沟通，是物业管理控制成本最低化的必需条件。物业经理在实际工作中，与业主委员会进行沟通时应掌握以下技巧，如图10-8所示。

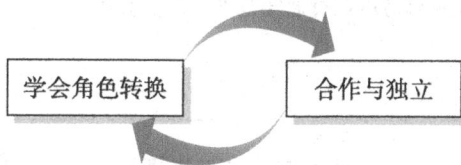

图10-8　与业主委员会有效沟通的技巧

（1）学会角色转换

在与业主委员会的交流和沟通中，物业管理人员要给予业主委员会足够的尊敬，使他们有发言和用武之地，让他们畅享自己的劳动果实。

由业主委员会出面解决某件事情，业主的心情可能就会不一样，因为他们生活在广大的业主中间。对业主的了解和业主对他们的信任是同等程度的，有了这种联系，业主委员会作出的决定容易为广大业主所接纳。

（2）合作与独立

合作是一门学问，合作中讲究妥协和理解。物业企业和业主委员会应保持各自独立的存在和独立的特性；两者均应既特立独行又形影不离。

10.10　定期开展客户满意度调查

物业经理应开展业主满意度调查工作，主动征求业主对物业企业的意见和建议，以便在工作中进行改进，将可能发生的矛盾提前消除。

1. 确定调查内容

业主满意度调查涉及物业服务的各个方面，具体包括以下内容，如图10-9所示。

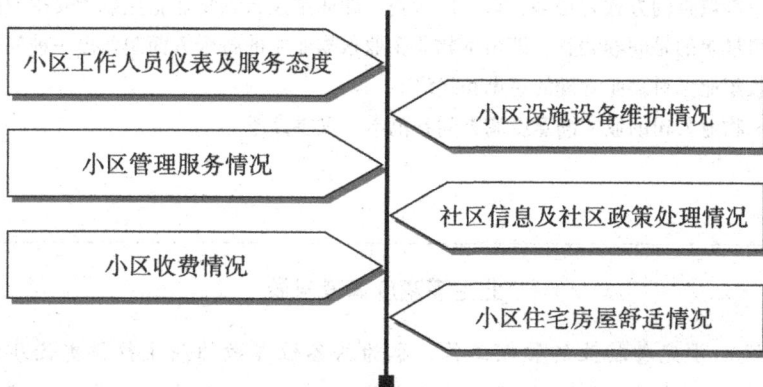

图10-9　业主满意度调查涉及的内容

2. 发布调查通知

为了使业主对调查工作提前做好准备，物业经理应在开展调查工作之前发布调查通知，可张贴在小区公告栏上。

下面是××物业公司的业主满意度调查通知范本，仅供参考。

范本

业主满意度调查通知

尊敬的业主：

你们好！

为了让大家有一个良好的居住环境，提高××物业企业的服务质量，××物业企业将进行第____次满意度调查工作。被调查对象为××花园一期、二期业主，满意度调查表发放时间为本周六（__月__日），届时，由工作人员将表格发到已入住业主家中，未入住业主可以来物业企业进行满意度调查表的填写，也可以在网上下载表格进行填写，填写完毕发至××××××@126.com邮箱，如有疑问请拨打电话××××××进行咨询。（本次满意调查时间为10个工作日）。

感谢大家对我们工作的积极配合！

××物业管理有限公司

××年×月×日

---

3. 设计调查问卷

对业主满意度调查的方式有很多，如上门调查，即业主亲自到物业企业或者安排专门员工上门调查等。一般用得最多的是问卷调查，即由本物业企业根据业主的各个方面制作出一种问卷调查表，由业主填写，来收集业主对物业管理的意见和建议。

下面是××物业公司的业主满意度调查问卷范本，仅供参考。

范本

业主满意度调查问卷

为了进一步完善物业的管理工作，也为给各位尊敬的业主提供更优质的服务，请您在百忙之中填写这份调查问卷并提出您宝贵的意见和建议。您的作答将有助于我们发现物业管理中的问题，这将是对我们工作最大的支持。

（续）

业主姓名：＿＿＿＿＿＿＿＿＿＿＿＿＿＿

业主房号：＿＿＿＿＿＿＿＿＿＿＿＿＿＿

联系电话：＿＿＿＿＿＿＿＿＿＿＿＿＿＿

一、保安

1. 您对小区保安工作是否满意？

□非常满意　　　□比较满意　　　□不满意　　　□非常不满意

理由：＿＿＿＿＿＿＿＿＿＿＿＿＿＿＿＿＿＿＿＿＿＿＿＿

2. 您对保安人员服务态度是否满意？

□非常满意　　　□比较满意　　　□不满意　　　□非常不满意

理由：＿＿＿＿＿＿＿＿＿＿＿＿＿＿＿＿＿＿＿＿＿＿＿＿

3. 本物业公司对针对保安工作的投诉处理是否及时？

□非常及时　　　□比较及时　　　□不及时　　　□非常不及时

理由：＿＿＿＿＿＿＿＿＿＿＿＿＿＿＿＿＿＿＿＿＿＿＿＿

二、保洁

1. 您对小区保洁工作是否满意？

□非常满意　　　□比较满意　　　□不满意　　　□非常不满意

理由：＿＿＿＿＿＿＿＿＿＿＿＿＿＿＿＿＿＿＿＿＿＿＿＿

2. 您对保洁人员服务态度是否满意？

□非常满意　　　□比较满意　　　□不满意　　　□非常不满意

理由：＿＿＿＿＿＿＿＿＿＿＿＿＿＿＿＿＿＿＿＿＿＿＿＿

3. 本物业公司对针对保洁工作的投诉处理是否及时？

□非常及时　　　□比较及时　　　□不及时　　　□非常不及时

理由：＿＿＿＿＿＿＿＿＿＿＿＿＿＿＿＿＿＿＿＿＿＿＿＿

三、房屋质量维修工作

1. 本物业公司对业主报修房屋质量问题的处理是否及时？

□非常及时　　　□比较及时　　　□不及时　　　□非常不及时

理由：＿＿＿＿＿＿＿＿＿＿＿＿＿＿＿＿＿＿＿＿＿＿＿＿

2. 本物业公司对业主报修房屋质量问题的处理过程是否令您满意？

□非常满意　　　□比较满意　　　□不满意　　　□非常不满意

理由：＿＿＿＿＿＿＿＿＿＿＿＿＿＿＿＿＿＿＿＿＿＿＿＿

3. 本物业公司对业主报修房屋质量问题的处理结果是否令您满意？

□非常满意　　　□比较满意　　　□不满意　　　□非常不满意

理由：＿＿＿＿＿＿＿＿＿＿＿＿＿＿＿＿＿＿＿＿＿＿＿＿

（续）

4.您对本物业公司处理报修问题的工作人员服务态度是否满意？

☐非常满意   ☐比较满意   ☐不满意   ☐非常不满意

理由：_____

四、公共设施维护

1. 本物业公司对小区内绿地的养护工作是否令您满意？

☐非常满意   ☐比较满意   ☐不满意   ☐非常不满意

理由：_____

2. 本物业公司对小区内电梯、消防设备、健身器材、小区大门、单元门、路面、排水设施等公共设施的维护工作是否令您满意？

☐非常满意   ☐比较满意   ☐不满意   ☐非常不满意

理由：_____

五、小区管理

1. 本物业公司对小区内机动车管理是否令您满意？

☐非常满意   ☐比较满意   ☐不满意   ☐非常不满意

理由：_____

2. 本物业公司对小区内自行车管理是否令您满意？

☐非常满意   ☐比较满意   ☐不满意   ☐非常不满意

理由：_____

3. 本物业公司对业主告知工作的处理是否及时有效？

☐非常及时   ☐比较及时   ☐不及时   ☐非常不及时

理由：_____

六、您对目前的物业工作有何其他方面的建议和意见？

_____

××物业管理有限公司

××年×月×日

4. 撰写调查报告

每次调查结束后，物业经理都要对所有调查问卷进行统计分析，将业主在问卷中提到的各项意见和建议明确列出，撰写相关报告，并着手在下一阶段的工作中予以改进。物业经理切忌只调查不行动，这样会使业主认为这个调查不过是物业企业的官样文章，而不是真正关心业主的需求，从而对物业企业失去信任。

学习笔记

通过学习本章内容，想必您已经掌握了不少学习心得，请仔细记录下来，以便继续巩固学习。如果您在学习中遇到了一些难点，也请如实写下来，以方便今后重复学习，彻底解决这些难点。

我的学习心得

1. _____
2. _____
3. _____
4. _____
5. _____

我的学习难点

1. _____
2. _____
3. _____
4. _____
5. _____

我的运用计划

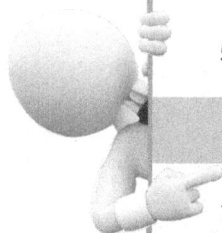

1. _____
2. _____
3. _____
4. _____
5. _____

第11章

社区文化管理

    社区文化是物业企业根据业主需要，通过组织一系列的社区活动为广大业主营造一种祥和、愉悦的生活氛围，进而提升社区的品位和品质，从而也使物业企业的企业文化得到升华。

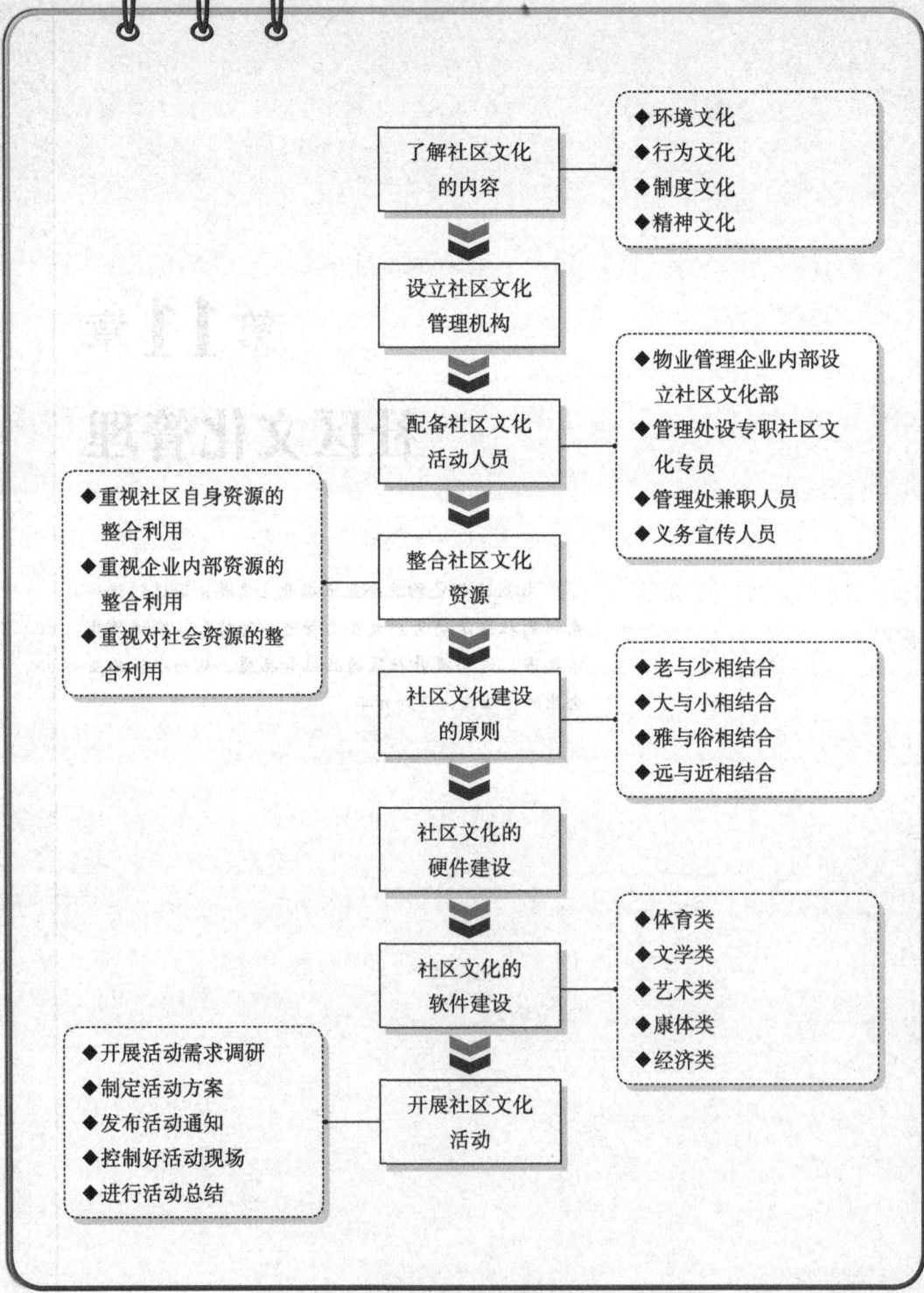

了解社区文化
的内容
- ◆环境文化
- ◆行为文化
- ◆制度文化
- ◆精神文化

设立社区文化
管理机构

配备社区文化
活动人员
- ◆物业管理企业内部设立社区文化部
- ◆管理处设专职社区文化专员
- ◆管理处兼职人员
- ◆义务宣传人员

- ◆重视社区自身资源的整合利用
- ◆重视企业内部资源的整合利用
- ◆重视对社会资源的整合利用

整合社区文化
资源

社区文化建设
的原则
- ◆老与少相结合
- ◆大与小相结合
- ◆雅与俗相结合
- ◆远与近相结合

社区文化的
硬件建设

社区文化的
软件建设
- ◆体育类
- ◆文学类
- ◆艺术类
- ◆康体类
- ◆经济类

- ◆开展活动需求调研
- ◆制定活动方案
- ◆发布活动通知
- ◆控制好活动现场
- ◆进行活动总结

开展社区文化
活动

11.1 了解社区文化的内容

社区文化的表现形式是典雅、舒适的环境，自由、和谐的气氛，安全、有序的交通管理，方便、快捷的通信信息和人人身体力行的文明言行。社区文化内容如图11-1所示。

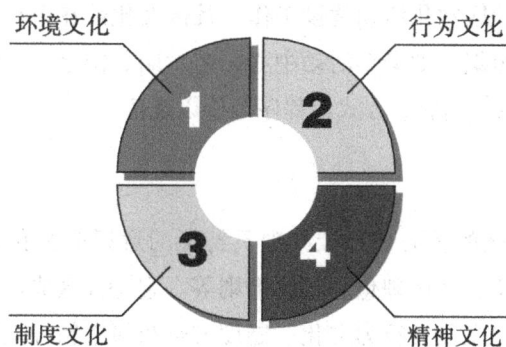

图11-1 社区文化内容

1. 环境文化

社区环境是社区文化的第一个层面。它是由社区成员共同创造和维护的自然环境与人文环境的结合，是社区精神物质化、对象化的具体体现。它主要包括社区容貌、休闲娱乐环境、文化设施、生活环境等。

通过社区环境，可以感知社区成员理想、价值观、精神面貌等外在形象，如残疾人无障碍通道设施可以充分体现社区关怀、尊重生命、以人为本的社区理念。当然，怡人的绿化园林、舒心的休闲布局、惬意的小品园艺等都可以营造出理想的环境文化氛围。现在，很多社区积极导入环境识别系统（CIS），用意正是也基于此。

2. 行为文化

行为文化又称活动文化，是社区成员在交往、娱乐、生活、学习、经营等过程中产生的活动文化。通常所说的社区文化是指这一类的社区文化活动。这些活动实际上反映的是社区的社区风尚、精神面貌、人际关系范式等文化特征。

例如，儿童节晚会、国庆节联欢会、广场交响音乐会、元旦千人舞会、重阳节文艺汇演、趣味家庭运动会、游泳比赛、新春长跑等。

3. 制度文化

制度文化是社区精神、社区价值观、社区理想等相适应的制度、规章、组织机构等。

同时，这些制度等对保障社区文化持久、健康地开展具有一定的约束力和控制力。

制度文化可以分为两大类：一类是物业管理企业的各种规章制度；另一类是社区的公共制度。企业的规章制度和社区的公共制度都可以反映出社区价值观、社区道德准则、生活准则等。如奖罚分明可以体现出在社区的严谨风格，规劝有加可以体现出社区的人性感悟等。

为了保障社区文化活动深入持久地开展下去，现在很多小区物业管理企业都成立了专门的社区文化部，负责社区文化活动建设工作。社区文化部在引导、扶植的基础上成立各种类型的社区文化活动组织，如老年活动中心、艺术团、协会、表演队等，同时对社区文化活动开展的时间、地点、内容、方式、程序等予以规范。

4. 精神文化

精神文化是社区文化的核心，是社区独具特征的意识形态和文化观念，包括社区精神、社区道德、价值观念、社区理想、行为准则等。它是社区成员精神观、价值观、道德观生成的主要途径。环境文化、行为文化、制度文化都属于精神文化的外在表现，如社区升旗仪式、评选文明户、学雷锋演讲等。由于精神文化具有明显的社区特点，因此往往需要多年积累，才能逐步形成。

11.2 设立社区文化管理机构

设立社区文化管理机构是社区文化活动正常开展的组织保证。物业管理工作开展得较好的城市地区一般都要求物业管理企业成立社区文化管理机构，负责落实社区文化活动的组织与执行。社区文化管理机构对人才素质要求较高，很多人要能做到一专多能。能否建立一支高素质的社区文化队伍，直接关系到社区文化活动的成效。规模大的社区可以专人负责，明确分工；规模小的社区可以兼职工作，松散合作。

11.3 配备社区文化活动人员

要想使各个小区的社区文化活动开展得有声有色，必须在物业管理企业及各物业管理处配备专职的社区文化人员。通常可以在物业管理企业内部设立社区文化部，由一人负责，管理处再设一名专职社区文化专员，同时要求管理处的人员无条件配合社区文化的开展。社区文化人员配备要求如图11-2所示。

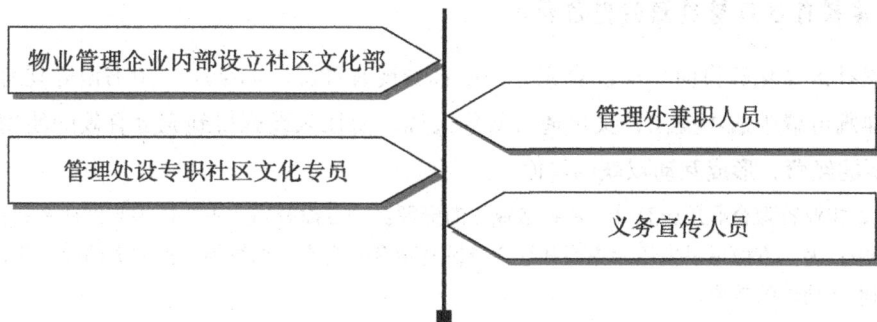

图11-2　社区文化人员的配备要求

1. 物业管理企业内部设立社区文化部

物业管理企业设社区文化部1人，主要负责各管理处年度社区文化工作计划，组织大型的社区文化活动，协助管理处组织本小区的社区文化活动，监督各管理处执行企业社区文化工作计划的情况，并适时地提出改进建议。

2. 管理处设专职社区文化专员

管理处设社区文化专员1人，主要负责管理处各项社区文化活动的组织、实施工作，并向企业社区文化部报告社区文化工作情况，并就本管理处的实际情况提出社区文化工作的建议。

3. 管理处兼职人员

管理处经理对社区文化专员的工作进行指导和监督，管理处经理以下的其他人员必须无条件协助社区文化专员开展各项社区文化工作。另外，管理处还应聘请体育、艺术、文学、宣传等相关部门的专业人士担任本管理处的社区文化顾问，帮助管理处更好地开展社区文化工作。

4. 义务宣传人员

管理处的全体工作人员都是本管理处社区文化的义务宣传人员。另外，管理处最好能在本小区内聘请若干名（5名以上）热心公益活动、身体健康并有一定组织能力的住户担任本小区的社区文化义务宣传员，集中反映住户的意见，帮助管理处提高社区文化活动质量，疏通住户与管理处沟通渠道。

11.4　整合社区文化资源

社区文化的建设仅靠表面和有形的资源还远远不够，迫切需要整合、利用社区内外部各种文化资源来共同为社区居民服务。

1. 重视社区自身资源的整合利用

开展社区文化建设时，应注意充分利用自身现有资源，如会所、图书馆等现有文化设施，这样既可减少成本支出，又可通过聚集人气，使社区设施得到充分有效的使用，还可带动会所的经营，形成互动双赢的局面。

同时，物业管理企业还应充分利用社区业主的资源。一方面鼓励业主积极参与到社区文化的组织建设工作中；另一方面可以借用业主因其社会身份所享有的资源，如场地、活动赞助等，使社区文化建设达到事半功倍的效果。

2. 重视企业内部资源的整合利用

社区文化建设定位为物业的核心竞争力之一，因此在组织运作方面必须有明确统一的战略和系统性运作，具体要求如图11-3所示。

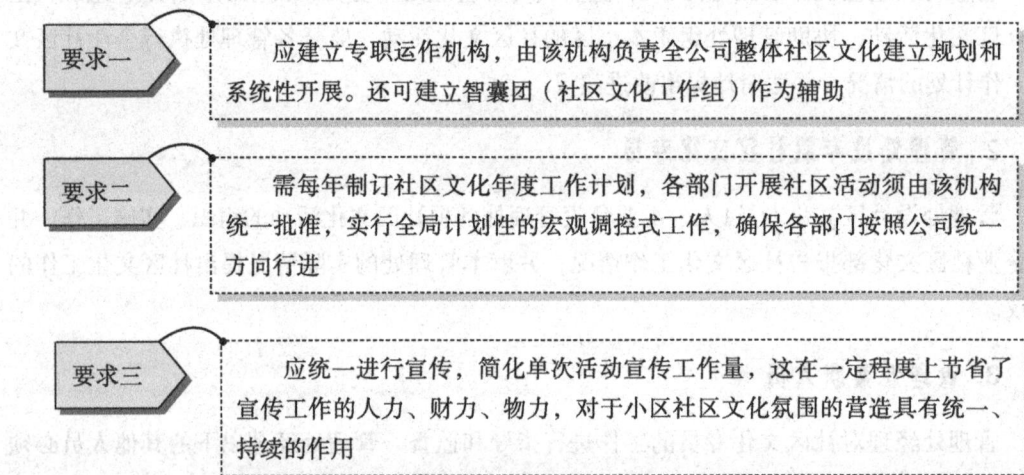

要求一	应建立专职运作机构，由该机构负责全公司整体社区文化建立规划和系统性开展。还可建立智囊团（社区文化工作组）作为辅助
要求二	需每年制订社区文化年度工作计划，各部门开展社区活动须由该机构统一批准，实行全局计划性的宏观调控式工作，确保各部门按照公司统一方向行进
要求三	应统一进行宣传，简化单次活动宣传工作量，这在一定程度上节省了宣传工作的人力、财力、物力，对于小区社区文化氛围的营造具有统一、持续的作用

图11-3 物业企业内部组织运作社区文化建设的要求

3. 重视对社会资源的整合利用

业主的兴趣爱好丰富多样，社区文化建设也同样应该形式多样。但物业管理企业在此方面的专业度及资源调配能力存在明显的不足。因此物业管理企业应善于做"集成商"——依托丰富的客户资源，对各方面的社会资源进行整合利用。

例如，与专业旅行社合作开展夏令营、特色旅游；与美容机构合作举办女性知识讲座；与健身机构合办健身培训等。

同时，对于某些在专业上无法直接合作的单位，可由其以赞助、协办的形式介入社区活动，以弥补社区文化建设经费的不足。

11.5　社区文化建设的原则

严格来说，社区文化建设是一项系统工程，物业管理企业组织开展社区文化建设必须遵循一定的原则，讲究一定的方法，才能有成效。一般来说，社区文化建设应遵循四个原则，如图11-4所示。

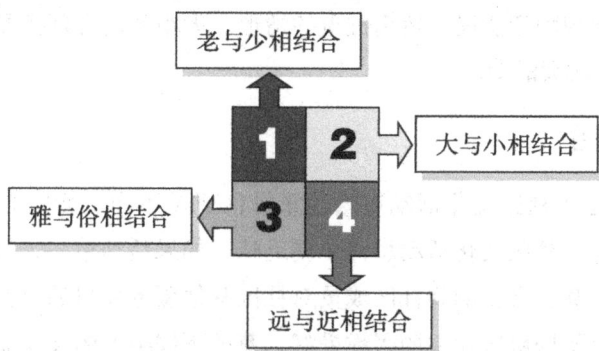

图11-4　社区文化建设原则

1. 老与少相结合

老与少相结合是指社区文化建设应该抓住老人与儿童这两大群体，带动中青年人参与社区文化活动。这种抓"两头"促"中间"的做法是由老人与儿童的特点来决定的。

首先，社区成员中老人和儿童所占的比例较大，在很多小区中，他们的比例占社区总人口的一半以上，这一群体自然要受到关注和重视。

其次，参与社区文化活动必须有充裕的时间。现代都市节奏加快，迫于竞争的压力和生存的需求，中青年人的大部分时间用于工作和围绕工作所进行的学习、交往上，没有过多的时间和精力参与社区文化活动；相反，老人和孩子时间宽裕。特别是老人，除了日常家务之外，有充足的时间参与社区活动。

再次，参与社区文化活动必须有强烈的需求。中青年人当然也有，但是他们的渴望为繁杂的事务所限制，需求成了深层次的期盼；而老人和孩子的需求是直接的、显在的，只要有环境，就可以实现。

最后，社区是老人和孩子实现文化需求的最主要的场所，他们的文化更具有区域性，对区域的关注和依赖远胜过中青年人。中青年人更多的要参与区域外的文化实践，音乐厅、舞厅、咖啡屋等可能是他们主要活动，因此要积极地加以扶植、引导、组织。

2. 大与小相结合

这里说的"大"是指大型的社区文化活动，需经过专门的精心策划组织，参与者众，影响面广，如体育节、艺术节、文艺汇演、入住仪式、社区周年庆等。"小"是指小型的社区文化活动，是指那些常规的、每日每周都可能开展的、又有一定的组织安排的社区文化活动，如每日的晨练、休闲、娱乐等。组织大活动和小活动要合理搭配，合理安排，大活动不能没有，也不能过于频繁。缺少大活动、影响面窄、影响力小、社区文化建设的进程会减慢，社区文化氛围会减弱。一般大活动以2～3个月举办一次为宜。

小活动要经常性地举办，如琴棋书画、天文地理、娱乐游戏、吹拉弹唱等都可以形成兴趣组织，渐进式地渗透发展。小活动的组织要充分利用已有的资源，尽可能地节约开支，并且注意不要出现噪音扰民、负担过重的情形。大小活动合理搭配，形成节奏，小活动时间长了也会演化成大活动。

3. 雅与俗相结合

雅与俗相结合是指社区文化活动应当注重社区成员不同层面的需求，高雅与媚俗同在，崇高与优美并存。社区文化活动忌讳单调乏味，如果活动单一，再多的数量也不会提起社区成员的兴趣，甚至会影响到社区成员对社区其他服务项目的评价。社区文化活动也应该百花齐放，满足不同层次业主的兴趣爱好，兼顾不同类型的文化品味。这就要求物业管理企业要充分做好社区文化调查工作，真正了解业主的需求，需要得到什么样的文化服务，愿意参加怎样的社区文化活动。

通俗的活动如家庭卡拉OK比赛、迪斯科表演、秧歌、腰鼓等，高雅的活动如举办的交响音乐会，旅游、书画珍藏品展、国际编队舞等。

当然，社区文化之雅也不能曲高和寡，那样会失去文化的群众基础；俗也不可以俗不可耐，那样会导致社区文化的畸形发育。所以，社区文化的开展一定要做到雅俗共赏。

4. 远与近相结合

这里所说的"远"是指组织开展社区文化建设要有超前的意识，要有发展的眼光，要有整体的目标。"近"是指要有短期周密的安排、落实和检查。社区文化对塑造社区精神，引导生活方式等方面具有极其重要的作用。

物业管理企业被誉为新生活方式的"领航者"。随着人们生活水平的不断提高和社会的不断进步，社区成员的价值观念，消费观念等都在悄悄地发生变化。物业管理企业应把握时代的脉搏，用敏锐的目光洞察社区将要面临的变化，超前一步为住户提供服务。也就是说，社区文化活动开展要有预见性，领先性。

例如，随着知识经济时代的到来，住户已不再满足单纯的吹拉弹唱等娱乐形式，社区文化已从娱乐型向科技知识型发展。

社区文化建设要有长远的规划，对社区文化开展的效果要进行预测分析。在此基础上的短期安排也非常重要，每一次大型活动事先都要事前计划，事后都要分析。只有对社区文化活动的开展过程进行有效的控制，才能真正做到切实可行，行之有效。

除了上述四个原则之外，社区文化活动还要做到教与乐相结合，虚与实相结合，内与外相结合等。

11.6　社区文化的硬件建设

社区文化可分为硬件建设和软件建设两部分。社区文化的硬件建设是潜移默化影响人们心理素质的重要因素。众所周知，现代文明的建设是由具备良好素质的人来完成的，而良好的居住环境，可以促使人们自觉地养成良好的生活习惯。环境对于一个人的心理影响相当重要，当一个人长期处于良好的环境当中，便会不知不觉地提高自身素质，如果每个人的素质都得到了提高，那么整个社区文化氛围自然也就体现出来了。总体来说，社区文化的硬件建设包括以下内容，如图11-5所示。

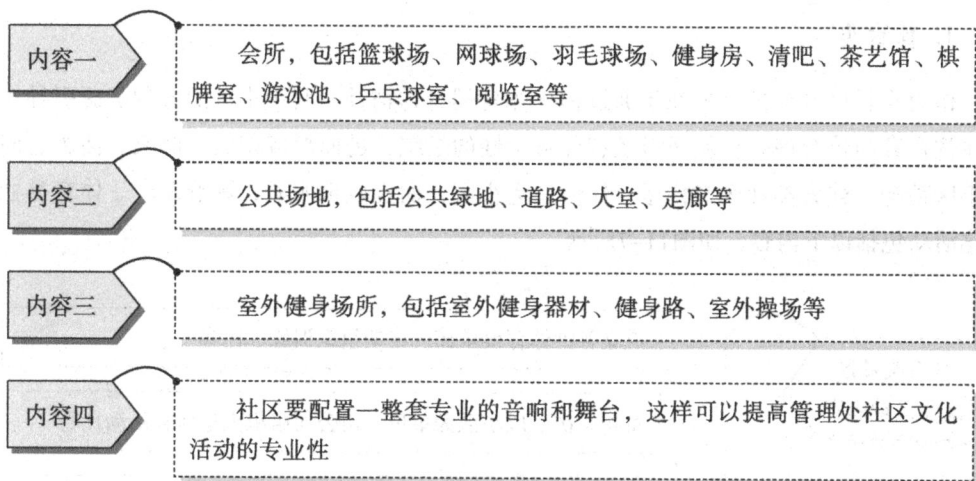

内容一	会所，包括篮球场、网球场、羽毛球场、健身房、清吧、茶艺馆、棋牌室、游泳池、乒乓球室、阅览室等
内容二	公共场地，包括公共绿地、道路、大堂、走廊等
内容三	室外健身场所，包括室外健身器材、健身路、室外操场等
内容四	社区要配置一整套专业的音响和舞台，这样可以提高管理处社区文化活动的专业性

图11-5　社区文化的硬件建设包含的内容

对于会所应尽可能利用其功能，并加强现代化管理；对于公共场地，则宜挂一些名人字画，营造一种浓郁的文化氛围；对于室外健身场所，则应该加以适当引导，形成正确的、自发性的健身氛围。总而言之，对于社区文化的硬件建设，应该重在利用。

11.7　社区文化的软件建设

软件建设是社区文化建设的中心组成部分，它包括一系列的活动计划、实施效果及相关管理制度、管理处人员的服务精神、各项活动筹备人员的组织协调能力、居民的参与配合及对公益活动的热心程度。

根据社区文化的活动形式、活动风格，社区文化的软件建设包括以下内容，如图11-6所示。

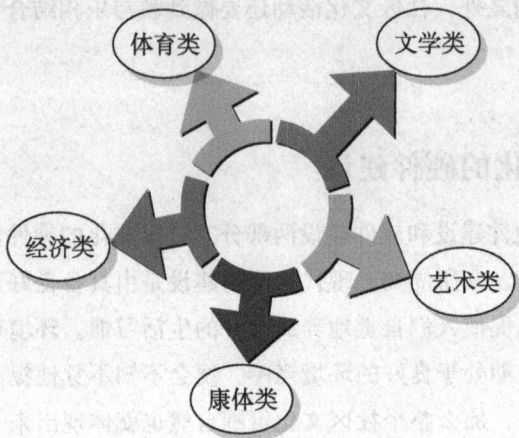

图11-6 社区文化的软件建设包含的内容

1. 体育类

体育类社区文化的目的在于通过倡导体育健身的精神，利用小区的各种资源引导小区全体住户参与体育锻炼，从而形成各种自发性的组织，进而形成积极、健康、活泼、向上的小区精神。体育类社区文化适合任何住宅小区，而且效果明显，影响面广。体育类社区文化活动包括以下内容，如图11-7所示。

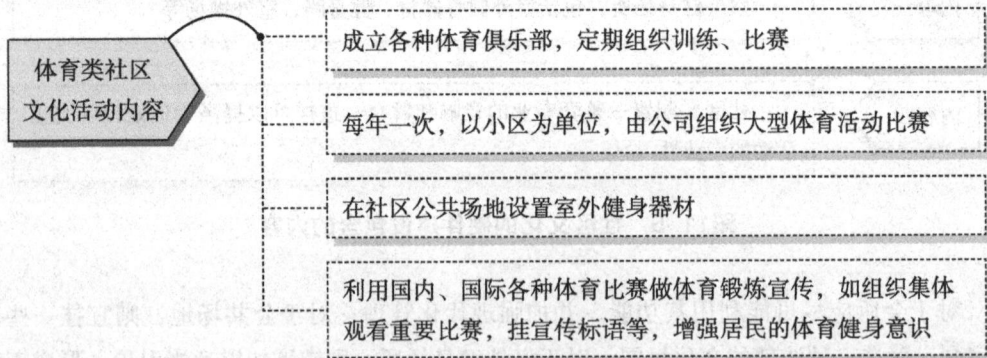

图11-7 体育类社区文化活动内容

2. 文学类

文学类社区文化的定位比较高，主要是组织小区居民中文化素养较高的人来成立一些兴趣小组，在这些兴趣小组的带动下，不定期地举办一些文学活动，从而吸引更多的住户参加活动。通过举办各种文学活动，可以提高参加者的文学素养和兴趣，从而形成富有特色的小区文化氛围。文学类社区文化活动内容主要有以下三个。

（1）组织互换藏书活动。

（2）文学写作兴趣小组。

（3）各种兴趣小组：红学会、水学会、西学会、三学会等。

3. 艺术类

艺术类社区文化是内容最广泛，也是实际工作中运用最多的活动形式，主要通过各种俱乐部的活动来带动全体住户参与到社区文化活动中来，并形成若干自发性组织。艺术类社区文化适合任何住宅小区。其主要活动内容主要有以下三个。

（1）成立各种兴趣小组，定期组织训练、汇演、竞赛，可先以各小区为单位，成熟后再加以联合，组成精英团体。

（2）营造社区艺术氛围，如将小区内各艺术团体成员的优秀作品（书法、山水画等）加以装饰后，在社区公共场所（大堂、会所等）中予以展示；定期组织社区家庭读书活动；举行周末露天舞会、音乐会、歌会等。

（3）在节假日期间举办大型联欢会、文艺汇演、卡拉OK比赛等。

4. 康体类

康体类社区文化是最具有社会效应的活动，不仅可以带动小区住户参与各种社区活动，进而形成一种生活模式，还可以对小区的周边带来一些服务，正因为有良好的社会效应，康体类社区文化活动犹如异军突起，在社区文化中占据了一席之地。具体社区文化活动内容，如图11-8所示。

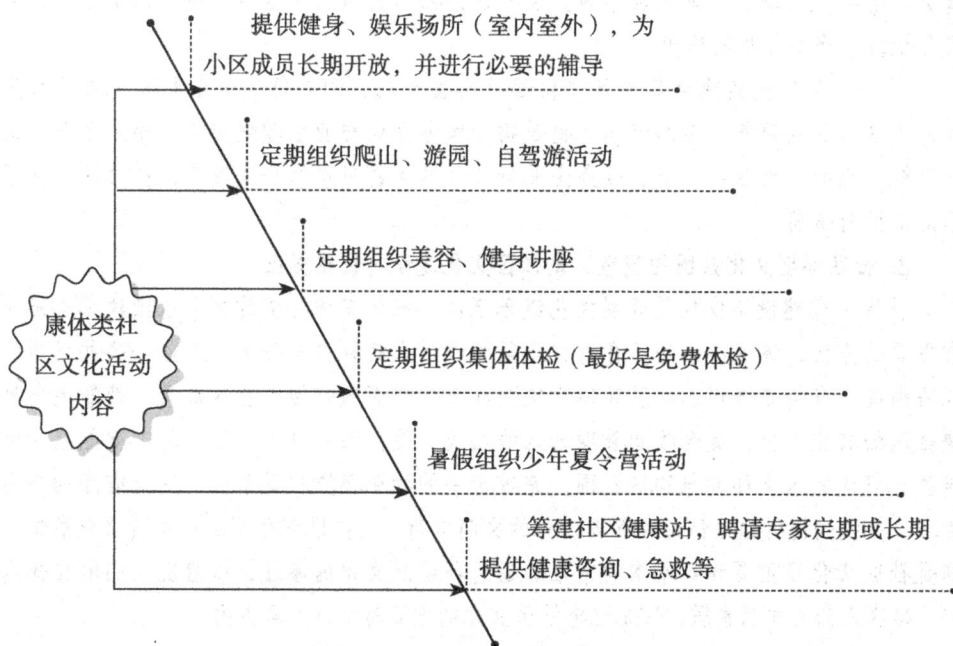

图11-8 康体类社区文化活动内容

康体类社区文化活动内容

- 提供健身、娱乐场所（室内室外），为小区成员长期开放，并进行必要的辅导
- 定期组织爬山、游园、自驾游活动
- 定期组织美容、健身讲座
- 定期组织集体体检（最好是免费体检）
- 暑假组织少年夏令营活动
- 筹建社区健康站，聘请专家定期或长期提供健康咨询、急救等

5. 经济类

经济类社区文化的目的在于让小区内的住户相互帮助,在小区范围内形成一种浓郁的商业气息,并使小区中的每一位住户都能从中受益。这类活动的目的性较强,比较适合以商业为主的商住小区。经济类社区文化活动内容主要有以下五个。

(1)定期邀请成功人士到小区内做创业心得报告。

(2)成立各种商会。

(3)定期邀请房地产专家做房地产租售交易介绍,并提供现场咨询服务。

(4)定期邀请证券专家做投资、理财报告,并提供现场咨询服务。

(5)根据住户的具体需要,定期举办汽车、名牌家私、艺术品展览活动。

拓展阅读

如何建设社区文化

1. 健康的群众性文体活动的开展,是社区文化建设的重要载体

物业服务企业根据小区的硬件条件和环境及特点,充分利用现有的文化设施,如文化广场、图书室、老年人活动室等可利用的设施。适时开展一些文体娱乐活动,发展住宅小区文化活动场所,以适应业主就近娱乐、就近健身,满足业主业余文化生活及健身的需求。同时建立文化俱乐部等公共设施为阵地,建立校外儿童艺术演出队、舞会,老年人秧歌队、练太极拳等。在社区范围内创造文化生活环境,以丰富住户的文化生活、陶冶住户的情操。

同时,节日庆典晚会是小区文化建设的重头戏,因为每逢黄金周和传统节日期间,小区入住人数是最多的时候,也是物业服务企业与业主增进交流、相互了解的最佳时机,组织广大业主和物业服务企业员工开展丰富多彩的联欢晚会,把社区文化娱乐活动推向高潮。

2. 社区环境文化氛围的塑造,是社区文化建设的重要保证

社区文化建设不仅仅是开展文化娱乐活动,社区整体环境的文化氛围建设也是非常重要的方面,体现出无处不在的文化氛围和对人的尊重与关怀。例如,公共场所的标语横幅、宣传布告栏、贴画等体现文明和文化方面的宣传内容和形式,都能突出反映社区的文化品位,提升物业管理社区的档次。使人们一进入小区,马上就能感受到典雅、舒适的人文环境与和谐氛围,完善统一的物业环境视觉系统,安全有序的交通管理,方便快捷的通信信息和管理人员的文明言行。这些映入眼帘的优美的文化载体,都是社区文化最重要和最基本的东西。通过环境对文化的渗透,以启发人们的自律意识,提高人们的文明素质,这是住宅社区文化的重要特征与发展方向。

3. 社区良好的物业服务,是社区文化建设的重要手段

物业服务企业要想实施社区的文化建设,必须对该小区实施高标准、高质量的物

（续）

业服务，建立、健全各项操作制度和工作流程，加强员工的专业知识的培训，使员工的服务态度、服务技能、服务程序、服务制度、服务效率等综合素质全面得到提高，在日常工作中，自觉做到为业主提供热情、娴熟、规范、健全及快速的优质服务，从而提高整个小区的物业服务品质；加强对住户的价值观、道德观、人生观的影响，引导业主自我约束，督促业主与物业服务企业开展小区服务工作的高度配合，使得社区文化成为社区广大业主的精神载体，良好的物业管理服务是维系社区文化建设最基础的纽带，也是社区文化建设不可缺少的重要手段。

11.8 开展社区文化活动

社区文化活动的开展对于物业管理具有十分重要的意义，开展的好与坏不仅可以直接反映物业企业的管理水平，还可以综合反映出小区的形象及精神风貌。因此，物业经理要切实抓好这项工作。

1. 开展活动需求调研

社区文化活动应该百花齐放，满足不同层次业主的兴趣爱好，兼顾不同类型的文化品位。这就要求物业经理充分做好社区文化的调查工作，了解业主的真实需求。

需求调研是策划的第一步，即先了解所辖物业区域内业主（住户）对社区文化活动的需求。至于社区文化活动的需求调研方法与其他延伸服务的方法相同，可以利用业主（住户）调查问卷或相关分析等办法来进行。

下面是某社区文化活动问卷调查表范本，仅供参考。

范本

社区文化活动问卷调查表

1. 您的性别：□男　□女
2. 您的年龄：□18～25岁　□26～35岁　□36～45岁　□46～55岁　□56岁以上
3. 您的文化程度：□本科以上　□大、中专　□高中　□初中
4. 您的职业：□工人、初级职员　□政府机关公务人员　□外资或合资企业中高级职员　□国有企业中高级职员　□私营企业中高级职员　□独立商人　□其他
5. 您的家庭情况：□三口之家　□两口之家　□家庭成员多单身
6. 您对报栏和公告栏的信息：□非常注意　□很少留意　□不留意

（续）

7. 您认为小区报栏和公告栏：□多　□少　□刚好

8. 您认为小区的活动室应该：□有露天的　□有室内的　□两者都有　□两者都不要

9. 您认为小区应该有：□花店　□书店　□邮局、银行代理处　□其他活动中心　□不需要

10. 您希望的社区文化活动应该以谁为主：□少年　□老年　□青年　□三者都要

11. 下面这些社区文化活动您愿意参加或愿意您的家人参加吗？

（1）培训类：□音乐　□书法　□绘画　□舞蹈　□太极拳　□气功　□电脑　□游泳　□健美　□烹饪进修班

（2）比赛类：□篮球　□羽毛球　□乒乓球　□桌球　□门球　□棋类牌类　□卡拉OK　□全家趣味比赛类　□演讲类

（3）公益类：□少儿家教　□露天舞会　□社区服务　□假期活动（集体购物、旅游等）　□参加各种协会（互助会、舞协等）

（4）社会性公共活动：□各种咨询讲座　□评选最佳住户、最佳社区服务员等活动

调查时间：＿＿＿年＿＿月＿＿日

2. 制定活动方案

物业经理须制订社区文化活动的计划和方案，有了计划与方案，在工作中才不会手忙脚乱，也不会影响活动的质量。方案的拟定要以调查分析为依据，要科学合理，切实可行，行之有理。

（1）影响方案制定的相关因素

制定社区文化活动方案应考虑的相关因素有很多，具体内容如表11-1所示。

表11-1　影响社区文化活动方案制定的因素

因素	具体措施
人员配备	可在物业企业下设社区文化人员，主要负责社区文化活动开展和环境文化建设 （1）社区文化人员采用专职和兼职相结合的方式以适应社区规模，主管负责整个社区的社区文化行为，从策划到实施再到监督，如大型文体活动、编辑月报、接待来访等 （2）客户助理参与协助工作 （3）可聘请部分热心业主数人（5～7人）共同组成社区文化活动的基本组织成员

（续表）

因素	具体措施
活动场地	（1）物业企业可留出一间办公室作为日常办公地点和联络场所 （2）社区内规划出的户外活动场地，可作为活动开展的主要地点 （3）可将社区中心广场作为活动开展的主会场 （4）大型或特大型活动可借助社区内或附近中小学的操场或教室举行 （5）社区内开设的科技馆、图书馆（室），也是学习交流的极佳场所 （6）体现报栏、宣传栏功用，发布信息，沟通交流
经费来源	（1）物业企业或物业企业拨出专项经费 （2）酌情收费，如图书馆、科技馆等 （3）寻求个人或相关企业赞助 （4）活动受益人集资
相关规范	要想正常、有序地开展社区文化活动，必须要有一套行之有效的运作规范，在活动策划时应充分考虑到，最好边进行活动策划，边建立和完善相关运作规范

（2）方案的主要内容

在进行有效调查之后，物业经理应针对具体项目制定活动的实施方案，通常方案编制应考虑以下几项内容：时间、地点、主题、形式、活动参与对象、活动邀请对象、活动组织安排、活动后勤保障、活动费用测算、活动费用来源及其他相关事宜。

下面是某××物业公司春节活动方案范本，仅供参考。

范本

春节社区文化活动方案

春节是中国人重要的传统节日，在老百姓心中占有重要的位置。为了活跃小区文化，贴紧与业主（用户）的关系，管理处将组织业主开展多种文化娱乐活动。活动本着营造气氛、活跃情绪、勤俭节约的原则，开展歌舞晚会、钓鱼、套圈、卡拉OK、猜谜语等活动，具体实施方案如下：

一、人员组织

活动策划：（略）

活动总指挥：（略）

活动成员：（略）

后勤保障：（略）

（续）

二、时间安排

2016年1月23日15：30开始至17：30结束。

三、主要分工

1. 杨××负责活动当晚晚会节目的策划、组织、实施。

2. 主持人：李××

3. 工作人员由管理处不当班员工担任。

4. 活动的后勤保障、接受报名、购买奖品及活动的宣传组织比赛用品由陈××负责。

四、场地安排

会所。

五、活动内容

1. 组织有文艺特长的老年人进行歌舞表演，主要有太极、剑术、秧歌、二胡演奏等（时间安排1小时，负责人王××）。

2. "套圈"同公园内的操作相同，物品为可乐、玩具小汽车、公仔、打火机、车用纸巾等物（××公司赞助）。

3. 猜谜活动在操作方法为在半球活动中心现场悬挂一到两百条谜语（事先管理处用彩纸写好），由业主自行猜，猜中后拿着纸条到服务处领取奖品（ ）。

六、奖品设置

当天活动参加人员有小礼品赠送，尽力做到人手一份。

七、费用预算

序号	物品	单位	数量	单价（元）	合计（元）
1	闪光彩灯	条			
2	红灯笼	个			
3	礼品（老年人纪念品）	盒			
4	铅笔、圆珠笔、文具	批			
合计					

××物业管理有限公司

××管理处

××年×月×日

3. 发布活动通知

开展社区活动必须要让所有人知晓，可以在小区公告栏上以通知或者邀请函的形式发布。

下面是某社区活动通知的范本，仅供参考。

范本

社区活动通知

尊敬的各位业主/住户：

"迎中秋，庆国庆！"在这万家团圆、举国欢庆的日子来临之际，物业企业将组织一场丰富多彩的"迎双节"社区大型文化文艺汇演活动，同时将举办猜谜、钓鱼、套圈、蒙眼敲锣等内容丰富、益智娱乐的参与项目，并有大量精彩的奖品赠送，望各位业主/用户踊跃参加。

活动时间：____年__月__日18：30开始。

活动地点：_____

×× 物业管理有限公司

×× 年 × 月 × 日

4. 控制好活动现场

社区活动现场控制内容包括以下三个。

（1）保安员要在现场维护秩序，确保活动现场的安全。

（2）要营造良好的活动氛围，尤其是重大节假日活动，要事先进行现场布置，用装饰物营造出活跃热闹的现场氛围。

（3）活动过程中，物业经理要组织相关人员进行现场报道，对活动过程进行影像资料保存，及时进行一些必要的居民观众采访，收集报道素材。

5. 做好活动记录

社区文化活动结束后，物业经理要组织相关人员对活动现场进行及时清理并填写"社区活动记录表"，对活动进行总结。

下面是某社区活动记录表范本，仅供参考。

范本

社区活动记录表

编号：　　　　　　　　　　　　　　　　　　　日期：＿＿年＿月＿日

主办单位：	
参与者：	
时间：	场所：
活动主题：	
活动内容概况：	
活动经验总结：	

制表：　　　　　　　　　　审核：

5. 进行活动总结

物业经理可以就一次社区活动进行总结，也可以就阶段性社区活动总结。总结时可以参考每次活动记录表及相关影像资料。

学习笔记

通过学习本章内容，想必您已经掌握了不少学习心得，请仔细记录下来，以便继续巩固学习。如果您在学习中遇到了一些难点，也请如实写下来，以方便今后重复学习，彻底解决这些难点。

我的学习心得

1. _____
2. _____
3. _____
4. _____
5. _____

我的学习难点

1. _____
2. _____
3. _____
4. _____
5. _____

我的运用计划

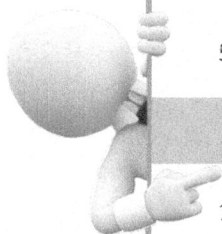

1. _____
2. _____
3. _____
4. _____
5. _____

第12章
创优达标管理

　　评选优秀示范小区是政府各级主管部门评定的最具权威的荣誉，也是政府推进物业企业规范管理的最有效的措施。一家企业创优达标情况如何，最能体现该企业的管理服务水平和企业创品牌意识。

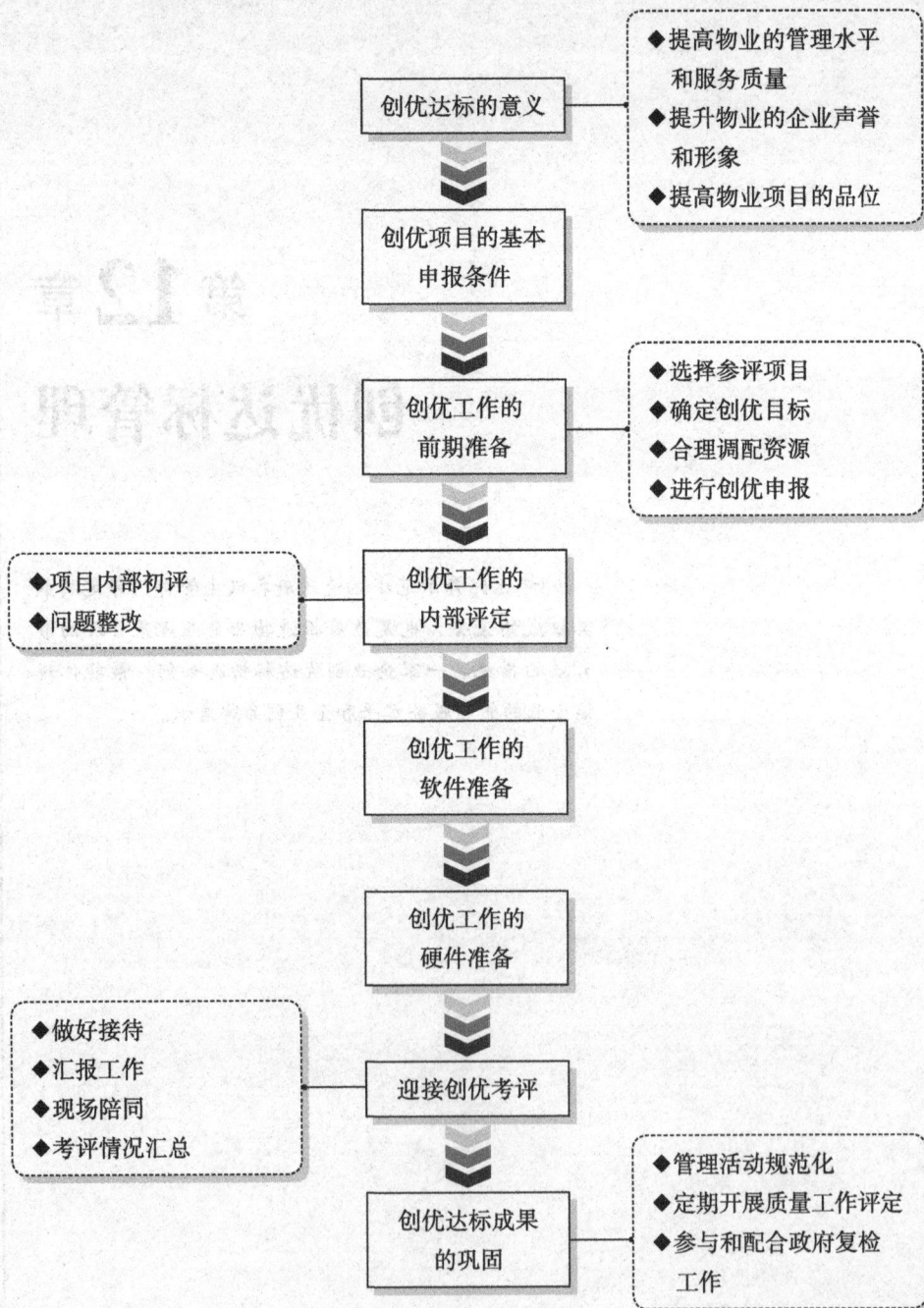

学习指引

创优达标的意义
◆ 提高物业的管理水平和服务质量
◆ 提升物业的企业声誉和形象
◆ 提高物业项目的品位

创优项目的基本申报条件

创优工作的前期准备
◆ 选择参评项目
◆ 确定创优目标
◆ 合理调配资源
◆ 进行创优申报

◆ 项目内部初评
◆ 问题整改

创优工作的内部评定

创优工作的软件准备

创优工作的硬件准备

◆ 做好接待
◆ 汇报工作
◆ 现场陪同
◆ 考评情况汇总

迎接创优考评

创优达标成果的巩固
◆ 管理活动规范化
◆ 定期开展质量工作评定
◆ 参与和配合政府复检工作

12.1　创优达标的意义

物业管理创优工作其实就是一个与品牌物业相互交流和学习的重要支点，也是自身检测的重要方式。所以，在物业管理行业竞争日益激烈的今天，要时刻树立忧患意识，同时想方设法推进自身管理上专业化程度和专业化水平，逐步建立自身在物业管理中的优势或强势。物业管理企业创优达标工作的意义，如图12-1所示。

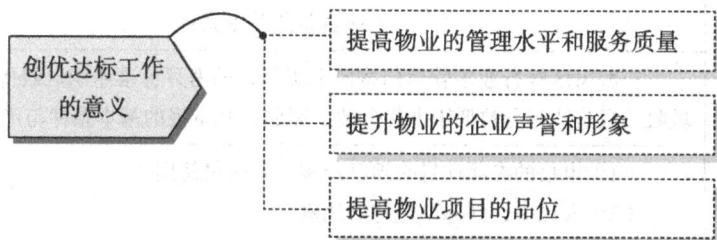

图12-1　创优达标工作的意义

1. 提高物业的管理水平和服务质量

提高物业的管理水平和服务质量，全面推进各项服务工作的快速开展。这是开展物业管理创优最重要的意义之一。创优的过程其实就是一个查找问题，不断规范管理的过程。通过创优，能够让我们参照行业标准，然后对照实际管理和服务工作的具体环节进行逐项测评。管理工作的一些不规范和不科学的环节在创优过程中逐渐显现，这有利于我们及时发现问题。创优给物业管理的具体操作提供了标准和规范，这不仅便于查找问题，而且还能够使出现的问题得到正确、恰当、科学地解决。

2. 提升物业的企业声誉和形象

提升物业企业在物业管理行业中的企业声誉和形象，为市场开拓提供砝码。物业管理创优是物业管理行业对我们的实际水平进行评定，其评定的结果具有一定的权威性。

另外，物业管理创优是一项系统工程，评定过程十分严格，程序十分规范，能够确保评定的公正性和可信度。因此，一旦创优通过，对物业企业的品牌提升将得到积极的推动作用，也能增强物业企业在行业中的知名度和声誉。

3. 提高物业项目的品位

通过创优活动使小区环境卫生、秩序、绿化管护进一步得到提升，同时通过相互观摩交流进一步提高小区的管理能力，保证住宅区平稳、健康发展，优化小区人文环境，营造一个舒适、和谐的居住环境。

12.2 创优项目的基本申报条件

建设部颁布的标准中规定了相应的基本申报条件；各地根据国家标准，制定了适合本地区特点和实际情况的各级申报条件。由于各省（自治区、直辖市）、市级的申报条件、考评标准有所差异，因此企业在选定创优项目时，除了要参考建设部的标准外，还要考虑当地的创建申报基本条件，符合条件的方可申报。

下面是申报不同级别创优达标项目时应具备的基本条件，具体内容如表12-1所示。

表12-1 不同级别创优达标项目时应具备的基本条件

项目级别	应具备的基本条件
区级优秀项目	一般由区级行业主管部门按照上级制定的考评标准组织区级优秀项目的考评验收，只是达标分数低于市优分数。因此，其申报的基本条件与市优基本相同
市级优秀项目	（1）申报的参评项目必须已经竣工并交付使用 （2）入住率达到标准规定的比例 （3）配备有专业的管理服务人员 （4）参评项目的面积等硬件条件符合标准 （5）建立完善的管理规章制度 （6）参评项目当年无重大责任事故发生 （7）未发生行业主管部门认定的重大有效投诉 （8）参评项目实行了综合一体化、专业化管理服务等
省级及国家级优秀示范项目	除了要具备申报市优的基本条件外，还必须具备以下两个条件 （1）已取得市优、省优分别满一年以上 （2）已按法定程序成立了业主委员会 （申报国家级示范项目必须是省级考评达98分以上）

12.3 创优工作的前期准备

物业企业在制订年度工作计划和工作目标时，应通过权衡企业所能提供的资源和在管项目的自然条件，确定是否参加当年的创优考评并选择几个项目进行创优达标，做到未雨绸缪。

1. 选择参评项目

一般来说，选择参评项目应考虑三个因素，如图12-2所示。

因素一　委托方的要求。如果委托物业管理合同中约定要创建达标且项目自然条件符合申报要求，就必须进行创建达标

因素二 ▸ 企业规范管理、提升品牌的自身要求。如果企业希望通过参加创建达标提升管理水平、提高企业知名度，就应选择项目参与创建考评

因素三 ▸ 企业在管项目中如果有基础条件好且符合申报条件的，应积极参加创建考评

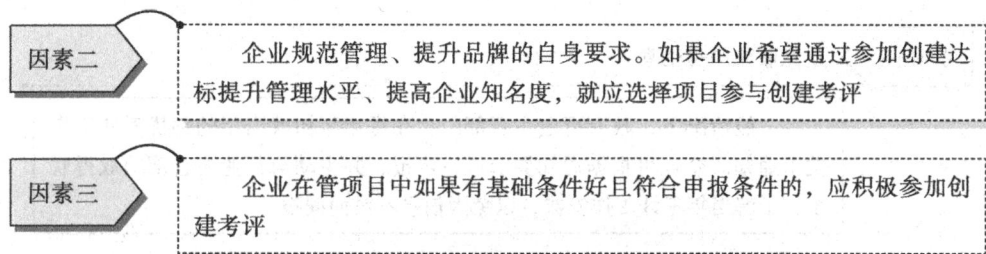

图12-2 选择参评项目应考虑的因素

2. 确定创优目标

物业企业要把创优活动当作企业提高管理手段、提升管理水平的重要战略步骤之一；设立管理服务的长远目标：市优、省优、国优。通过推行标准化的管理服务手段，从而不断增强企业核心竞争力。

3. 合理调配资源

物业企业想要实预定的创优目标，必须配备相应的资源，包括组织资源、人力资源、财力资源、物资资源等。要做好调配资源工作必须注意以下几点，具体内容如表12-2所示。

表12-2 做好调配资源工作的注意要点

注意要点	具体要求
领导重视	主要领导应在创建的各个阶段予以高度重视，并要求机关有关部门经常到参评项目现场检查、指导，确保创建工作按计划进行
组织保证	企业应成立由企业领导挂帅、机关有关部门负责人和创优项目负责人共同参加的创优领导小组，并指定一个部门作为创建主要责任部门。各参评项目应相应建立以负责人为首的创建工作小组，明确分工，责任落实到人
人员培训	创优达标涉及参评项目管理服务工作的全部内容，因此企业必须对员工进行贯彻标准培训。让每位员工都清楚创建的目的、明确创建达标的任务和要求、了解考评标准的内容及本人在创建工作中所担任的角色
激励机制	可采用相应的激励机制，如把创建工作成果与员工职位升降和奖金双挂钩等。尤其是进入项目初评阶段后，对整改的项目，要落实责任部门、负责人；对整改时间、整改效果作出明确规定并进行控制

4. 进行创优申报

在申报过程中，物业管理企业一定要注意以下四个事项，具体内容如图12-3所示。

事项一 注意收集申报信息

一般情况下，政府行业主管部门会在每年年初就当年的创优考评工作发出通知。企业可根据通知要求进行申报，并主动与行业主管部门取得联系，了解当年考评工作安排，以免因信息不灵而漏报

事项二 填写、呈送申报表

企业确定参评项目后，应到政府主管部门领取申报表，并按照规定的时限填写并报送指定接收部门

事项三 跟踪申报结果

政府主管部门收到创优申请之后和组织检查考评之前，都会对企业及申报项目的资质进行审查，并确认参评资格。企业应注意跟踪确认结果

事项四 逐级申报

企业的申报程序是由低级向高级进行的。一般来说，应从区优起步，每通过一级考评验收后，再申请参加更高级别的达标考评

图12-3 申报过程的注意事项

12.4 创优工作的内部评定

在确定创优项目后，物业管理企业应立即组织相关部门和人员对项目进行全方面的综合检查，对创优项目进行初次评定。

1. 项目内部初评

初评应该有计划地进行。企业内部初评时应明确以下六点，具体内容如图12-4所示。

1 选用初评标准

企业内部检查考评应参照新颁布的国家示范小区标准，同时结合本企业的检查标准进行

2 明确牵头部门

由牵头部门负责组织实施初评，包括检查评估的时间、参加考评的人员、检查的内容、顺序、考评结果的汇总等

3 选定检查人员   为了保证企业内部初评的质量，应选择具有足够专业知识和丰富实践经验的人员参加检查

4 细致分组检查   一般分为：软件组（文件、资料、档案、培训等）、环境组、设备组（强电、弱电、电梯、锅炉等）、财务组

5 参评项目配合   受检单位应组织人员引导和陪同检查组进行检查，并认真做好记录

6 提出整改方案   现场检查结束后，应以会议的形式由各检查小组汇报检查结果，针对问题分析原因，提出整改意见；由初评牵头部门汇总整改意见并形成书面报告，提交企业领导和受检单位

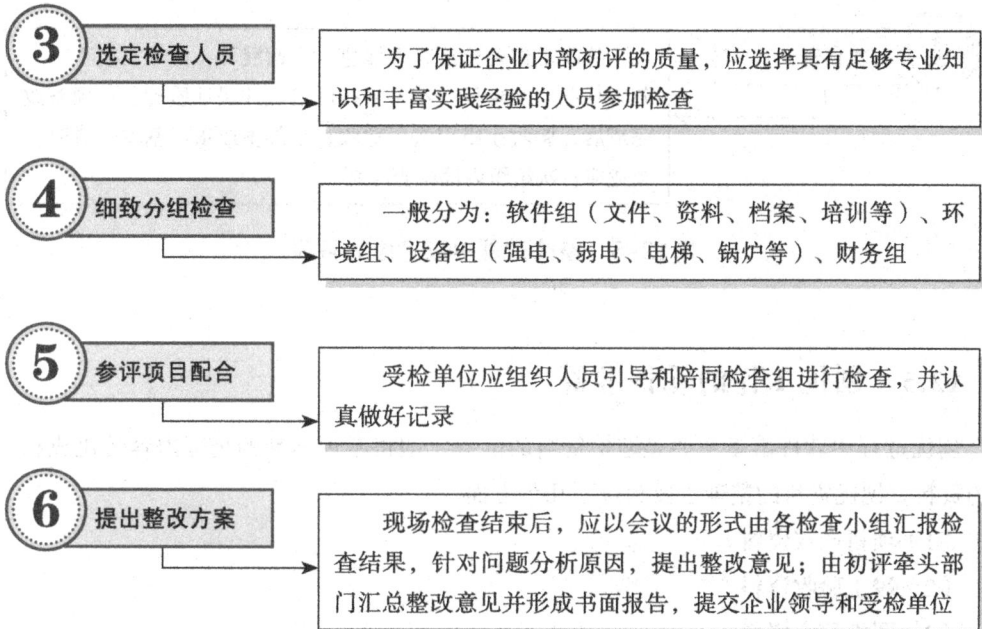

图12-4　内部初评的工作

2. 问题整改

在项目初评过程中，检查人员会发现一些问题，对这些问题要进行及时整改。一般来说，从项目初评到问题整改，其过程的长短和效果的优劣由企业的实力决定。检查人员的水平、能力和态度决定了发现问题的数量和频次，而企业资源则决定了问题的整改程度及结果。因此，在问题整改过程中，企业应考虑以下事项，如图12-5所示。

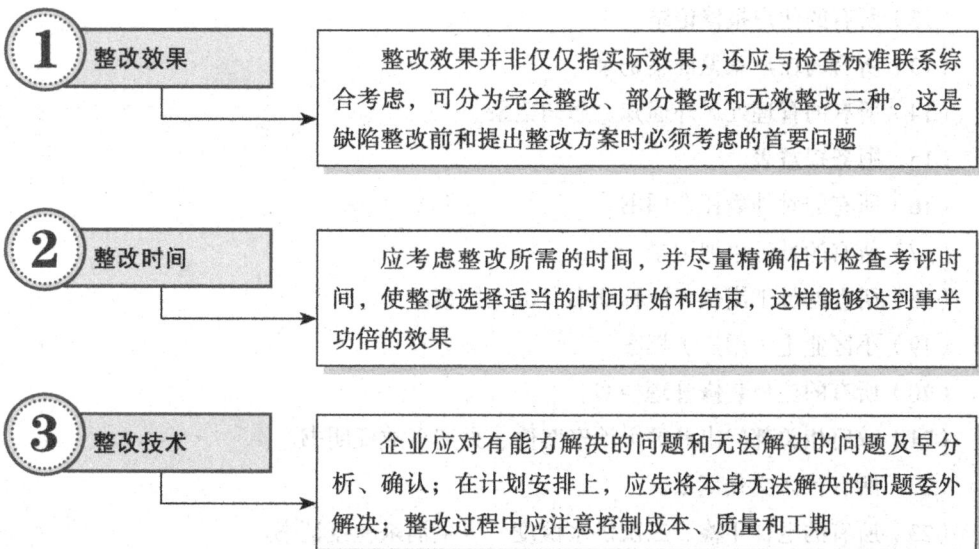

1 整改效果   整改效果并非仅仅指实际效果，还应与检查标准联系综合考虑，可分为完全整改、部分整改和无效整改三种。这是缺陷整改前和提出整改方案时必须考虑的首要问题

2 整改时间   应考虑整改所需的时间，并尽量精确估计检查考评时间，使整改选择适当的时间开始和结束，这样能够达到事半功倍的效果

3 整改技术   企业应对有能力解决的问题和无法解决的问题及早分析、确认；在计划安排上，应先将本身无法解决的问题委外解决；整改过程中应注意控制成本、质量和工期

4 二次自查

整改工作要分清轻重缓急，全面展开；由于工期不同，各责任部门和责任人都必须按时完成并保证质量；单项整改完成后，验收小组应进行验收；全部整改项目基本完成时，企业应再次组织内部检查考评

图12-5　整改过程中应考虑的事项

12.5　创优工作的软件准备

创优过程中软件准备主要是迎检资料的准备，即将考评标准的全部内容转化成相关主题的资料。创优资料的整理主要为以下几个方面。

（1）项目产权资料。

（2）竣工验收资料。

（3）图纸移交资料。

（4）物业企业成立登记资料。

（5）业主委员会成立与活动资料。

（6）公众管理制度。

（7）所有内部管理标准作业规程。

（8）所有内部管理的日常质量记录。

（9）员工绩效考评结果记录。

（10）所有的住户投诉记录。

（11）所有的住户回访记录。

（12）所有的住户报修记录。

（13）所有的住户意见征集记录。

（14）所有的管理处对外通知、通知记录。

（15）财务损益表。

（16）所有的对外委托合同书。

（17）所有的员工培训记录。

（18）所有的员工岗位、职称证书、员工档案。

（19）小区业主（用户）档案。

（20）所有的住户装修管理档案。

（21）政府相关部门出具的无治安案件、火灾事故证明书。

（22）所有社区文化记录。

（23）所有的电梯年检、二次供水检疫、卫生消杀检疫证书。

（24）所有的标志复印件。

（25）所有的多种经营资料。

（26）政府、住户、上级公司、外界对管理处工作的评价资料以及其他应提供的资料、记录等。

小贴士

　　所有的资料应充分体现完整无缺、规范的管理与服务；而创优活动已得到业主委员会的支持和配合，对此大多数业主（用户）都知晓和理解。

12.6　创优工作的硬件准备

硬件是指软件运行的环境，包括楼宇建筑及配套设施、设备等。要想创优达标，硬件方面必须满足以下九个要求。

（1）项目外观要完好、整洁。

（2）楼宇内部整洁、有序、安全，无违反装修管理和消防管理法规的乱搭、乱建、乱改等违章行为。

（3）设施设备是大项，维护、使用、管理要完善。各类公共设施设备的使用功能应保持良好的工作状态。

（4）机房环境和设备表面维护管理应做到整洁、干爽、无灰尘、无锈迹、无脱漆、无虫、无鼠害。

（5）消防系统配置齐全，标志清楚、完整，消防疏散通道畅通。

（6）搞好二次供水系统、水池、水箱的清洁、消毒工作，煤气管道、电梯等设施设备的安全防护措施一定要到位。

（7）无卫生死角。

（8）环境绿化美化效果好。

（9）公共秩序的防护设施完好齐整，治安、交通标志齐备，设备先进完善。

小贴士

　　硬件准备是庞大、复杂的工作，要求参评项目负责人在整个整改、完善过程中，充分发挥其领导艺术及沟通协调能力，并动员所有员工自觉地参与硬件准备工作。

12.7 迎接创优考评

物业经理在迎接考评时要做好以下三个方面的工作，如图12-6所示。

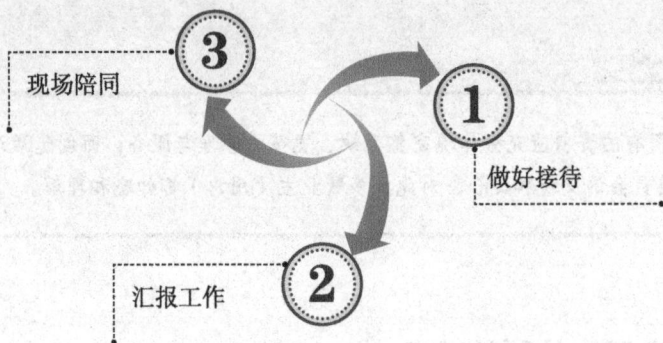

图12-6 物业经理迎接创优考评时要做好的工作

1. 做好接待

接到考评的准确时间通知后，物业经理应率领相关工作人员提前到达考评现场迎候考评组。其具体要求主要有以下三个。

（1）全体受检人员着装统一、仪容端庄、精神饱满。

（2）接待、汇报现场的布置要求做到整洁、明亮、宽敞、舒适，能够烘托出创建的氛围。

（3）考评组到达后，相关人员接待要热情、礼节礼貌要周到。

2. 汇报工作

汇报工作包括口头汇报和提供汇报材料。

（1）口头汇报

口头汇报通常由项目主要负责人负责。负责口头汇报的人员，要求十分熟悉项目的管理运作情况和创建的全过程。汇报过程中要求语言流畅、条理清楚、突出重点、控制好时间。切忌照本宣科、吞吞吐吐。

（2）提供汇报资料

提供的汇报资料一般包括项目创建工作情况汇报材料、创优方案、创优达标资料总目录等，一式10～15份为宜。另外，制作装订要求外观精致、美观，内容实在、精练、准确，排版规范，字迹清晰。

3. 现场陪同

现场陪同是指受检企业为保证检查工作顺利进行，安排管理和技术人员陪同、引领、配合考评组进行现场考评。现场陪同人员应注意以下三个要点，如图12-7所示。

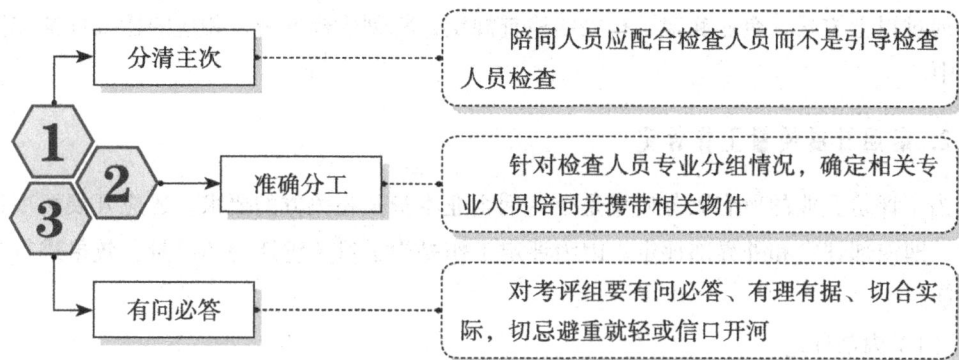

图12-7 现场陪同人员应注意的要点

4. 考评情况汇总

一般情况下，现场检查结束后，考评组要向受检单位通报考评情况并提出希望和要求。此时，物业企业应安排人员进行记录。对考评人员指出的问题，必要时可适当进行解释；同时要明确表态，对考评组指出的问题提出具体的整改措施和完成整改的时限。

12.8 创优达标成果的巩固

物业企业应在真正理解创优达标工作的阶段性和延续性特征后，通过自检、复检的方式，不断巩固创优成果和寻求持续发展。

1. 管理活动规范化

企业要建立和完善自检功能，必须对管理服务活动进行细分，并有针对性地制定出每一项服务活动的服务规范、服务提供规范和服务质量控制规范，具体内容如表12-3所示。

表12-3 管理活动规范化要求

规范分类	制定要求
服务规范标准	规定服务以及服务应达到的标准和要求，即企业应提供哪些服务，这些服务由哪些分项服务进行支撑
服务规范程序	应明确每一项服务活动怎样做，才能保证服务规范。也就是将服务过程中的每个环节加以程序化，从而对它的每一步骤进行控制
质量控制规范	对服务的全过程进行控制，即怎样控制服务质量环节中各个阶段的质量，特别是服务提供过程的质量。制定的质量控制规范必须包括以下四个内容： （1）识别关键活动； （2）分析关键活动，给出标准并加以控制； （3）规定特性评价方法； （4）建立控制手段

通过以上方式，企业确定了相关的检查规定，将创优标准融入相应的检查标准和操作规程中。

2. 定期开展质量工作评定

为了评价企业的所有服务质量是否达到企业本身及相关方的要求，还应开展两项评定工作，即内部评定和外界部评定。因为评定工作是为了对关键活动的质量、效果进行测量及验证。

（1）内部评定

内部评定内容如图12-8所示。

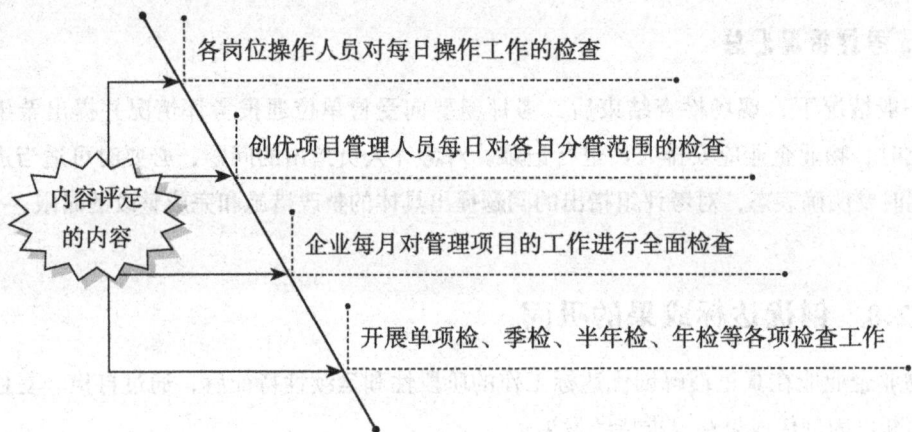

各岗位操作人员对每日操作工作的检查

创优项目管理人员每日对各自分管范围的检查

内容评定的内容

企业每月对管理项目的工作进行全面检查

开展单项检、季检、半年检、年检等各项检查工作

图12-8　内部评定的内容

（2）外部评定

外部评定是指通过接受企业外部的监督，促使企业的不断改进和提高，包括向服务对象征询意见、参加政府和行业组织的各项达标评比活动等。

3. 参与和配合政府复检工作

在参评项目获得相应级别的称号后，政府会定期或不定期地进行抽查或复检。此时，企业创优达标的项目将面临以下四个问题。

（1）人员的变动。由于人员的流动变化，当抽检或复检来临时，受检项目的管理人员可能未参加过创优达标实践，因此缺乏迎检经验。

（2）创优资料的相对落后。较早前整理的迎检资料中，缺少考评以来的运作资料，因此必须加以补充、整理。

（3）建筑、设备的老化等。自然的不可抗力因素决定着建筑外墙，特别是涂料外墙面的陈旧、老化、污染；设备的寿命决定着某些设备在运行一段时间后会老化。这些又给迎检工作增加了整改工作量。

（4）相关方的制约因素。企业的复检项目应保持和相关方的良好关系，特别是与业主委员会的关系。

政府复检工作的开展方式和检查重点与创优达标采取的方式不同。复检工作对业主委员会和建筑外观及住户评议方面的考评比较侧重，因此，企业的工作重点是保持建筑外观和环境的美观，设备运行正常。另外，要注重协调好与业主委员会的关系。同时，要加强对企业员工的培训工作，通过熟悉创优过程中的相关资料使其了解相关的程序和注意事项。

学习笔记

通过学习本章内容，想必您已经掌握了不少学习心得，请仔细记录下来，以便继续巩固学习。如果您在学习中遇到了一些难点，也请如实写下来，以方便今后重复学习，彻底解决这些难点。

我的学习心得

1. _____
2. _____
3. _____
4. _____
5. _____

我的学习难点

1. _____
2. _____
3. _____
4. _____
5. _____

我的运用计划

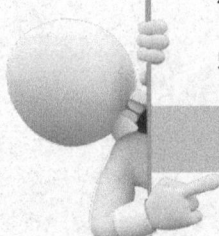

1. _____
2. _____
3. _____
4. _____
5. _____

第 13 章
服务质量管理

　　随着老百姓对物业管理服务品质的关注度不断上升，物业管理企业也在不断寻找自身所提供产品的能力的突破口。其中，加强物业管理企业的质量管理就是其中一个重要手段。

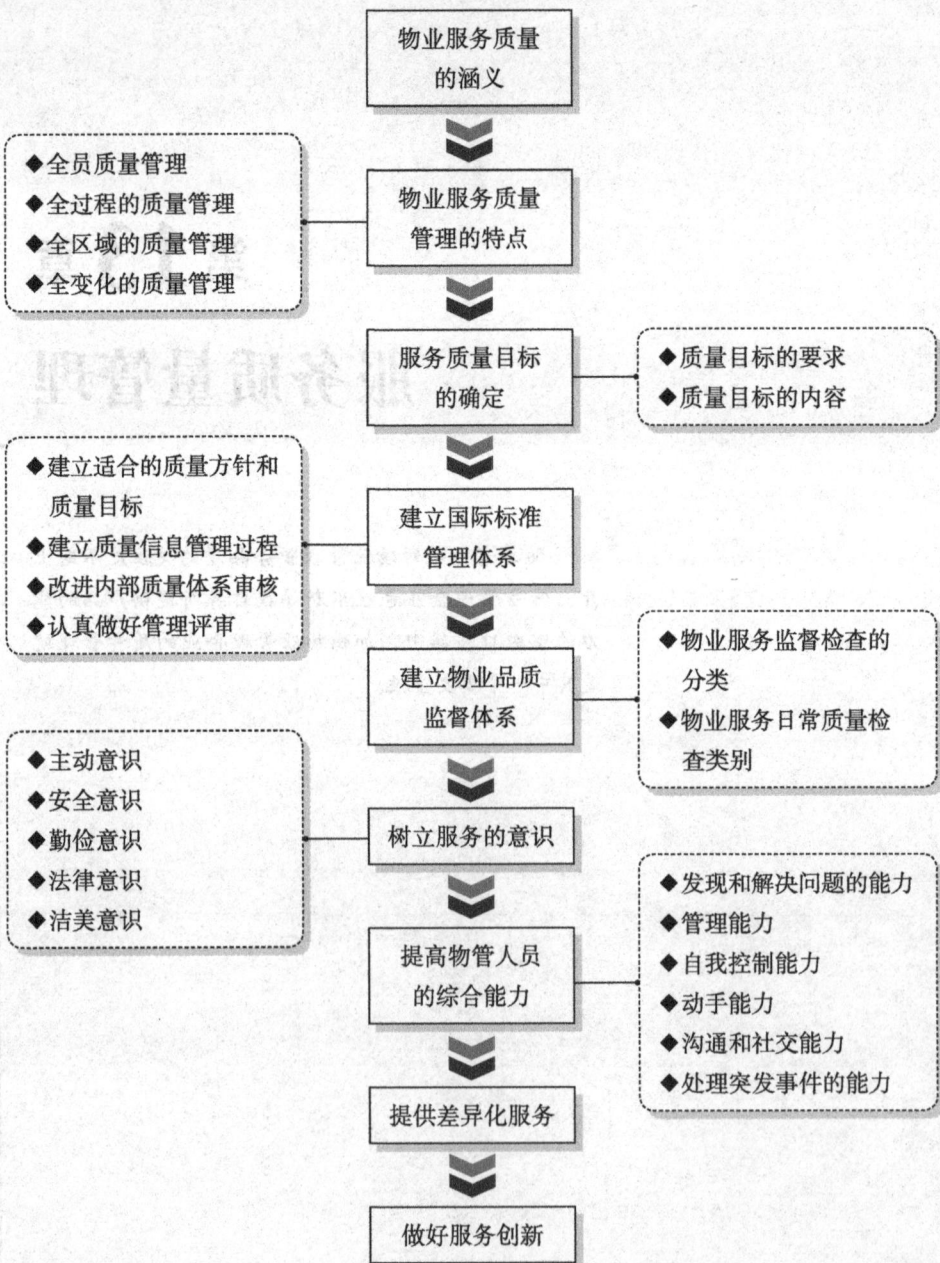

学习指引

物业服务质量
的涵义

◆全员质量管理
◆全过程的质量管理
◆全区域的质量管理
◆全变化的质量管理

物业服务质量
管理的特点

服务质量目标
的确定

◆质量目标的要求
◆质量目标的内容

◆建立适合的质量方针和
　质量目标
◆建立质量信息管理过程
◆改进内部质量体系审核
◆认真做好管理评审

建立国际标准
管理体系

建立物业品质
监督体系

◆物业服务监督检查的
　分类
◆物业服务日常质量检
　查类别

◆主动意识
◆安全意识
◆勤俭意识
◆法律意识
◆洁美意识

树立服务的意识

提高物管人员
的综合能力

◆发现和解决问题的能力
◆管理能力
◆自我控制能力
◆动手能力
◆沟通和社交能力
◆处理突发事件的能力

提供差异化服务

做好服务创新

13.1 物业服务质量的涵义

提升物业服务质量，首要问题就是必须对物业管理的服务质量有一个正确的认识。否则，将物业管理服务的质量简单地看作仅是管理区域卫生清扫的干净程度，就不可能把物业管理工作做好。

物业管理的服务质量是指物业管理服务活动达到规定要求和满足业主需求的能力和程度，其服务质量主要包括以下内容，如图13-1所示。

图13-1 物业服务质量的内容

13.2 物业服务质量管理的特点

物业管理全面质量管理，是物业企业全体员工和各个部门同心协力，综合运用现代管理手段和方法，建立完善的质量体系，通过全过程的优质服务，全面地满足业主需求的管理活动。

物业管理服务质量管理的主要特点如图13-2所示。

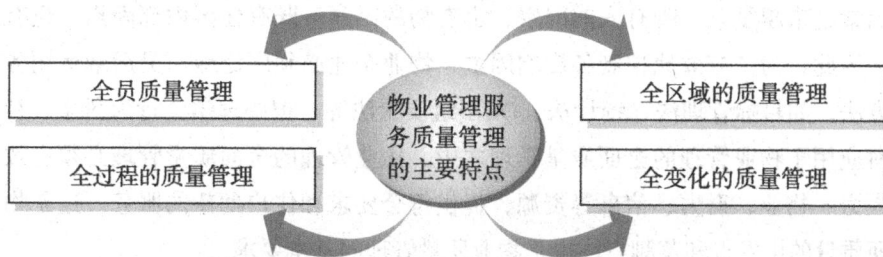

图13-2 物业管理服务质量管理的主要特点

1. 全员质量管理

物业管理服务质量的优劣,是物业管理各个部门、各个环节全部工作的综合反映,涉及物业管理住区内的全体员工和全体住户。管理者处于管理服务的角度,起关键作用。但是,如没有被管理者即住户配合,再优秀的物业管理只是一句空话。因此,必须把小区的全体管理者和住户的积极性与创造性充分调动起来,不断提高人的素质,牢固树立"质量第一"的思想,人人关心物业的服务质量,参与质量管理。

2. 全过程的质量管理

物业管理服务工作的全过程,可分为对物业小区进行管理的服务前、中、后三个阶段,不仅包括面对住户所进行的服务工作,还包括服务前所做的准备工作,以及服务后的一切善后工作。因此,物业经理必须做到以下几点:

(1)把物业管理的重点从事后把关转移到事前预防上来,以注重结果变为注重因素,防患于未然;

(2)树立为住户服务的思想,使物业管理工作每一个环节的质量都经得起住户的检验,满足住户的要求。

3. 全区域的质量管理

全区域的质量管理主要从组织管理这一角度来进行。每一个物业管理区域的质量管理不仅是对管理者的管理,还包括对物业企业领导层的管理,以及对住户的管理。其中,每种管理角色都有明确的质量管理活动重点内容。对领导层而言,要侧重于质量管理决策,充分发挥众人的智慧,组织、协调物业企业各部门各环节、各工种人员质量管理的统一活动;对基层管理者而言,要求每个员工都要严格地按标准、按规章制度进行操作,严格检查实际操作情况,完善质量监督机制;对住户来说,要自觉维护住区的各项规定。

4. 全变化的质量管理

随着社会的进步和经济的发展,住户对物业服务质量的要求越来越高,影响住区服务质量的因素越来越复杂,既有人的因素,也有物的因素;既有住区内部因素,也有住区外部因素。因此,为了有效地控制各影响因素,物业企业必须广泛地、灵活地运用各种现代化管理方法,如目标管理法、统计法、QC小组质量法等,把心理学、行为科学、社会学等相关学科应用于物业管理的全面质量管理之中。物业管理的全面质量管理必须有效地利用住区的人力、物业、财力、信息等资源,提供符合要求和住户期望的服务。这是物业管理推行全面质量的出发点和落脚点,也是物业质量管理的基本要求。

13.3　服务质量目标的确定

质量目标是将质量方针具体化的奋斗目标。既然是目标，就不应该是现在已达到的水平，而应是经过一段时间（一般宜为三年）的努力可望达到的目标。因此，应将能使物业企业在市场竞争中更加强有力的重要事项列为物业企业的质量目标。

1. 质量目标的要求

物业经理在制定服务质量目标时应满足以下几个方面的要求。

（1）应能够体现质量方针和质量管理的八项原则，依据质量方针的框架来展开制定质量目标。

（2）应满足顾客对产品和服务的需求。

（3）应具体化并尽可能定量化，至少要明确地定性，如产品外观质量达到国外某名牌的水平，以便测评。

（4）应切合物业企业的实际，经过一段时间的努力可以达到，即应是"跳一跳才能被摘下的桃子"。目标应高于目前已达到的水平，而不是不需经过任何努力就可完全达到，那制定出来的目标就失去了意义。但也不是某些领导者想的那样，目标制定得越高越好。目标定得太高，再怎么努力也不可能达到，就使员工失去"跳一跳"的动力，反正再怎么"跳"，也不可能够得着那个"桃子"。

2. 质量目标的内容

质量目标视物业企业的具体情况而定，可以是多样化的。其内容通常包括：技术员工上岗持证率，绿地养护完好率，物业管理服务费用收缴率，重大责任安全事故、质量事故、设备完好率，房屋完好率，客户综合满意率，投诉处理率，有效投诉率，清洁绿化管理完成覆盖率，员工培训率，报修（故障）到场时间、电梯故障（困人抢修）到场时间、因管理责任发生重大刑事案件、因管理责任造成汽车丢失或严重损毁、火灾事故发生率等。

下面是物业企业常用的控制性指标范本，仅供参考。

范本

物业企业常用的控制性指标

一、总体管理、服务目标

1. 全年不发生重大安全责任事故。"重大安全事故"包括以下内容：

1.1 因失职或玩忽职守引发的员工死亡事故；

1.2 因失职或玩忽职守引发的公司重要财产报废、损毁事故；

1.3 因失职或玩忽职守引发的火灾事故。

（续）

1.4 因失职或玩忽职守引发的水浸事故；

1.5 因失职或玩忽职守引发的恶性治安事件；

1.6 因失职或玩忽职守引发的业主/住户重伤、死亡事件。

2. 所辖物业设施设备的使用完好率达到98%以上。

3. 员工培训合格再上岗率达100%。

4. 员工对企业的满意率达到85%以上。

5. 住户对管理、服务工作的满意率达85%以上。

6. 管理费收缴率达98%以上。

二、经营目标（总体）

1. 全年支出控制在预算范围内。

2. 全年管理平均成本控制在_____元/平方米·月。

3. 全年实现经营利润_____万元。

4. 人均管理成本_____元/平方米·月。

5. 人均管理面积_____平方米。

6. 各类操作层员工的劳动定额。

7. 人均劳动生产率、利润率。

三、公共事务部分项管理指标

1. 业主违章有效处理率。

2. 房屋完好率。

3. 住户维修及时率、合格率。

4. 住户有效投诉率_____起/万平方米，有效投诉处理合格率（以回访结果为准）。

5. 住户求助处理率、满意率。

6. 有效回访率达到100%。

7. 培训计划完成率。

8. 员工绩效考评有效率。

9. 服务规范的出错率（以检查、投诉记录为准）。

10. 工作操作规程的内审严重不合格为零，轻微不合格3项以下，观察项10项以下。

11. 工作操作规程抽检合格率。

12. 社区文化活动有效完成率。

13. 多种经营收入_____万元。

14. 业主委员会对物业管理服务工作的满意率。

15. 住户对公共事务部工作的满意率。

四、保安、消防管理分项指标

1. 消防设施、设备的使用完好率为_____%。

（续）

2. 普通治安案件的发生率_____起/万平方米，有效处理率为_____%。

3. 其他各类突发事件的有效处理率。

4. 员工对干部的满意率为_____%以上。

5. 灭火预案演习达标率为_____%。

6. 治安预案演习达标率为_____%。

7. 训练考核达标率为_____%。

8. 车辆违章停放率为_____%。

9. 作业规程抽检合格率为_____%。

10. 内审严重不合格为零，轻微不合格_____项以下，观察项为_____项以下。

11. 服务规范的不合格率为_____%。

12. 住户对保安、消防工作的满意率为_____%。

五、维修工作分项管理目标

1. 设备计划保养完成率。

2. 设备开机完好率。

3. 设施设备大、中、小修计划完成率

4. 设备运行成本。

5. 设备临时故障排除的及时率。

6. 员工工伤事故发生率。

7. 值班记录准确合格率。

8. 机房卫生达标率。

9. 作业规程抽检合格率。

10. 内审严重不合格为零，轻微不合格3项以下，观察项为10项以下。

11. 服务规范的不合格率。

12. 住户对维修保养工作的满意率。

13. 设备单位运行成本_____元/万平方米。

六、园林绿化分项管理指标

1. 绿化养护成活率，黄土裸露面积。

2. 苗木繁殖成活率。

3. 植物长势达标率。

4. 绿化环境评比住户满意率。

5. 作业规程抽检合格率。

6. 内审严重不合格为零，轻微不合格3项以下，观察项为10项以下。

7. 服务规范的达标率。

8. 住户对维护保养工作的满意率。

（续）

9. 设施设备使用完好率。

七、清洁、保洁分项管理指标

1. 垃圾停留地面的时间不超过_____小时。

2. 工作标准抽检达标率。

3. 工作规程抽检合格率。

4. 内审严重不合格为零，轻微不合格3项以下，观察项为10项以下。

5. 住户对清洁工作的满意率。

13.4 建立国际标准管理体系

国际标准管理体系是国际标准化组织在总结世界各地质量管理和保证成功经验的基础上制定出来的一套科学、系统的管理标准，包括ISO 9000族、ISO 14000族等。当前在物业管理中推行国际标准认证，有利于管理的规范化，也有利于与国际接轨。

物业ISO 9000标准是对质量管理体系的要求。这种要求是通用的，适用于各种行业或经济部门提供的各种类别的服务，包括硬件、软件、服务。但是，每家物业企业为符合质量管理体系标准的要求而采取的措施却是不同。因此，每家物业企业要根据自己的具体情况建立物业ISO 9000质量管理体系。

1. 建立适合的质量方针和质量目标

质量方针是与经营宗旨相一致的，与服务要求相适应，要体现对业主的承诺和对持续改进的承诺。因此，质量方针不能是空洞的口号，要根据本物业企业的服务、业主定位和预期的服务质量水平确定。

质量目标应根据质量方针所提供的框架展开。为确保物业企业质量目标的实现，相关职能和层次要依据物业企业的质量目标要求确定各自的质量目标，并落实到全体员工的活动中。

从体现对业主承诺的角度，质量目标往往即可与服务性能有关，如服务的使用寿命、维修保障性、服务的及时性等，又可落实到服务实现过程的质量，如服务的合格率、保修等候时间、服务等候时间等。

从体现持续改进的角度，目标可能与业主的满意程度有关。质量目标应是可测量，而且相关职能和层次的质量目标应尽可能地量化，以便比较实施结果，进行持续改进。

质量方针和质量目标不是质量管理体系的点缀，质量方针和质量目标的实现情况是作为质量管理体系适宜性、充分性和有效性的重要证据。

2. 建立质量信息管理过程

ISO 9001标准中规定："组织应确定、收集和分析适当的数据，以证实质量管理体系的适宜性和有效性，并评价在何处可以持续改进质量管理体系的有效性。"因此，物业企业在进行数据分析时应提供以下有关方面的信息：

（1）业主满意；

（2）与服务要求的符合性；

（3）过程和服务的特性及趋势；

（4）供方。

建立质量信息管理过程的目的是为了评价质量目标（包括各项指标）的完成情况，确定需要改进的区域。质量信息的管理过程包括质量信息的名称、记录、传递、统计、分析、报告方式以及相关的职责。物业企业应建立一套统计报表，定期检查、考核各级和各职能部门的质量指标完成情况，促进并激励员工为实现质量目标而不断积极进取；应充分利用统计工具，对大量的质量信息进行汇总分析，找出主要问题（包括潜在的），提出改进的建议和要求。

3. 改进内部质量体系审核

物业企业不仅应积极开展内部质量体系审核，还应根据自身的具体情况开展服务和关键过程的质量审核。通过分析每月进行的服务质量审核和过程质量审核积累的数据，可验证服务质量和过程质量波动情况，以及质量管理体系是否得到有效实施。

4. 认真做好管理评审

管理评审的目的是确保物业ISO 9000质量管理体系持续的适宜性、充分性和有效性，是具有重要意义的质量管理工作。做好管理评审，将促进物业企业的服务质量不断改进，业绩不断提高，物业ISO 9000质量管理体系不断完善，物业经理应对做好管理评审给予足够的重视。

13.5 建立物业品质监督体系

物业服务的监督检查就是由上而下，对物业服务的各个岗位、各个环节进行质量监督与检查，并针对监督检查发现的问题及时采取纠正措施。

1. 物业服务监督检查的分类

物业企业可以向管理处派出监督员，可以把工作检查作为企业运行中的一个纽带、一条生命线，建立一套完整的检查机制。

2. 物业服务日常质量检查类别

物业企业日常质量检查类别分为：业务巡查、业务诊断、专业检查、内部审核、模拟检查、品质监督、迎优检查、工程验收、接管验收。

以下是某知名物业企业对其物业质量检查类别的适用范围、侧重点及注意事项作出的规定范本，仅供参考。

范本

物业质量检查类别

检查类别	适用范围	侧重点	注意事项
业务巡查	分管领导业务巡查	（1）业委会关系 （2）重大顾客投诉与突发事件 （3）与顾客接触多的设备设施及场所 （4）内部管理情况	每月一次通报并及时跟进进展情况
	品质管理部品质监控	（1）现场管理 （2）各类纠正预防措施验证 （3）体系运行情况	——
	管理中心日常检查	（1）现场管理 （2）经验借鉴与共享	——
	部门负责人月度检查	（1）设备设施、环境管理状况 （2）安全管理检查与评估	非特殊情况不能授权
业务诊断	分管领导指派	（1）内部管理，侧重组织架构、职责的合理性及与基层员工沟通 （2）与顾客沟通，从顾客角度了解存在的问题 （3）抽查现场主要业务，分析管理流程是否存在问题	由公司品质监督小组执行，必要时邀请职能部门经理参与
	部门在管理过程中出现滑坡现象		
	发生重大质量事故、突发事件	（1）针对事件深入分析，采取有效的纠正预防措施 （2）查看相关业务是否存在类似问题	及时通报处理结果
	新项目入伙前后	（1）新项目入伙前对项目入伙条件及各业务块人员配备、流程设计、设施设备的完善情况进行一次全面诊断 （2）新项目入伙3个月后的第一个月，对管理处内部管理各业务块的运作情况进行一次全面诊断	由分管领导牵头，品质部组织公司各业务块骨干人员进行

（续）

（续表）

检查类别	适用范围	侧重点	注意事项
专业检查	公司夜间查岗	（1）巡逻路线图的合理性及执行情况 （2）安防设备设施运行功能测试 （3）保安员夜间工作状态及防范能力	检查人员注意礼仪，模拟演练必须考虑对小区业主的影响
	设备大检查	（1）侧重预防性检查，如母排连接处温度及紧固情况、联络开关温度及额定电流是否超标、大负荷电缆连接段是否发热和变色、补偿电容是否变形、接触器是否有异常声音及各触点闭合是否良好等 （2）设备的试运行检查，如发电机启动、各类泵星~三角转换启动、高低水位控制器启动、烟温感测试、安防设备测试等 （3）抽查责任人对设备操作、故障排除及应急处理能力	必须设备责任人操作设备，避免非法操作导致事故产生
	安全大检查	（1）各类预案演练，测试预案有效性与人员的应急处理能力 （2）安防设备设施功能测试 （3）关键岗位操作流程检查，如出入口人员控制与物资放行、装修管理、消防管理、停车场管理等 （4）安全隐患	注意人员安全与对顾客的影响
	环境大检查	（1）顾客主要出入及活动场所、通道保洁状况 （2）绿化现场作业、养护效果及消杀情况 （3）危险品使用与管理 （4）家政服务情况 （5）人员工作状况	——
内部审核		（1）系统性检查各业务块 （2）体系运行情况 （3）各类纠正预防措施的落实情况 （4）管理流程及风险防范	

（续）

（续表）

检查类别	适用范围	侧重点	注意事项
模拟检查	新项目模拟验收	（1）房屋本体及公共设备设施检查 （2）房间细部检查 （3）环境、绿化检查 （4）设计缺陷与遗留问题处理情况 （5）图纸资料接收情况	从业主使用和物业管理角度进行检查
	新项目在纳入公司内审前	（1）管理架构与团队建设 （2）体系执行与制度建立 （3）现场设备设施管理 （4）现场安全管理 （5）现场环境管理	内部审核手法，侧重人员品质意识检查
	公司扩大认证范围	管理处全部活动与质量体系的符合性	第三方审核手法
	VPS迎检前检查	（1）BI执行情况 （2）现场管理情况 （3）客户服务与社区文明	依据物业部绩效考核办法标准进行
品质监督	公司品质监督小组检查	（1）组织架构与团队建设 （2）管理流程与制度执行 （3）现场业务管理状况 （4）与顾客沟通客户服务状况	多与基层员工沟通，深入了解部门根本原因
	部门品质监督小组检查	（1）体系执行情况 （2）现场设备设施管理状况 （3）现场安全管理状况 （4）现场环境管理状况	关注现场与问题的整改落实情况
迎优检查	国优、省优、市优、区优	（1）迎优资料建立（基础资料、财务状况、本体维修基金、汇报材料书面与PPT稿等） （2）房屋本体与公共设施管理情况（包括外观） （3）机电设备管理情况 （4）安全管理情况 （5）环境管理情况 （6）汇报现场及入口布置	迎检当天应安排比较熟练的人员值岗，中心安排专人通过监控跟踪行程

（续）

（续表）

检查类别	适用范围	侧重点	注意事项
迎优检查	国优、省优、市优、区优	（7）检查路线确定 （8）员工对"小区应知应会"的熟悉情况	——
	安全文明小区	（1）迎检资料（汇报材料） （2）安全文明氛围营造（安全文明小区办公室布局、宣传横幅） （3）小区安全管理状况	安全文明小区软件运用
工程验收	管理处工程外包完工后验收	（1）行业规范与标准 （2）合同规定工艺流程与验收标准 （3）功能性与实用性	提交验收报告
	工程技术部安防工程完工内部验收	（1）合同要求符合性 （2）设置的合理性 （3）隐蔽工程的安全性 （4）外观的美观性 （5）管理的科学性与安全性	工程技术部、品质管理部参与
	绿化部绿化工程完工内部验收	（1）合同要求符合性 （2）布局的合理性与安全性 （3）保养期养护情况	绿化部、品质管理部参与，以中标合同为依据
接管验收	工程技术部设备接管前验收	（1）设备管理资料与相配套工具 （2）设备现场管理情况及遗留问题 （3）人员调配对接、安排	适合工程技术部
	绿化部绿化养护接管前验收	（1）绿化资料与相配套工具 （2）绿化现场管理情况及遗留问题 （3）人员调配对接、安排	适合绿化部
	新项目接管前综合验收	（1）房屋本体及外观 （2）机电设备与公共设施 （3）安防设施与停车场 （4）绿化与环境 （5）室内检查 （6）图纸资料交接（各类图纸、批文及验收证明等）	依据《接管验收标准》，从业主使用角度与物业管理角度验收

13.6　树立服务的意识

物业行业进入市场、参与市场竞争的现实，说明了物业管理需要树立良好服务意识的极端重要性和紧迫性。物业管理行业市场的建立和优胜劣汰机制的形成，使谁开发、谁管理的模式得以打破，给业主提供了更多的选择机会。那些管理业绩突出、服务意识好、业主满意率高的物业企业自然就成为业主选聘的对象，在市场竞争中就会立于不败之地。相反，那些服务意识差、管理不善、业主不满意的物业企业就无法在竞争中立足生存，最终会被淘汰。物业企业应致力于树立服务的五大意识，具体如图13-3所示。

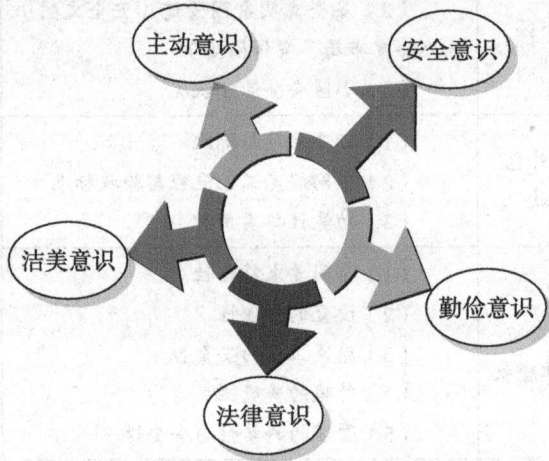

图13-3　物业公司树立服务的五大意识

1. 主动意识

以业主为中心，为业主提供体贴入微、尽善尽美的服务是物业企业的经营宗旨，管理工作中的服务态度、质量和效率是业主实实在在能感受到的东西。所以，管理者在与业主接触的过程中应该主动热情、文明礼貌。

例如，见到业主要主动微笑打招呼，与业主交谈要落落大方、彬彬有礼。

此外，管理者还要变被动服务为主动服务，与其等到业主请物业企业去解决问题，不如未雨绸缪，主动替用户着想。

例如，逢节假日来临，物业企业就应该主动提醒用户注意锁好门窗，提高警惕以加强安全防范。

至于服务效率方面，物业企业应根据物业的实际情况，对公司提供的各项工程和日常服务工作进行指标量化。

例如，业主室内跳电闸，物业企业保证15分钟内到场处理。通过实行服务对客承诺制，接受业主的监督，促进物业企业服务水平的不断提高。

2. 安全意识

充分保证业主的生命和财产安全是物业管理工作的基本职责。对于早已声称提供24小时保安服务的物业小区而言，如果发生了业主财物被盗、遭遇人身攻击等治安问题的话，势必会引来业主强烈的投诉，而物业企业苦心营造的良好形象也将大打折扣。

小区的消防治安工作可以说是管理工作的重中之重。如果由于物业企业管理不善导致发生火灾，其严重后果将不堪设想。因此，管理者应该具备高度的安全意识，人人都要把自己当成小区的"消防员"和"治安员"，掌握必备的治安消防知识，熟练使用灭火器材。

在日常工作中，管理者要提高警惕，遇有相关问题，要及时通知相关部门，通力合作，迅速予以解决。另外，要形成定期检查的制度，及时查找管理工作中存在的治安和消防隐患，并采取措施予以整改，以不断提高安全防范意识能力。

3. 勤俭意识

物业管理收费是采取"以支定收"的原则，既"取之于业主，用之于业主"。作为业主聘请的"管家"，物业企业要懂得精打细算、勤俭持家。要争取以最合理的费用提供最优质的服务。物业企业应该全面分析管理费支出的各个项目，努力寻求经济效益和服务质量的最佳平衡点。

例如，各项需要外派的设备设施的保养工作、原材料采购工作，就要货比三家，挑选优质低价的分供方。

另外，各项设备的运行费用约占整个管理费支出的40%，所以管理者要厉行节约，开源节流。

例如，制定严格的设备开关控制制度，进行工程技改，提高设备性能比以降低设备运行费用。

4. 法律意识

物业管理工作的一大特点，就是它涉及处理多部门的各种关系。首先，物业经理要掌握相关的法律知识，以正确处理政府部门、业主和物业企业的责、权、利关系。其次，物业企业还要懂得用法律知识来保护自己，即合理地规避管理工作中的一些法律风险。

例如，通过购买第三者责任险以避免小区内发生刑事案件所产生的风险。

只有具备了较强的法律意识，当出现客户投诉、用户纠纷时，物业经理才不会束手无策，更不会因为处理不当而酿成大祸。

5. 洁美意识

没有物业管理的房管时代，由于缺乏统一管理，各个业主都是"各家自扫门前雪"，造成公共区域卫生的脏、乱、差现象非常严重。现如今，为了拥有更高层次的物质和精神文明生活，广大业主更是希望物业企业能营造出清新幽雅、舒适和谐的家居生活和工作环境。因此，物业企业要通过制定各项公共地段和业主室内的保洁制度，保持小区环境的整洁。另外，物业企业还要有开展美化环境的各项绿化工作。

13.7 提高物管人员的综合能力

要为业主提供高品质的服务，物业企业应致力于提高物业人员的综合能力，因为服务都是靠人来完成的。物业人员的综合能力主要体现在以下方面，如图13-4所示。

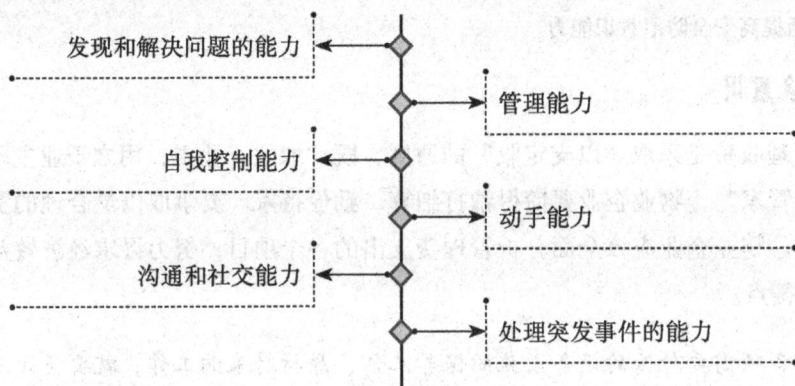

图13-4 物业管理人员的六大能力

1. 发现和解决问题的能力

"没有最好，只有更好！"这一句口号正好印证了物业企业前进的目标。虽说物业企业已建立了有关管理服务的规章制度，但如果员工只是机械式地执行工作，而不善于开动脑筋，则很容易造成工作走过场的现象。工作在第一线的员工只要细心观察，主动服务，就能发现许多问题。

例如，工程人员在上门维修时，除应业主需要为其排忧解难外，如能根据自身的经验和技术，发现业主室内其他设备的问题并主动为业主检修服务的话，一定能赢得业主的好评。

此外，管理人员更要结合工作实际，大胆创新，勇于改革，提出一些有关降支节能、完善服务的合理化建议。

2. 管理能力

物业企业将业主视为"上帝"，那是不是就意味着管理工作就毫无原则、唯唯诺诺呢？物业管理包含了服务与管理两方面的含义，除了要为业主提供面面俱到的服务外，管理者还必须对小区的综合收费、治安、清洁、绿化等工作进行统一管理。在管理方法上，要彻底改变过去那种指手画脚的"长官式"管理风格，变成富有人情味的，温馨式的管理。

例如，在节假日或非办公时间，为保证业主的人身和财产安全，物业企业会对进入小区的人员进行登记。由于进出人员较多且身份复杂，管理人员要灵活应对，争取做到既让业主出入顺利，又能充分保证小区的治安安全。

3. 自我控制能力

物业管理工作中有许多岗位都是责任重大、容不得半点马虎的。如机房值班岗、消防中心监控岗。由于这些岗位需要全天候地运行，而企业也不可能实行24小时的监控，所以员工必须加强自我管理，严格遵守各项规章制度，坚守岗位、履行职责，保证设备设施的正常运转和消防治安无事故。

另外，在服务过程中会遇到一些蛮不讲理、拒不配合管理工作的业主，员工要善于控制自己的情绪，切勿与业主发生争执，应根据有关规定，耐心向业主解释，做到以理服人。

4. 动手能力

物业企业往往拥有工程、保安、管理等各类专业人员，但最实用的却是"一专多能"的复合型人才。物业企业之所以设立各部门相互协调的服务程序，其最终目的就是为了提高服务效率。假如管理人员在巡视过程中发现有环境卫生、设备破损等力所能及的小问题，不妨自己动手迅速解决，既省去了各项程序，又提高了服务效率。

因此，管理者除了要做好自身岗位的工作之外，还要注意与其他岗位的人员多开展交流学习，努力掌握一些处理工作中多发事故、突发事件的技能，使自己成为知识丰富且动手能力强的"管理杂家"。

5. 沟通和社交能力

由于物业管理工作中涉及各方面的关系，所以能否正确处理与业主、主管单位及相关部门的关系就显得尤为重要。物业企业的中高层管理者肩负着协调各方关系的重要责任，这就需要他们具有良好的沟通和社交能力。

在日常工作中，物业企业要制定定期汇报的制度向业主上报工作情况，对于工作中的一些重要和紧急事情，物业企业更要注意加强与业主的沟通。

另外，在工作之余，物业企业可举办各类文娱活动并邀请相关部门参加，以加强与业主及相关部门的沟通。有了他们对管理工作的支持和配合，企业工作的开展就会顺利很多。

6. 处理突发事件的能力

用"养兵千日，用兵一时"来形容物业企业的工作可谓是恰如其分。一旦小区内发生电梯困人、消防火警和浸水漏电等突发事件时，管理人员必须在第一时间作出正确反应，将事件的危害降到最低。然而"冰冻三尺，非一日之寒"，管理者在面对紧急事件时要想做到从容应对，一方面要加强理论知识的学习，另一方面要从以往发生的事件中汲取教训、总结经验。

13.8　提供差异化服务

差异化服务是物业企业参与物业管理市场竞争，立足于服务之本的质量竞争策略。为业主提供维修、保安、保洁、绿化等有形服务，是物业管理的基本职责，但这只是满足了业主的一般需求。物业企业可以利用自身的整体优势在服务时间、服务方式、服务方法、服务形象等方面进行改良，创造一些具有个性色彩的服务。

例如，积极开展收洗、缝制衣服，代购车船机票，接送小孩上学等特色服务，代办各种保险、中介、商业、服务项目，完善福利设施，以丰富多彩的特色服务让业主满意、放心，以满足各类业主对物业管理服务的各种需求，扩大市场占有份额。

同时，在服务品味、服务质量上优于行业标准，优于地方标准，优于其他企业，做到这种差异，企业品牌的质量竞争就一定能获得成功。

13.9　做好服务创新

物业企业在打造品牌的过程中，需不断对业主（住户）心理、社区文化、业主（住户）需求结构进行研究，加强服务创新。

例如，日常收费管理实施专业物业管理软件，小区实施全方位电子安防监控、门禁系统、可视对讲系统，使物业使用更加方便快捷，业主生活更加舒适安全。

所有更新的科学技术在小区物业管理中的运用，势必将提高物业管理服务水平，提高业主生活的品质，使物业服务更加快捷和方便，从而做好服务内容创新。

学习笔记

通过学习本章内容，想必您已经掌握了不少学习心得，请仔细记录下来，以便继续巩固学习。如果您在学习中遇到了一些难点，也请如实写下来，以方便今后重复学习，彻底解决这些难点。

我的学习心得

1. _____
2. _____
3. _____
4. _____
5. _____

我的学习难点

1. _____
2. _____
3. _____
4. _____
5. _____

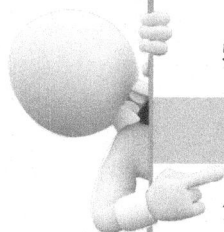

我的运用计划

1. _____
2. _____
3. _____
4. _____
5. _____

第14章
风险防范管理

随着物业管理的普及和深入，国家对各种物业管理政策法规的完善，业主的消费权利意识也在不断提高和成熟，物业管理的风险也就越来越成为影响物业管理企业发展的一个重要因素。因此，正确识别风险、分析风险、防范风险，就成为物业经理的一项重要工作。

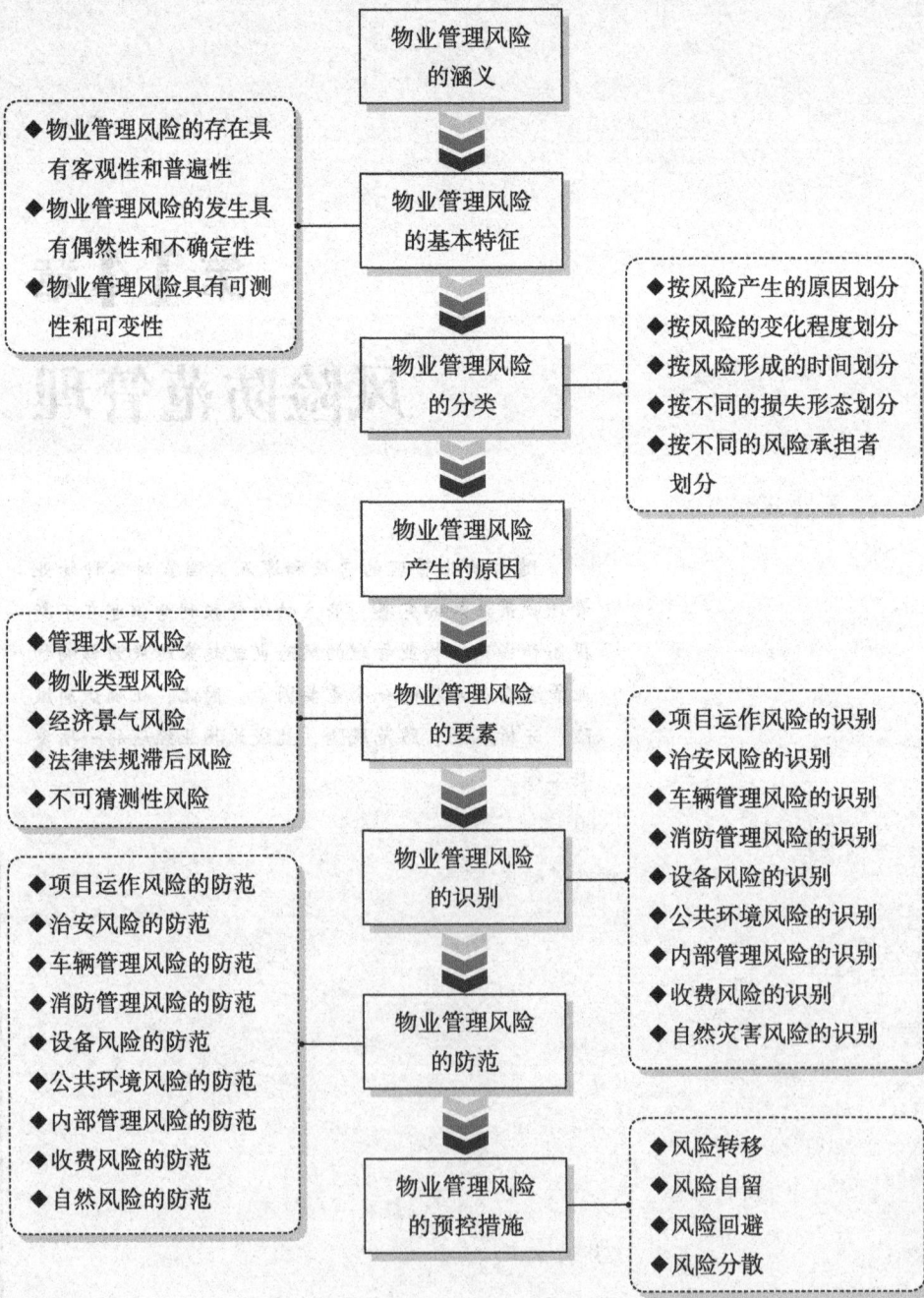

学习指引

物业管理风险
的涵义

◆物业管理风险的存在具
有客观性和普遍性
◆物业管理风险的发生具
有偶然性和不确定性
◆物业管理风险具有可测
性和可变性

物业管理风险
的基本特征

◆按风险产生的原因划分
◆按风险的变化程度划分
◆按风险形成的时间划分
◆按不同的损失形态划分
◆按不同的风险承担者
划分

物业管理风险
的分类

物业管理风险
产生的原因

◆管理水平风险
◆物业类型风险
◆经济景气风险
◆法律法规滞后风险
◆不可猜测性风险

物业管理风险
的要素

◆项目运作风险的识别
◆治安风险的识别
◆车辆管理风险的识别
◆消防管理风险的识别
◆设备风险的识别
◆公共环境风险的识别
◆内部管理风险的识别
◆收费风险的识别
◆自然灾害风险的识别

◆项目运作风险的防范
◆治安风险的防范
◆车辆管理风险的防范
◆消防管理风险的防范
◆设备风险的防范
◆公共环境风险的防范
◆内部管理风险的防范
◆收费风险的防范
◆自然风险的防范

物业管理风险
的识别

物业管理风险
的防范

物业管理风险
的预控措施

◆风险转移
◆风险自留
◆风险回避
◆风险分散

14.1　物业管理风险的涵义

风险是指人类社会中由于各种难以预测因素的影响，使得行为主体的期望目标与实际状况之间发生差异，从而给行为主体造成经济损失的可能性。

具体结合到物业管理上，可以把物业管理风险概括为：物业管理企业在接受业主委托后，在物业服务合同约定的特定管理期间内，由于自然灾害的不确定性或企业运营中的多种不确定性因素而造成物业财产、人身伤害等无法弥补损失的可能性。

物业管理风险一旦产生，就会引发的后果，如图14-1所示。

图14-1　产生物业管理风险引发的后果

14.2　物业管理风险的基本特征

为了更好地识别和防范物业管理风险，物业经理首先要认识物业管理风险的基本特征。物业管理风险的基本特征如图14-2所示。

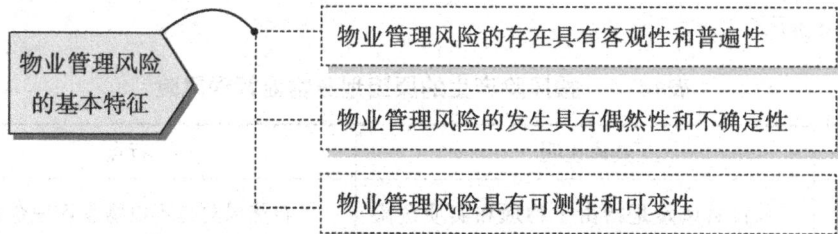

图14-2　物业管理风险的基本特征

1. 物业管理风险的存在具有客观性和普遍性

物业项目所处的自然条件（包括水文地质、气象等）和物业复杂程度（物业质量、市场环境）等客观因素的存在，使得物业管理风险是独立于人类意识之外，不以人们的意识为转移的客观存在。

物业管理的主体双方只能通过借鉴相关资料，掌握某些事物运动变化的规律，在有限的时间和空间范围内认识风险因素，并通过对物业管理风险因素的控制、规避和防范来降低风险造成的损失，而不可能完全排除物业管理风险。

2. 物业管理风险的发生具有偶然性和不确定性

物业管理风险发生的原因错综复杂，其发生的时间、地点以及具体表现形式都是随机的。物业管理人员对一些自然和非自然的因素由于客观上的认识不足，所以无法事先作出准确判断和充分准备。

3. 物业管理风险具有可测性和可变性

物业管理风险的可测性是指物业管理主体可以根据过去的统计资料来判断某种风险发生的频率与造成经济损失的程度。此特性为物业管理风险的控制提供了重要依据，人们可以根据对某些风险形成原因或发生条件掌握的程度，在风险发生前通过安全检查、风险改善等措施，减少风险发生的概率和频率，对其加以控制。而物业管理的可变性主要表现在治安管理、车辆管理和收费管理方面，这些也是物业日常管理中最应注意和经常要给业主提示（公示）的方面。

14.3 物业管理风险的分类

由于物业管理工作涉及方方面面，因而导致物业管理风险种类也较多。按不同的方式，物业管理风险柯以分为以下几类。

1. 按风险产生的原因划分

按风险产生的原因划分，物业管理风险可以分为自然风险和社会风险两类，其具体说明如表14-1所示。

表14-1　按风险产生的原因划分物业管理风险

类别	具体说明	特点
自然风险	自然风险是指由于物理和实质危险因素所导致财产毁损的风险，如水灾、火灾、地震等	自然风险是不以物业管理企业的意志为转移的、处在自然状况和客观条件下的风险
社会风险	社会风险是指由于个人行为的反常或不可预料的集体行动所造成的风险，如盗窃、抢劫等	社会风险的发生将给物业管理企业服务范围内的业主（住户）造成人身损害、财产损失

2. 按风险的变化程度划分

按照风险的变化程度划分，物业管理风险可以分为静态风险和动态风险两类，其具体说明如表14-2所示。

表14-2 按风险的变化程度划分物业管理风险

类别	具体说明	特点
静态风险	静态风险是指由于自然力量的不规则变动或由于个人错误所导致的风险，如企业财产损失风险、员工伤亡损失风险等	这种风险将使物业管理企业在管理服务过程中遭遇危险事故（地震、火灾、车祸等）发生的结果，它只有损失的机会而无获利的机会，通常会使物业管理企业遭受财产、人员损失
动态风险	动态风险是指由于经济、社会、政治等环境以及人类的技术、组织等变动而产生的风险，如管理服务风险、财务收支风险等	这种风险将使物业管理在管理服务过程中遭遇事故发生的结果，除了使企业有损失的机会，同时也存在获利的机会

3. 按风险形成的时间划分

按照风险形成的时间划分，物业管理风险可分为早期介入风险、前期管理风险和日常管理风险三类，其具体说明如表14-3所示。

表14-3 按风险形成的时间划分物业管理风险

类别	具体说明	包括内容
早期介入风险	早期介入风险是指物业管理企业充当房地产前期可行性研究或规划设计、施工等阶段的顾问工作所承担的风险	主要包括：介入的风险、项目接管的不确定带来的风险、专业咨询的风险等
前期管理风险	前期管理风险是指自房屋出售之日起至业主大会的召开、业主委员会成立并与物业管理企业重新签订物业管理服务委托合同这段时间内，物业管理企业所承担的风险	主要包括：物业管理服务合同订立、执行的风险，承接查验阶段风险，与房地产开发企业配合销售、各种配套设施设备完善工作中所遇到的风险等
日常管理风险	日常管理风险是指物业管理企业与业主大会、业主委员会签订了物业管理服务合同之后所开展的正常服务过程中所承担的风险	主要包括：业主（住户）违规装饰装修带来的风险、物业管理服务费收缴风险、各类物业及配套使用中带来的风险、管理项目外包存在的风险以及法律概念不清导致的风险等

4. 按不同的损失形态划分

按不同的损失形态划分，物业管理风险可分为财产风险、人身风险和责任风险三类，具体说明如表14-4所示。

表14-4　按不同的损失形态划分物业管理风险

类别	具体说明
财产风险	财产风险是指财产发生毁损、灭失和贬值的风险，如房屋有遭受火灾、地震等损失的风险
人身风险	人身风险是指人们因生、老、病、死而招致损失风险，如物业管理企业内部员工因病死亡等带来的风险
责任风险	责任风险是指对于他人所遭受的身体伤害或财产损失应负法律赔偿责任，或无法履行契约导致对方受损失应负的契约责任风险。如物业管理工作中由于管理服务人员的擅自离岗、缺位，导致业主家庭财产受损而承担责任风险；又如高空抛物导致路人伤亡，抛物者承担责任风险

5. 按不同的风险承担者划分

按不同的风险承担者划分，物业管理风险可分为物业管理企业风险、业主（住户）风险、房地产开发商风险、专业分包单位风险等，其具体说明如表14-5所示。

表14-5　按不同的风险承担者划分物业管理风险

类别	具体说明
物业管理企业风险	该风险是指物业管理企业在物业管理活动中，由于企业员工管理的缺位或服务质量不到位使业主（住户）造成损失而带来的风险
业主（住户）风险	该风险是指广大业主（住户）由于信息不对称，对物业管理企业及物业管理内容缺乏了解，选择的物业管理企业提供的服务和内容并未达到标准，即出现质价不符，使广大业主（住户）承受精神与经济损失的风险
房地产开发商风险	该风险主要是指物业管理的前期介入和前期管理选择的物业管理企业所提供的服务并未使楼盘建设及楼盘销售达到自己预期目标而带来的风险
专业分包单位风险	该风险是指物业管理企业把一些独立的服务分给专业公司去做（如保洁、绿化、维修、安全护卫等），而面临资金压力、服务质量、价格竞争等风险

14.4　物业管理风险产生的原因

物业管理企业必须通过对风险产生的原因进行分析，有针对性地采取纠正预防措施，以避免造成不必要的损失。物业管理风险的产生，究其原因主要有以下几点，如图14-3所示。

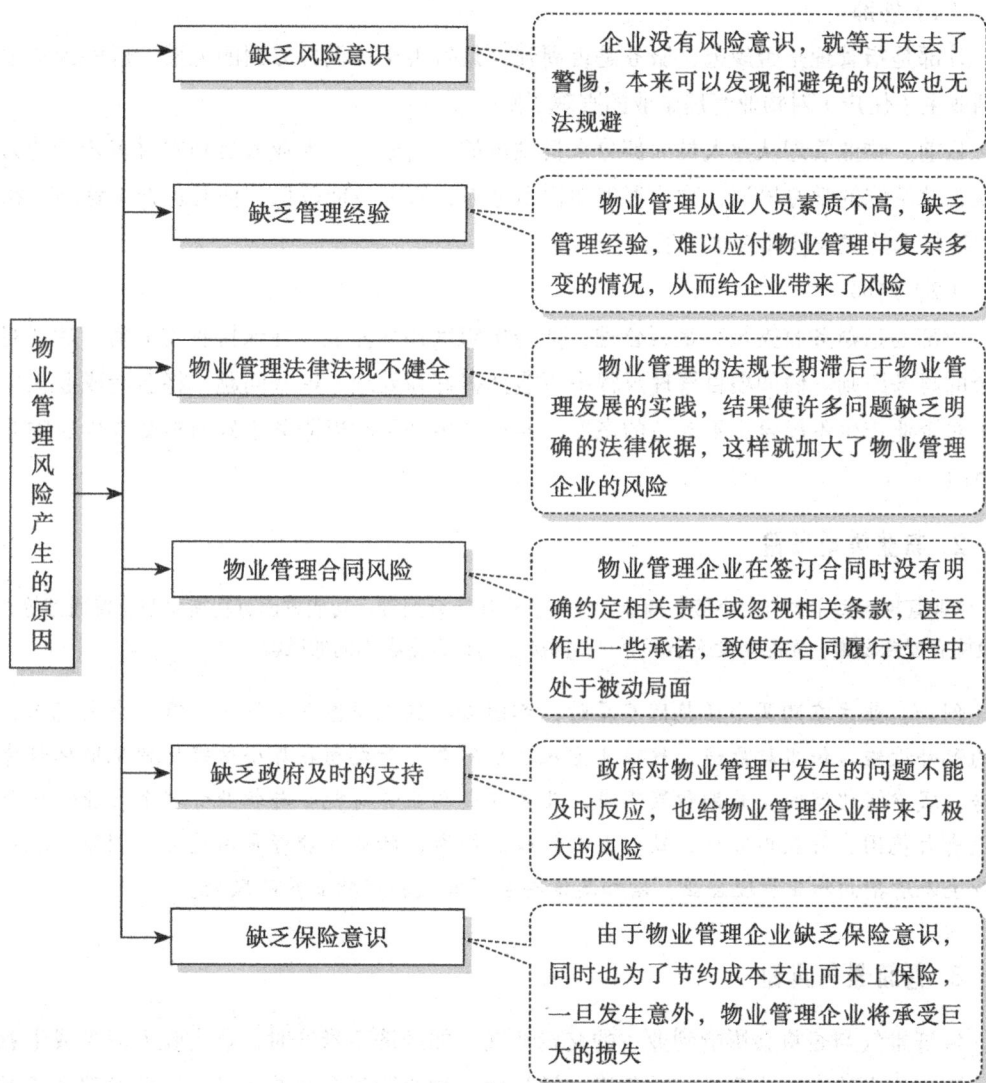

图14-3 物业管理风险产生的原因

14.5 物业管理风险的要素

物业管理是一种社会化服务，它涉及社会的方方面面，关系错综复杂，并承受着各方面的监督及制约，某一个环节出现失误，就会出现管理风险，可以说"风险无时、无处不在"。其中主要风险要素有管理水平风险、物业类型风险、经济景气风险、法律法规滞后风险、不可猜测风险等。

1. 管理水平风险

在物业管理行业，管理水平主要体现在外部和内部两个方面。

（1）外部

外部是指管理是否规范，服务是否周到，是否善于协调各方面的关系，这些因素都影响到业主（住户）对物业管理企业的直观了解。

目前，物业管理从业人员大部分来自城市的下岗职工、无业人员和农村多余劳动力，均缺乏较系统的学习培训，物业管理知识不全面，服务技能较低，而真正善于管理、精业务、通技术的优秀管理人才缺乏。

（2）内部

内部是指财务收支预算是否合理，能否按年度预算完成，并保持收支平衡，达到略有盈余的财务原则。假如项目管理过程中不能把握好和处理好这些问题，将会造成业主（住户）对企业产生不配合、不支持的态度，甚至产生动不动以服务不好而拒交或少交物业费的风险。

2. 物业类型风险

物业管理类型主要有写字楼、商业、住宅、商住混合型等，功能方面有智能化型、普通型等，配套设施有配套设施、无配套设施小区等，不同类型的组合存在不同的风险。

例如，业主在购买小区花园房屋时，都想着小区应该像其名字一样有一个大花园，有好的配套设施。但事与愿违，往往业主入住后不久，开发商在原小区绿化带见缝插针建了楼房，减少绿化空间。长期积累下来，业主在交物业费时就会与物业管理企业理论这个小区没有大花园，管理内容少，缺少大型的娱乐场所，物业管理费是不是应下调等。这些都使业主矛盾指向物业管理企业，增加集体要求下降或拒交物业费的风险。

3. 经济景气风险

经济景气与否将会影响到业主的交费情况。如经济不景气时，业主收入减少或生意失败，造成业主认为物业费是一种负担，经常性找物业管理企业的不足，一旦发现服务下降或出现管理事故，动辄就以不交物业费相要挟或提出物业费下调，增加了风险。

4. 法律法规滞后风险

由于物业管理行业快速发展，物业管理行业虽有《物业管理条例》及其相关配套文件的颁布实施，但实施细则仍跟不上物业管理服务的实际需要。这些法律法规的缺陷和不完善，造成业主、开发商、物业管理企业三者关系在义务、责任上不清楚。出现问题后无法追究相关责任方责任时，物业管理企业不得不承担责任包袱。

同时，某些传媒不负责任的报道和由于当前市场经济尚不发达，造成整个社会对于物业管理行业的评价不够客观和公正。可以说，物业管理行业现在是受委屈的事多，理解的事少，赞赏的事更少，给业主有理由与物业管理企业在物业费上讨价还价、提出下调或拒交管理费增加了风险。

5. 不可猜测性风险

随着物业管理行业不断朝着专业化、社会化、市场化管理目标迈进的同时，索赔纠纷与民事案件也越来越多，业主在小区游泳池溺水身亡、外墙装饰脱落伤人、小区停车场车辆被盗窃、小区业主被害等状告物业管理企业索赔的事件屡见不鲜。这些人身、财产权益受到外来侵害存在一定程度上的不可猜测性，物业管理在经营过程中不可避免地承担着这些风险。

14.6 物业管理风险的识别

物业经理在平时的工作中，应利用物业管理风险的可预测性特点，识别出基础物业管理过程中各环节的风险。通过对风险的分析，实施全面的监控并采取相应预控措施来防范风险，进而使风险造成的损失降到最低。

1. 项目运作风险的识别

项目运作风险是指项目在运作阶段，由于物业本身具有的瑕疵或开发商与业主的矛盾、业主委员会滥用职权等因素等造成损失的风险。其具体表现如表14-6所示。

表14-6 识别项目运作风险

表现形式	生命周期	发生概率	可能损失
新建物业无合法报建手续，违章建筑，接管后造成"违法管理"	前期物业服务期	小	罚款、曝光
开发商与业主的矛盾，造成企业腹背夹击	前期物业服务期	大	管理被动、物管费不能按时收取
业主委员会成立后解除合同	后期物业服务期	中	物业管理权丧失
业主大会或业主委员会滥用职权	后期物业服务期	中	管理被动
业主大会或业主委员会未按法定程序成立	后期物业服务期	小	服务合同无效，管理权丧失，管理被动
非业主滥用业主权	后期物业服务期	中	管理被动

2. 治安风险的识别

治安风险是指由于外界第三人的过错和违法行为，给物业管理服务范围内的业主（住户）造成人身损害、丧失生命和财产损失等风险，即导致了物业管理服务的风险。其具体表现如表14-7所示。

表14-7　识别治安风险

表现形式	生命周期	发生概率	可能损失
入室盗窃	物业管理全过程	大	罚款、曝光
入室抢夺、抢劫	物业管理全过程	大	罚款、曝光
入室故意伤害	物业管理全过程	大	人员伤亡，罚款、曝光
入室故意杀人	物业管理全过程	大	罚款、曝光
公共区域盗窃	物业管理全过程	大	罚款、曝光
公共区域抢夺、抢劫	物业管理全过程	大	罚款、曝光
公共区域故意伤害	物业管理全过程	大	罚款、曝光
公共区域故意杀人	物业管理全过程	大	罚款、曝光

3. 车辆管理风险的识别

车辆管理风险是指物业停车场经营车辆停放服务过程中，车辆发生车身受损、车辆灭失等损坏的风险。其具体表现如表14-8所示。

表14-8　识别车辆管理风险

表现形式	生命周期	发生概率	可能损失
车内物品被盗	物业管理全过程	中	赔偿
车身受损，包括擦刮、坠物砸车	物业管理全过程	大	赔偿
车辆灭失	物业管理全过程	中	赔偿
物业内交通事故	物业管理全过程	中	赔偿

4. 消防管理风险的识别

消防管理风险是指因发生火灾造成业主公共利益受损的风险。其具体表现如表14-9所示。

表14-9　识别消防管理风险

表现形式	生命周期	发生概率	可能损失
电器线路引发火灾	物业管理全程	大	处罚、曝光、刑事拘役
明火引发火灾	物业管理全程	大	处罚、曝光、刑事拘役
爆炸	物业管理全程	小	人员伤亡、赔偿

（续表）

表现形式	生命周期	发生概率	可能损失
室内浸水	物业管理全程	大	物品损坏、赔偿
机房进水	物业管理全程	小	设备烧损

5. 设备风险的识别

物业、公共设施和设备的多样性和分布的分散性特点，随之而来产生了风险的频繁发生。物业本身主要包括房屋本体公共部位及属于物业管理服务范围的房屋建筑物的附着物、坠落物和悬挂物；公共设施和设备包括供水、供电、安全报警系统、排水和排污系统、配套的娱乐活动设施等。其具体表现如表14-10所示。

表14-10　识别设备风险

表现形式	生命周期	发生概率	可能损失
触电伤人	物业管理全程	中	赔偿
房屋附着物垮塌	物业管理全程	小	人员伤亡，物品损坏，赔偿
爆管	物业管理全程	中	业主矛盾，拒交物业管理费，水资源流失
二次供水设备损坏	物业管理全程	小	业主矛盾，拒交物业管理费
水箱污染	物业管理全程	小	人员伤亡、赔偿、曝光
突然超负荷、短路或停送电造成电气设备设施损毁	物业管理全程	小	赔偿
电梯困人	物业管理全程	大	业主矛盾
设备检修、保养伤人	物业管理全程	中	人员伤亡、赔偿
公共设施设备、娱乐设备设施伤人	物业管理全程	大	人员伤亡，赔偿
单元门口机对讲设备故障导致业主不能进单元门	物业管理全程	中	业主矛盾
背景音乐室外音箱遭到损坏	物业管理全程	小	设备损坏
化粪池爆炸	物业管理全程	小	设施损坏，人员伤亡，赔偿

6. 公共环境风险的识别

公共环境风险是指小区和大厦公共区域的工程施工、绿化施工、消杀等工作中可能会对业主造成伤害的风险。其具体表现如表14-11所示。

表14-11 识别公共环境风险

表现形式	生命周期	发生概率	可能损失
儿童掉水	物业管理全程	中	人员伤亡，赔偿
儿童戏水触电	物业管理全程	中	人员伤亡，赔偿
游泳池伤人	游泳池开放过程	中	人员伤亡，赔偿
植物伤人	物业管理全程	中	人员伤亡，赔偿
跌落、滑倒	物业管理全程	大	人员伤亡，赔偿
业主宠物伤人	物业管理全程	中	人员伤亡，赔偿

7. 内部管理风险的识别

内部管理风险是指由于内部管理及劳资纠纷、不安全生产及违规操作造成的风险。其具体表现如表14-12所示。

表14-12 识别内部管理风险

表现形式	生命周期	发生概率	可能损失
员工损公肥私、贪污盗窃或监守自盗	物业管理全程	大	资金损失
猎头挖人	物业管理全程	大	主要管理人员流失
员工消极怠工，激烈冲突，集体跳槽	物业管理全程	小	服务工作无法开展
高空作业不安全生产	物业管理全程	小	人员伤亡，赔偿
电器设备违规操作	物业管理全程	小	人员伤亡，赔偿

8. 收费风险的识别

收费风险是指由于企业收费方面出现的风险。其具体表现如表14-13所示。

表14-13 识别收费风险

表现形式	生命周期	发生概率	可能损失
业主长时间拖欠费用	物业管理全程	大	服务工作不能正常开展
业主集体拒交费用	物业管理全程	小	服务工作不能正常开展
物业管理费标准不统一	物业管理全程	大	业主拒交物业管理费
水电费的拖欠	物业管理全程	小	停电、停水

9. 自然灾害风险的识别

自然灾害风险是指因狂风、暴雨、恐怖行径及疾病流行等造成的危机。其具体表现如表14-14所示。

表14-14 识别自然灾害风险

表现形式	生命周期	发生概率	可能损失
雷击	物业管理全程	大	人员伤亡、赔偿
暴雨	物业管理全程	大	设备机房、停车场进水，造成设备损伤
大风	物业管理全程	大	物品坠落、人员伤亡
恐怖行径	物业管理全程	小	人员伤亡
流行性疾病	物业管理全程	大	人员伤亡

> **拓展阅读**
>
> #### 如何识别物业管理风险
>
> 物业管理风险造成一定的损失是不可避免的。但是，人们可以利用物业管理风险的可测性，识别出物业及物业管理企业运营过程中各环节的风险。通过对风险的分析，实施全面的监控来防范风险，进而使风险造成的损失降到最低。
>
> **1. 确定物业管理风险的目标**
>
> 物业管理中风险管理的主要目标就是以最低人力、财力、时间等成本，控制物业管理过程中的各种风险或降低其损失，使物业获得最佳的安全保障和保值增值能力，使物业管理企业具有更强的生存竞争力，进而提供更令业主满意的物业管理服务。
>
> **2. 找出物业管理过程中潜在的风险因素**
>
> 识别分析物业管理中的风险，就是要找出物业及物业管理企业运营中潜在的每一个风险因素。要结合物业服务合同约定的物业管理事项，定性地判断出哪些管理环节存在风险因素，引起这些风险的主要因素是什么，影响各环节风险因素的主要参数是什么，出现风险的后果及其严重程度等。
>
> 识别的根据是：以往的统计资料，对某种风险发生的参数如环境、时间、频率造成的人身或经济损失等规律进行的分析、归纳和总结。
>
> **3. 识别物业管理风险时应注意的问题**
>
> 物业管理风险识别的细致和准确程度直接影响风险分析的结果，进而直接影响风险处理对策的正确性。因此，在识别物业管理风险时应注意以下几个问题：
>
> （1）要注意资料来源的可靠性、可参考性；
>
> （2）要考虑由于偏差疏漏等原因未找出的风险因素的影响；

（续）

（3）对于物业管理企业已经认识到的，但又无力或不愿意承受的风险，要将其单独列出来，并加以认真研究分析，力争为后续风险的处置工作提供重要的参考资料；

（4）值得注意的是，并非所有物业管理风险都可以通过风险识别来管理。风险识别只能发现已知风险，对于未知风险，由于其特殊性，不可能在其发生前预知。

14.7 物业管理风险的防范

在物业管理活动中，风险是客观存在和不可避免的，在一定条件下还带有某些规律性。虽然不可能完全消除风险，但可以通过努力把风险缩减到最小的程度。这就要求物业经理能主动认识风险，积极管理风险，有效地控制和防范风险，以保证物业管理活动和人们的生活正常进行。

对于物业经理来说，在基础物业管理风险发生前，应采取各种预控手段，力求消除或减少风险。一般来说，风险防范的措施有风险规避、风险转移和风险自留三种。

1. 项目运作风险的防范

对项目运作风险防范措施的具体说明如表14-15所示。

表14-15 项目运作风险的防范

表现形式	风险预控	采取措施
新建物业无合法报建手续，违章建筑，接管后造成"违法管理"	风险转移	物业接管验收时严格把关，并在《前期物业服务合同》中增加相应条款，实现非保险型风险转移
开发商与业主的矛盾，造成企业腹背夹击	风险自留	做好与开房商和业主的沟通工作
业主委员会成立后解除合同	风险自留	准确引导业主委员会成立，形成管理服务有利面
业主大会或业主委员会滥用职权	风险自留	建立业主委员会沟通和监测管理规程，通过沟通正确引导业主委员会的行为
业主大会或业主委员会未按法定程序成立	风险自留	准确引导业主委员会的成立，注意监测非业主委员会委员业主的动态
非业主滥用业主权	风险自留	积极与业主委员会、业主进行沟通，并在物业服务手册和协议中明确业主的权利和义务，加强宣传

2. 治安风险的防范

对治安风险防范措施的具体说明如表14-16所示。

表14-16　治安风险的防范

表现形式	风险预控	采取措施
入室盗窃	风险自留	（1）封闭式物业，对外来人员实行进入登记，经业主或非业主使用人同意后入内；巡逻人员加强巡逻，注意外来人员动向 （2）非封闭式物业，加强巡逻；监控消防中心严格监督外来人员动向和接警处理；监控报警设备正常使用，如出现故障短时间内不能修复，应采取相应管理加强措施；建立预案
入室抢夺、抢劫		
入室故意伤害		
入室故意杀人		
公共区域盗窃		
公共区域抢夺、抢劫		
公共区域故意伤害		
公共区域故意杀人		

3. 车辆管理风险的防范

对车辆管理风险的防范措施的具体说明如表14-17所示。

表14-17　车辆管理风险的防范

表现形式	风险预控	采取措施
车内物品被盗	风险转移	购买停车票时附带购买停车保险；签订车位使用协议，明确车场管理内容；在车场明显位置注明停车须知，明确车场管理内容及车主应遵守的规定；加强车辆进出管理和巡视；取得车场合法经营权
车辆灭失		
车身受损，包括擦挂		
物业内交通事故	风险自留	设置车辆行驶标识和限速标识；加强车辆行驶疏导

4. 消防管理风险的防范

对消防管理风险防范措施的具体说明如表14-18所示。

表14-18　消防管理风险的防范

表现形式	风险预控	采取措施
电器线路引发火灾	风险转移与自留	物业接管中明确要求消防已经过验收并合格；在消防维保合同中明确管理责任；在治安消防安全责任书中明确业主管理责任；加强消防设施设备的日检、周检、月检、季检、年检，做好记录；建立预案，加强人员培训和演练
明火引发火灾		
爆炸	风险自留	封闭式物业，对外来人员实行进入登记，经业主或非业主使用人同意后入内，巡逻人员加强巡逻，注意外来人员动向。非封闭式物业要加强巡逻；监控消防中心严格监督外来人员动向和接警处理；监控报警设备正常使用，如出现故障短时间内不能修复，应采取相应管理加强措施
室内浸水	风险自留	加强装修监管，禁止破坏防水层；在装饰装修管理服务协议中明确责任；建立预案和备用物资到位
机房进水	风险自留	加强机房巡视；建立预案，并加强人员培训

5. 设备风险的防范

对设备风险防范措施的具体说明如表14-19所示。

表14-19　设备风险的防范

表现形式	风险预控	采取措施
触电伤人	风险自留	加强对物业内配电箱、线路进行巡视，及时关闭或处理并增加安全标识
房屋附着物垮塌	风险自留	加强装修监管，严禁增加房屋附着物；加强宣传
爆管	风险自留	加强巡视和维护；建立预案，并组织人员培训和学习
二次供水设备损坏		
水箱污染	风险自留	严格办理相关证件；水箱上锁并按规定定期清洗、检测；加强巡视
突然超负荷、短路或停送电造成电气设备设施损毁	风险自留	加强供电局沟通，保证停送电信息准确；加强设备巡视，保证设备运行正常；规划性停电提前告知业主；建立预案，并加强人员培训
电梯困人	风险转移	在电梯维保合同中明确责任；加强电梯巡视，保证设备运行正常
设备检修、保养伤人	风险自留	提前告知，加强标识

（续表）

表现形式	风险预控	采取措施
娱乐设施伤人	风险自留	加强设施巡视，保证设施运行正常；告知娱乐要求
单元门口机对讲设备故障导致业主不能进单元门	风险自留	加强巡视，及时维修和养护；物业巡逻治消人员熟悉单元门启闭
背景音乐室外音箱遭到损坏	风险自留	加强巡视，及时检修；加强业主引导
化粪池爆炸	风险自留	加强巡视，及时清掏

6. 公共环境风险的防范

对公共环境风险防范措施的具体说明如表14-20所示。

表14-20　公共环境风险的防范

表现形式	风险预控	采取措施
儿童掉水	风险自留	增加安全标识，加强巡逻
儿童戏水触电		
游泳池伤人	风险转移	购买保险；明显处设置游泳须知和禁止标识；取得游泳池合法经营证件；建立预案，并组织人员培训
植物伤人	风险自留	加强植物修剪；对于"尖麻"等植物处增加标识
跌落、滑倒、碰撞	风险自留	易滑处增加提示标志；维修和更新改造处采取隔离措施，增加明显标识
业主宠物伤人	风险自留	加强引导，要求业主宠物备案，加强巡视

7. 内部管理风险的防范

对内部管理风险防范措施的具体说明如表14-21所示。

表14-21　内部管理风险的防范

表现形式	风险预控	采取措施
员工损公肥私、贪污盗窃或监守自盗	风险自留	加强人员培训和思想教育；加强收费控制
猎头挖人	风险自留	加强企业文化建设，形成良好的晋升和激励机制
员工消极怠工，激烈冲突，集体跳槽	风险自留	及时掌握员工思想动态和沟通

（续表）

表现形式	风险预控	采取措施
高空作业不安全生产	风险转移	外墙清洗采用外委，在合同中明确责任；建立室外高空维修安全操作规程，并严格执行；为员工购买工伤保险或商业险
电器设备违规操作	风险自留	建立室外高空维修安全操作规程，并严格执行；为员购买工伤保险或商业险

8. 收费风险的防范

对收费风险防范措施的具体说明如表14-22所示。

表14-22　收费风险的防范

表现形式	风险预控	采取措施
业主长时间拖欠费用	风险自留	建立物业管理费拖欠预警机制，加强预警；加强住户沟通，注意重点客户监控
业主集体拒交费用		
水电费的拖欠		
物业管理费标准不统一	风险自留	建立良好的控制和应对措施

9. 自然风险的防范

对自然风险防范措施的具体说明如表14-23所示。

表14-23　自然风险的防范

表现形式	风险预控	采取措施
雷击	风险自留	定期检测，保证防雷设施完好
暴雨	风险自留	注意气候变化；建立预案，定期组织培训和演练；保证应急物资到位
大风		
恐怖行径	风险自留	建立预案，组织学习和演练
流行性疾病	风险自留	建立公共卫生事件应急预案，组织学习和演练

> **拓展阅读**
>
> **物业管理风险防范化解措施**
>
> 物业管理行业发展的不成熟性以及其衍生出的诸多问题，给物业管理行业的健康

（续）

发展埋下了隐患，所以，有必要对物业管理风险进行防范和化解。

1. 提高管理水平，提升品牌效应

（1）物业管理企业应结合项目的实际情况，确定长期、中期和短期管理目标，不断总结中、短期管理目标的得与失，调整管理方向，确保长远管理目标的实现。

（2）物业管理企业应加强人才培养，高度重视员工的教育，努力提高员工业务水平以及处理技巧，尽快形成高素质的、职业化的物业管理队伍。

（3）物业管理企业应做好年度财务预算，积极公布财务报表，增加财务收支透明度，让业主感到管理企业账目清楚，不是一盘糊涂账，从而得到开发商、业主的信任和支持，并果断拒绝多收费、少服务、少花钱以赚取最大利润的做法。

2. 提高业主对物业管理行业的熟悉

物业管理企业可通过多种形式，加强政策法规和消费意识的正面宣传，让业主了解物业管理企业收取的物业管理费是合理定价并公开透明的。只有达到理解、支持、配合物业管理企业各项举措的目的，才能更好地开展各项管理服务工作。

3. 运用法律法规保护自己

《物业管理条例》实施后，国家相继出台了一些配套的法律法规和规范性文件，明确了物业管理与其他物业管理主体的责任，一定程度上减少了物业管理风险的发生。因此，通过学习《物业管理条例》及配套的法律法规和规范性文件，及时把握其条款并领会其精神，可以充分运用法律武器保护自身的合法权益。如在签订物业管理合同时，物业管理企业要明确业主物品被盗时，物业管理企业在什么情况下可以免责，在什么情况下应当承担责任；对停车场停车，物业管理企业和车主分别承担哪些责任和义务等，谨慎签订物业管理活动中的各项合同，明确相关方的权利、义务和责任，是规避物业管理风险的有力保障。同时，物业管理企业还要增强预见性、针对性，才能进一步提高自身防范和化解各种风险的能力。

4. 购买保险，转移风险

物业管理企业在相关法规环境尚未完全成熟的情况下，管理上除了自身提高管理水平、做到防患于未然之外，还可以引入市场化的风险分担机制。例如，为其接管的物业公用部位及公用设施设备购买保险（物业管理责任险）来转移和降低这方面的风险。该险种基本险主要承保各类物业管理因管理或从业管理过程中的疏忽或过失造成第三者人身伤亡或财产损失，依法应由物业管理企业承担的经济赔偿责任，附加停车场机动性车辆盗窃、抢劫责任险，一旦发生类似楼宇外墙装饰物脱落击伤人或砸坏车辆等意外时，由保险公司承担相应赔偿责任。

总之，在市场化的条件下，风险是一把双刃剑，物业经理只有正确地熟悉物业管理活动中存在的风险和做好风险防范措施，并考虑用各种可能性的统计观点来观察和研究事物，才能使决策考虑得更全面、更合理。只有防范并化解物业管理活动中的特有风险，才能使物业管理企业获得良好的经济和社会效益。

14.8　物业管理风险的预控措施

物业管理风险具有两面性。随着所管理物业范围扩大，物业档次的提高，如趋向好的方面，会使物业管理企业增加收益；如趋向坏的方面，同样会使物业管理企业遭受损失。

根据物业管理风险的特点、性质、类别及其潜在影响等，可在物业管理风险发生前采取各种预控手段，力求消除或减少风险，具体措施如图14-4所示。

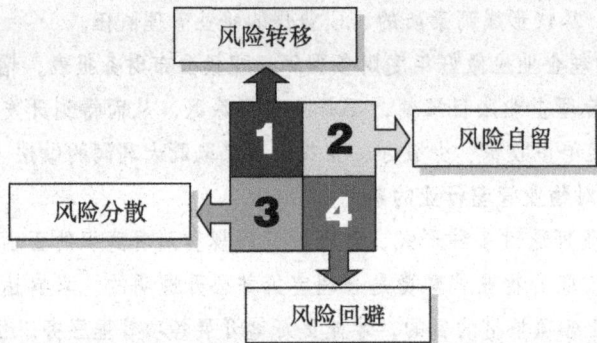

图14-4　物业管理风险的预控措施

1. 风险转移

物业管理风险转移，是指物业管理企业将其损失有意识地转嫁给与其有相互经济利益关系的另一方承担。目前许多物业管理企业都在运用这种风险管理方式，具体做法如下。

（1）非保险型转移风险

物业管理企业常常将风险影响较大、企业不能接受、可分散的部分风险工程，通过签订专项服务合同的形式，分包给专业技术强的其他专门公司来承担，实际上就是将风险损失转由另一方承担和赔偿。例如，物业管理企业把所管理大厦玻璃外墙的清洗工作分包给设备优良、专业化程度高且技术强的专业清洗公司，在协议条款中涉及许多具体的责任问题，合同双方可以充分利用它，巧妙地转移风险损失责任。

物业管理企业可以在协议条款中应用免责约定形式。

例如，合同中载明"如被委托方在管理过程中造成业主或住用人的人身、财产损失时，责任和费用由被委托方承担"。

（2）保险型转移风险

即通过参加保险，以小数额的保费为代价，避免所承受的风险。实践中，物业管理企业可以对自己的财产、运输工具、机械设备等进行投保，还可以为员工投保意外伤害险和健康保险。这是由于物业管理服务过程中有可能发生或出现意外事故，如触电、坠落等工伤事故。

2. 风险自留

物业管理风险自留，是指物业管理企业预期某项风险不可避免时自行设立基金、自行承担的风险处置方式。在处置自留的风险时，物业管理企业要采取各种措施减少风险发生的概率，以及降低损失程度。

现实中物业管理企业通常的做法如图14-5所示。

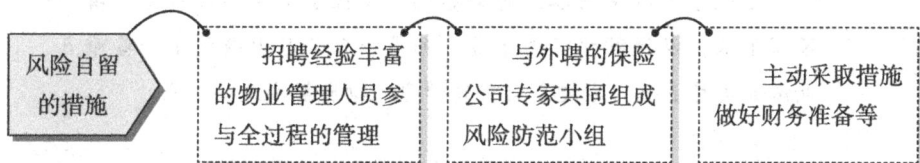

图14-5　风险自留的措施

例如，在进行物业管理经费财务预算时，通过留有一定余地以预防"漏交率"升高带来的风险。

3. 风险回避

物业管理风险回避，是指物业管理企业要根据自身的实际情况、经济能力，来选择风险较小的管理项目或放弃那些风险较大的经营服务项目。

对于一些物业管理资质低、管理经验不足的企业，通常以选择普通住宅小区管理来回避可能因自身经营不善带来的风险。还有一些物业管理企业为了增加收入，将本来就不十分充足的人力、物力投入到房地产中介、商业网点、文化娱乐设施等方面，致使本来可以回避的风险没有得到很好地防范，给企业造成了不可估量的损失。

需要特别注意的是，风险与收益共存，一味地、盲目地进行风险回避也是不合适的，它会导致企业争取获得高收益的进取精神不足。

4. 风险分散

物业管理风险分散，是指物业管理企业通过科学的管理组合，如选择合适的几种不同类型物业进行管理组合、不同管理期限的组合、物业管理企业自身的集团式管理组合，使整体风险得到分散而降低，从而达到有效的控制风险。

应该注意的是，物业管理企业在选择所管物业时要注重高风险类型物业和低风险类型物业适当搭配，以便彼此之间相互弥补。另外，还要注意同期管理的物业数量。所管理的物业数量太少时，风险分散作用不明显；而所管理的物业太多时，会加大组织管理的难度，以及导致物业管理企业资源分散，影响组合的整体效果。

学习笔记

　　通过学习本章内容，想必您已经掌握了不少学习心得，请仔细填写下来，以便继续巩固学习。如果您在学习中遇到了一些难点，也请如实写下来，方便今后重复学习，彻底解决这些难点。

我的学习心得

1. _____

2. _____

3. _____

4. _____

5. _____

我的学习难点

1. _____

2. _____

3. _____

4. _____

5. _____

我的运用计划

1. _____

2. _____

3. _____

4. _____

5. _____